Beck-Wirtschaftsberater:
Streß erkennen und bewältigen

Beck-Wirtschaftsberater:
Streß erkennen und bewältigen

Von Roman Schmitt

Deutscher
Taschenbuch
Verlag

Oktober 1992
Redaktionelle Verantwortung: Verlag C. H. Beck, München
Umschlaggestaltung: Celestino Piatti
Umschlagbild: Birgit Koch
Gesamtherstellung: C. H. Beck'sche Buchdruckerei Nördlingen
ISBN 3 423 05855 2 (dtv)
ISBN 3 406 37077 2 (C. H. Beck)

Vorwort

Streß – ein relativ junger Begriff in der wissenschaftlichen Forschung – hat rasch seinen Einzug in das Bewußtsein unserer Kultur gefunden.

Wer von uns hat diesen dynamischen Prozeß des permanenten Zusammenwirkens von Organismus und Umwelt noch nicht persönlich erfahren? Wer von uns weiß nicht, wie wichtig es sein kann, wirksame Strategien für den Umgang damit anzuwenden?

Sicherung des Überlebens, Nahrungssuche, Machtkonflikte, territoriale Auseinandersetzungen, unwirtliche Lebensbedingungen waren in früheren Zeiten ebenso belastende Einflüsse, wie es heute Terminenge, Beziehungsprobleme, Leistungsdruck, Verkehrsstaus u.a. sind.

Ob und inwieweit diese Faktoren tatsächlich in Individuen oder Gruppen zur mangelnden Ausgeglichenheit, zur Störung des „Fließgleichgewichts" im „System Mensch" oder zum Streßsyndrom führen, soll durch das vorliegende Buch unter Anwendung einer mehrdimensionalen, interdiziplinären Betrachtungsweise untersucht werden.

Medizinisch-physiologische, psychologische, sozio-kulturelle, biologische und auch philosophische Denkansätze werden bemüht, um die komplexen Fragestellungen und Sachverhalte zu verdeutlichen.

Besonders hervorgehoben werden soll an dieser Stelle neben der individuellen Perspektive die betriebs- und volkswirtschaftliche Bedeutung des Phänomens Streß.

Die in erschreckendem Maße ansteigende Zahl der streßbedingten psychosomatischen Erkrankungen trägt wesentlich zur Kostenentwicklung im Gesundheitswesen bei und schlägt sich mit statistischer Signifikanz auf den Krankenstand der Unternehmen und der öffentlichen Arbeitgeber nieder.

Deshalb erscheint es außerordentlich wichtig, die subjektiven und objektiven Belastungen des Menschen in seinem Alltagsleben zu betrachten, um aus den gewonnenen Erkenntnissen dann sinnvolle und effektive Strategien der Streßreduzierung zu gewinnen.

Bereits heute werden Anti-Streß-Trainer erfolgreich in Bildungseinrichtungen sowie Unternehmen zur Reduzierung des Krankenstandes eingesetzt.

Eine solche Arbeit muß den Menschen in seiner Ganzheit respektieren, Selbstheilungskräfte mobilisieren, kreative Prozesse initiieren und entfalten sowie negative Streßeinflüsse in positive Energetisierung umwandeln („gesunder Leistungsstreß"). Auf diese Weise können berufliche Herausforderungen mehr und mehr in persönliche Selbstentfaltungsprozesse integriert werden.

Nach allgemeiner Einschätzung wird die angesprochene Problematik in den neunziger Jahren brisanter werden und weiter Aktualität gewinnen. Steigende Anforderungen der Arbeitsqualität, erhöhter Wettbewerb auf dem europäischen Markt und global höhere Verkehrsaufkommen, zunehmende Technisierung, aber auch bedenkliche Umweltbelastungen durch Schadstoffe und Lärm werden ihren Teil dazu beitragen.

Das vorliegende Buch soll in allgemein verständlicher Weise nicht nur dem wissenschaftlich vorgebildeten Leser einen Einblick in die Thematik vermitteln, sondern auch jenen Lesern, die sich aus beruflichen oder privaten Motiven damit befassen müssen oder sich aus Gründen der Selbsterkenntnis und des persönlichen Wachstums dafür interessieren.

Es wird seinen Zweck besonders gut erfüllen, wenn es Impulse gibt, mit dem Phänomen Streß bewußter, konstruktiver und auf gesündere Weise umzugehen.

Abschließend bedanke ich mich bei den Herren *Frank Göbel*, *Wilfried Zaremba* und *Hermann Schenk* für ihre Unterstützung bei der Verwirklichung dieses Buches.

Bad Mergentheim, im August 1992 *Roman Schmitt*

Inhaltsverzeichnis

Einleitung

Der vorgeschichtliche Mensch überlebte in einer gefährlichen Welt, weil er im Falle einer Bedrohung neben einem komplizierten Gehirn immer noch die Mechanismen einer sofortigen physischen Antwort besaß.

Versuchen wir uns einmal einen solchen Mann vorzustellen, vor tausenden von Jahren, wie er vor seiner Höhle nach der Jagd ruht. Plötzlich bemerkt er den Schatten eines sich heranschleichenden Raubtieres; ohne nachzudenken reagiert er mit einem heftigen Schub automatischer Hilfsmittel. Sein Herzschlag beschleunigt sich, sein Blutdruck steigt, Hormone ergießen sich in sein Blut, schicken Zucker zu seinen Muskeln und seinem Gehirn und mobilisieren sämtliche Energie. Sein Verdauungsprozeß schaltet sich sofort ab, so daß seine Energie ohne Ablenkung auf die Begegnung mit der Bedrohung gerichtet werden kann. Rote Blutkörperchen strömen in die Arterien und helfen dem Körper bei der Aufnahme von Sauerstoff und der Abgabe von Kohlendioxyd. Er schlägt den Eindringling nieder oder flüchtet in seine Höhle. Seine Möglichkeiten zu reagieren sind Angriff oder Flucht.

Tiere, wenn nicht gezähmt oder ans häusliche Leben gewöhnt, reagieren immer noch auf diese Weise. Eine Schlange rollt sich ein und schlägt zu. Ein Löwe springt, das Wild rast, aber wenn der moderne Mensch sich bedroht fühlt, halten Befangenheit und Zurückhaltung seine instinktiven Impulse in Schach.

Die medizinische Wissenschaft erklärt uns heute, daß im Laufe der Zeit die angesammelten Auswirkungen dieser gehemmten, physischen Reaktionen den Kreislauf schädigen, ebenso den Verdauungstrakt, die Lungen, die Muskeln, die Gelenke und den allgemeinen Altersprozeß beschleunigen. Menschen ziehen sich Migräne zu oder Erkrankungen der Herzkranzgefäße oder vielleicht sogar Krebs. Diese Krankheiten passieren uns, weil die Art und Weise, die wir gewählt haben zu leben oder die das Leben für uns gewählt hat, uns verletzlich macht.

Bereits vor einem Jahrhundert behauptete ein französischer Physiologe, daß Krankheit von einem zentralen Gleichgewicht innerhalb des Menschen abgewehrt wird. Obwohl Krankheiten und

Keime sich in unserer Umgebung befinden, schlagen sie in unseren Körpern keine Wurzeln außer, dieser ist bereit, sie zu empfangen. Sogar in jenen Zeiten wußte man, daß es viel wichtiger ist, zu wissen, was für eine Art von Mensch eine Krankheit hat, als was für eine Art Krankheit ein Mensch hat. In ihrer Erregung über die Arbeit der großen Mikrobiologen neigte die Medizin jedoch dazu, diese Anschauungen für eine lange Zeit aufzugeben. Der Brennpunkt der Aufmerksamkeit lag dann nicht mehr auf der ganzen Person, sondern auf ihrem Körper als Studienobjekt und auf all den Dingen, die in der Umgebung des Menschen lauerten. Laborwissenschaftler wie *Koch* und *Pasteur* begannen, ansteckende Bakterien zu identifizieren und dann zu erobern, eine nach der anderen, und aufgrund ihrer Arbeit verschwanden die ansteckenden Plagen von der Liste der ernsthaften und tödlichen Krankheiten des 20. Jahrhunderts. Nichtsdestotrotz sind die Krankenhäuser voller denn je. Viele Leute gleiten von einer Krise in die nächste und die Wissenschaftler haben noch einmal von vorne begonnen die Frage zu stellen: Was ist es, was die Leute krank macht?

Die These ist – und in den letzten Jahren ist es eine Tatsache geworden – daß die eigentliche Ursache von Krankheit in der Art und Weise verborgen liegt, wie Menschen auf Umgebungseinflüsse reagieren. Was wir heute Streß nennen, sind die Einflüsse, mit denen wir aufgrund ihrer Art oder Menge nicht mehr ohne weiteres fertig werden. Wir alle sind Streß ausgesetzt, aber wie wir Situationen handhaben oder sie leichter oder schwerer nehmen, das hängt von der individuellen Charakterstruktur ab.

Die Streßreaktion ist sehr eng mit der individuellen Geisteshaltung und den Emotionen verbunden. Rationale Prozesse wie Erinnerung, Planung, Wahrnehmung und intellektuelles Nachsinnen, kurz gesagt viele der Alltagsfunktionen finden im äußeren Teil des Großhirns statt. Viele der instinktiven Triebkräfte, Hunger, Sex, Lust, Emotionen werden generell in der Hypothalamusgegend aktiviert. Sie können durch elektrische Manipulation dieser Sektionen stimuliert oder gehemmt werden, ebenso wie Flucht- und Kampfimpulse. Untersuchungen haben ergeben, daß aber offensichtlich nicht nur durch mechanische Manipulation, sondern auch durch unsere ureigene psychische Struktur Reaktionen ausgelöst werden.

Um es einfach auszudrücken, der Hypothalamus ist eine Art Unteroffizier, der Befehle vom Gehirn an den Rest des Körpers weitergibt und darauf achtet, daß sie ausgeführt werden. Er kann dies tun, weil die Nervenverbindungen des autonomen Nervensystems sich in ihm sammeln, welches alle von selbst funktionierenden Organe des Körpers, Leber, Herz, Nieren usw. reguliert. Der Hypothalamus kontrolliert auch das endokrine System, weil er die Schilddrüse aktiviert, die ihrerseits die meisten anderen Drüsen aktiviert.

Die ganze Anordnung ist sehr kompliziert, aber das Grundprinzip ist Balance. Jedes Tier muß auf Drohungen reagieren wenn es überleben will, aber gleichzeitig darf es nicht unter- oder überreagieren. Es ist sinnvoll, wenn eine Antilope vor einem Löwen davonläuft, aber nicht, wenn sie so schnell und so weit läuft, daß ihr Herz überfordert ist und zerspringt. Um dies zu verhindern, beinhaltet der lebendige Organismus viele Sicherungen, einige von ihnen sind physisch, andere emotional.

Beispielsweise gibt es wenige Bedrohungen, die entweder reine Furcht oder reine Wut auslösen. Diese zwei Emotionen vermischen sich und balancieren sich aus. Ohne den vorsichtigen Einschuß der Angst wird Wut explosiv und selbstschädigend. Reine Furcht, nicht begleitet von der selbstbehauptenden Qualität der Wut, degeneriert zu hilfloser Kapitulation. Der größte Teil des sozialen Stresses, den wir erleiden, wird von uns selbst verursacht. Er kommt von innen. Es ist unsere eigene Charakterstruktur, welche verantwortlich ist für einen Großteil der Schäden, die durch Streß verursacht werden. In unserer ganzen Erziehung haben wir gelernt, uns gegen unsere eigene Natur zu stellen. Dies führte zur Hemmung unserer Sexualität und zur Somatisierung unserer Emotionen in unseren Muskelspannungen. Wir manipulieren uns selbst, andere werden im Gegenzug manipuliert.

Abgesehen von unserer gehemmten Sexualität, welche oft die Ursache für Elend und Kriminalität ist, ist die Hemmung der aggressiven Impulse ein weiterer ernsthafter Grund für das Streßsyndrom. Wenn wir uns nicht erlauben uns selbst zu behaupten oder gegen andere zu kämpfen, wenn die Situation dies erfordert, kämpfen wir schließlich gegen uns selbst. Aufgestaute Emotionen nutzen unser System ab, gehemmte Aktion führt unseren Organismus früher oder später zu psychischen oder physiologischen Störungen. Es kann sehr viel helfen, Emotionen physisch auszuagieren (*acting out*), aber auch körperliche Übung kann nützlich sein, weil sie uns hilft, dem Streß besser widerstehen zu können. Eine

Person, die in guter physischer Kondition ist, wird dem Angriff eines Virus, einem Anfall von Überarbeitung oder sogar einem Streit mit dem Chef besser widerstehen, zumindest besser als jemand, der nicht in guter körperlicher Verfassung ist. Abgesehen von der Gesundheit ist es sehr angenehm, körperlich fit zu sein, in der Tat sogar auf eine Weise glückselig. Ein Beweis dafür, wie der Körper den Geist beeinflußt, ist der tiefe, empfängliche Frieden, welcher sich mit der Entspannung und der angenehmen Müdigkeit nach einem Sexualkontakt einstellt, aber auch, nachdem man seinen Körper in einer sportlichen Aktivität gut durchtrainiert hat.

Das Streßsyndrom ist in manchen Teilen der Welt relativ selten. In Afrika ist die Kindersterblichkeit extrem hoch verglichen mit Europa, aber koronale Thrombose im Alter von vierzig kennt man nicht. In wenigen Teilen der Erde, z.B. Georgien im Kaukasus, leben die Leute ungewöhnlich lange, manchmal weit über hundert Jahre. Was diese Gemeinschaften normalerweise charakterisiert, ist nicht die perfekte Ernährung oder das milde Wetter oder die Abwesenheit von schädlichen Angewohnheiten, wie Rauchen oder Trinken. Vielmehr ist es eine Art von sozialer Gelassenheit, Heiterkeit, gemeinsam mit einfacher, physischer Arbeit, in welcher sowohl die Jungen als auch die Alten einen Beitrag leisten können und ihren Platz im sozialen Gefüge haben. Solch eine Gesellschaft ist nicht so anspruchsvoll wie unsere und insofern hat sie weniger Neigung zu allgemeiner Künstlichkeit. Sehr im Gegensatz zu unserer sehr „zivilisierten", die an einer chronischen Krankheit leidet, die *Wilhelm Reich* „emotionale Pest" genannt hat.

Streß in unserer Gesellschaft befällt nicht alle Individuen gleich, einige Leute gedeihen daran. Er scheint für sie das Salz in der Suppe zu sein. Es gilt als erwiesen, daß ein Mensch, der sein Leben mit einer Tätigkeit verbringt, die ihm wirklich etwas bedeutet und die er mit Einsatz und Liebe erfüllt, mehr Belastungen verarbeiten kann als vergleichsweise andere. Eines der vielen Beispiele war der russische Physiker *Andrej Sacharow*.

Aber den meisten Leuten ergeht es nicht so gut dabei. Ein Geschäftsmann, der sich selbst konfrontiert sieht mit einem Chef, der, gerechterweise oder nicht, seine Kompetenz in Frage stellt, wird mit einer Beeinflussung seiner inneren Chemie reagieren. Ausbruchartig ergießen sich die Hormone in sein Blut, der Pulsschlag erhöht sich, aber er kann der Bedrohung nicht physisch begegnen oder fliehen. Stattdessen stürzt er sich in einen Kampf mit

Waffen, die nicht schwerer sind als Büroklammern. Unter seiner erzwungenen Ruhe baut sich unterdrückte Wut auf, ohne irgendein adäquates Ziel oder Ventil. Um spezifisch zu werden: Wenn dieser Mann einer jener harten, wettbewerbsorientierten Perfektionisten ist, den viele Firmen schätzen und wenn Streß ein chronischer Faktor in seinem Leben ist, dann wird er ein Kandidat sein für einen frühen Herzanfall.

Wenn kein Herzanfall, dann können es Spannungszustände sein, Magengeschwüre, Asthma, Emphyseme, Arthritis, Migräne, Rückenschmerzen oder jede andere Krankheit aus einer langen Liste von Streßbeschwerden. Aber genauso gut könnte es ein Verkehrsunfall sein, verursacht beispielsweise durch verlangsamte Reaktionen, da seine Energie an anderer Stelle festgehalten wird.

Gestreßte Menschen sind anfällig für Unfälle. Sie sind diejenigen, welche unter Streß in verschiedenen Intensitäten leiden, indem sie z. B. alle nichtmateriellen Dinge in ihrem Leben entwerten und alles überbewerten, was in Quantitäten gemessen werden kann. Wenn nur das real ist und Sinn gibt, was gemessen werden kann, reduzieren und entwerten sie ihre ganze Gefühlswelt, ihre Würde und Freiheit, kurz gesagt, alles, was menschlichen Wert hat, auf Illusionen.

Vor etwa 15 Jahren identifizierten *Dr. Rosenman* und sein Partner *Dr. Meyer-Friedman* zwei Typen von Verhaltensmustern, Typ A und Typ B, wovon Typ A den klassischen Herzinfarktpatienten repräsentiert und zum oben beschriebenen Persönlichkeitstyp paßt. Ihm fehlt jede wirkliche Bedeutung im Leben und ohne, daß er es bewußt will, richtet er sich selber zugrunde. Typ A, entweder männlich oder weiblich, wird charakterisiert durch intensiven Antrieb, Aggressivität, Ehrgeiz, Konkurrenzverhalten, Handlungsdrang und der Gewohnheit, sich gegen die Uhr auszuspielen. Er mag den Eindruck einer eisernen Kontrolle erwecken oder die Maske einer leichten Genialität tragen, aber die Anspannung ist erkennbar. Im Gegensatz dazu ist das Verhalten von Typ B wahrhaft einfach. Er ist offen, er schaut nicht immer auf seine Uhr. Er ist nicht so sehr damit beschäftigt, etwas zu erreichen, er ist weniger konkurrenzorientiert und spricht sogar modulierter. Der extreme A-Typ ist die Person, die ungeduldig ist und es zeigt. Er spricht in Staccato und hat eine Tendenz, seine Sätze in Eile zu beenden. Häufig seufzt er leicht zwischen den Worten. *Dr. Friedman* identifizierte es als ein Zeichen emotionaler Erschöpfung. Man trifft ihn selten außerhalb des Büros an, weil ihm das heimische Leben sowieso nichts bringt. Er will Respekt, keine Zuneigung. A's haben keinen Respekt vor B's, obwohl der intelligente B A benutzt . A's sind große Arbeiter, doch die Führer von größeren Firmen sind gewöhnlicherweise B's.

Am tragischsten von allem in diesem Bild ist, daß A's dreimal eher an Herzinfarkten erkranken als B's, sogar wenn sie nicht rauchen, ihr Blutdruck normal ist, sie erblich nicht dazu veranlagt sind. A's bekommen immer noch mehr Herzanfälle als B's. Ist es möglich, daß die Leute von Typ A sich bewußt ruinieren wollen? Eher nicht. Alle Aktionen von Personen dieses Typs werden in der tiefen Überzeugung unternommen, das Richtige zu tun und nicht, weil sie sich langsam umbringen wollen.

Der Mensch ist sich der „emotionalen Pest“ nicht bewußt und nur aus diesem Grund wird dieses biopathische Verhalten in den meisten zwischenmenschlichen Beziehungen ausagiert. Diese Reaktion ist nicht ein Ausdruck eines bewußten Willens. Es ist der strukturelle Charakter der „emotionalen Pest“, der ihre Auswirkungen so gefährlich macht. Jahrhundertelang hat die Moral ihre machtvollen Waffen gegen die menschliche Sexualität eingesetzt als ob sie etwas Schmutziges sei für das man sich schämen sollte, und die Auswirkungen kann man in vielen Lebensbereichen beobachten. Doch nur wenige wollen die Wahrheit sehen. Wie *Wilhelm Reich* sagte, „das Ausmaß der typischen Irrationalität in der Struktur des Menschen kann am Applaus und der Bewunderung gemessen werden, die dem seltenen Individuum zuteil wird, das sich für Wahrheit und Lebensliebe oder für ein Kind erhebt.“ Warum sollte das Selbstverständliche und Offensichtliche so selten sein und das Irrationale so umsichgreifend, wenn nicht aufgrund der Unfähigkeit, Wahrheit, Liebe und Leben zu leben.

Historisch betrachtet ist Streß nichts Neues für die Menschheit. Die wissenschaftliche Forschung hat viel Licht auf die physiologische Seite geworfen. Die unterschiedlichen Typen von Leuten, der biologische Kern menschlicher, pathologischer Charakterstrukturen wird von den meisten Wissenschaftlern umgangen. Denn ihn zu beachten würde einen entscheidenden Versuch bedeuten, mit der „emotionalen Pest“ zurechtzukommen und den angemessenen Nährboden in der menschlichen Wahrnehmung vorzubereiten, auf dem solches Wissen wachsen könnte.

Physiologische Veränderungen durch die Streßreaktion sind

notwendig und nützlich, weil sie dazu bestimmt sind, physische Aktion zu fördern. Wenn wir rennen oder kämpfen müssen, helfen sie uns, wenn nicht, treten sie trotzdem auf und wenn die Notlage nicht vorübergeht, wenn man der Bedrohung nicht begegnet und sie auflöst, bestehen diese Veränderungen fort , werden chronisch und nutzen den Motor des Körpers ab, ohne uns irgendwohin zu führen. Wir wissen, daß der Geist den Körper beeinflußt, genauso wie der Körper den Geist. Der Mensch drückt seine Emotionen mit seinem Körper aus und wenn diese blockiert sind, schlingert sein ganzes System aus dem Equilibrium. Viele Theorien sind konstruiert worden über die Mittel und Wege der Hemmnisse menschlicher, gesunder Entwicklung. Wenn man *Sigmund Freuds* Konzept menschlicher Charakterstruktur akzeptiert, ist diese definitiv ein Stein auf dem Weg, erwachsen zu werden, ein angemessenes Erwachsenenleben zu führen und den schwer definierbaren, aber zweifellos gesegneten Zustand, genannt geistige Gesundheit, innezuhaben.

Freud sagte, das Ego müsse einverstanden sein mit dem Bereich des Instinkts und der Leidenschaft, als er sein „Es" zusammen mit dem Über-Ich aus der Taufe hob. Um es leger zu formulieren, der Instinkt sagt, ich will, das Über-Ich sagt, ich darf nicht, das Ego sagt, komm, wir setzen uns zusammen und finden eine Lösung. Das Ego handhabt nicht nur die Konflikte zwischen dem Es und dem Über-Ich, sondern auch zwischen dem inneren Selbst und der äußeren Welt der Gesellschaft und der Natur. Das Ego ist der kommandierende General des menschlichen Organismus.

Reichs Theorie deckt sich teilweise mit der von *Freud*, geht aber einige entscheidende Schritte weiter. Durch die Einflüsse der Außenwelt verhärtet sich das Ego. Die Veränderung des Ego's findet auf zwei Ebenen statt: Körperlich durch den Muskelpanzer, psychisch durch das Über-Ich. Je stärker die Kreation des Über-Ich, desto mehr werden wir angepaßt sein an Konventionen und Gesetze, aber desto weniger werden wir in der Lage sein, unsere primären Bedürfnisse zu befriedigen. Unsere Emotionen können nicht länger in einem puren Zustand an die Oberfläche gelangen, sondern sie werden gefiltert und interpretiert. In anderen Worten bedeutet dies, das, was wir wollen und das, was wir tun, ist nicht so identisch, wie es sein sollte. Wir haben die Fähigkeit verloren, in Harmonie mit uns selbst und mit allem, was uns umgibt zu leben. Wir sind neurotisch geworden – homo neuroticus normalis. Pragmatisch gesprochen braucht der „homo neuroticus normalis“ in seinem täglichen Leben solche Dinge wie (und zwar in dieser Reihenfolge) Essen, Trinken, Obdach, Ruhe, Erfolg, Macht, Sex, Kommunikation, intellektuelles und physisches Wachstum, einen Sinn für Gut und Schlecht, einen Sinn für Schönheit, ein wenig Freude, einen Sinn fürs Selbst und schließlich einen Sinn für sein Leben. Wir werden ein mehr oder weniger befriedigendes Leben führen, wenn wir mehr oder weniger diese Bedürfnisse erfüllen können, aber um dies zu tun, greifen wir zu oft auf zwei grundsätzliche Arten menschlichen Verhaltens zurück. Die Ausprägung dieses Verhaltens hängt jedoch von der Intensität des neurotischen Zustandes der Psyche ab. Wir unter- oder überschätzen uns und stressen uns über alle Maßen in die daraus resultierenden Widrigkeiten.

Psychologisch gesprochen ist ein Akt der Aggression nicht notwendigerweise ein Akt des Krieges. Er ist nicht auf Feindseligkeit begrenzt. Der lateinische Begriff „aggredi“ bedeutet wörtlich übersetzt, an etwas herangehen oder etwas in Angriff nehmen. Auf unser Thema bezogen ist er in seinem besten Sinne definiert als unabhängige Selbstbehauptung, welche konstruktiv ist und destruktiv wird, wenn eine Person sich über- oder unterschätzt. Im konstruktiven Sinn ist es der „tu etwas“ Ansatz. Die destruktiven Wege sind zwei: Die Person, die sich selbst unterschätzt, führt ein abhängiges Leben und benutzt den „Versuch jemand anderes dazu zu bewegen, es zu tun“. Selbstüberschätzung hingegen führt zu dem „tu mehr als du in Wirklichkeit tun kannst“. Beide Formen des Verhaltens setzen Leute unter chronischen Druck, weil ihre Emotionen übertrieben, zu stark betont werden. Wir erwerben diese Charakterzüge in den Jahren der Kindheit, um später zu entdecken, daß sie im Erwachsenenleben nicht so gut funktionieren und es sehr schwierig ist, sie zu ändern.

Durchs Leben zu „humpeln“ wird in der Kindheit erworben und wird in der Tat von Generation zu Generation transplantiert. Auf die Weise, auf die unsere Eltern nicht fähig waren, ihre eigene natürliche Sexualität zu akzeptieren, auf diese Weise behindern sie unsere. Ihren Kontaktverlust mit sich selbst lernen wir von ihnen und verhalten uns wieder entsprechend unseren Kindern gegenüber und beschäftigen uns mit anderen Arten von künstlichen Allgemeinheiten, anstatt zu wissen, was sie wirklich brauchen. Jedes Kind braucht liebende Berührung, um zu wachsen. Positives Streicheln ermutigt sie, zuversichtliche, vertrauensvolle Leute zu werden. Kinder, die sich mit ihren Bedürfnissen nicht akzeptiert fühlen, die ignoriert oder lieblos behandelt werden, werden ermutigt, sich selbst und der Umwelt zu mißtrauen. Durch ihre Furcht, liebevolle Zuneigung zu verlieren, die sie so verzweifelt brauchen, werden sie nicht ausdrücken, was sie wirklich sind.

Unsere geistige und physische Gesundheit ist sehr eng verbunden mit der Art und Weise, wie wir als Kinder berührt und anerkannt wurden. Wenn wir negative Muster bezüglich Berührung oder Anerkennung haben und unsere Fähigkeiten erweitern wollen, ist es niemals zu spät zu lernen wie. Die Gewohnheiten zu ändern ist nicht einfach. Jedoch können sich Menschen darüber bewußt werden, wie sie sich selbst und andere nicht anerkennen und neue Muster der Interaktion entwickeln. Bewußtsein, Bewußtheit über sich selbst zu erreichen, beinhaltet Anstrengung und Konflikt. Sich über sich selbst bewußt zu werden, erfordert nicht nur fühlen zu lernen, etwas zu erfahren und zu wollen, sondern auch dagegen zu kämpfen, was uns vom Fühlen und Wollen abhält. Im Prozeß, eine ganzheitliche und bewußte Person zu werden, können wir entdecken, daß es gewisse innere Schranken gibt, die uns zurückhalten. Diese Hemmungen sind durch unsere Eltern, unsere generationsbedingten Umweltbedingungen und unsere Gesellschaft angeregt worden. Wir haben unsere inneren Gesetze danach ausgerichetet.

Eines der größten Bedürfnisse des Menschen scheint die Sicherheit zu sein, nicht allein zu sein. In unserer Gesellschaft ist die Tendenz, gebunden zu bleiben besonders stark, da, wenn eine Gesellschaft so zersetzt und gespalten ist, daß sie nicht länger Mutter sein kann in dem Sinn, dem Individuum minimale feste Unterstützung zu gewähren, der Mensch viel enger dazu tendiert, der Unterstützung anzuhaften, welche er von seinen physischen Eltern bekommen kann. Wir werden ein physisches Individuum, wenn bei der Geburt die Nabelschnur durchtrennt wird und wenn nicht zu gegebener Zeit die psychische Nabelschnur durchtrennt wird, bleiben wir wie ein Kind angebunden im Garten unserer Eltern. Wir können nicht weiter als die Länge unseres Seiles, mit dem wir angebunden sind. Unsere Entwicklung ist blockiert und die aufgegebene Freiheit zum Wachstum wendet sich nach innen und eitert in Verdruß und Ärger, nur weil wir uns nicht von unseren Eltern abgrenzen.

Das ganze Leben hindurch sollte eine Person mit diesem Kontinuum der Differenzierung seiner Selbst vom Ganzen beschäftigt sein, gefolgt von Schritten in Richtung auf eine neue Integration in das Ganze. In der Tat, die ganze Evolution kann beschrieben werden als ein Prozeß der Differenzierung des Teiles vom Ganzen, des Individuums von der Masse. Menschliche Wesen können im Gegensatz zu einem Stein oder einer chemischen Substanz ihre Individualität durch bewußte und verantwortliche Wahl erfüllen. Sie müssen ein psychologisches, ethisches und auch physisches Individuum werden. Eine Person, die diesen Individuationsprozeß nicht durchlaufen hat, wird ihr Leben nach Konventionen ausrichten und danach, was der Rest der Welt denkt oder tut und wird sich nicht darüber im Klaren sein, wie er/sie fühlt oder handelt. Auf diese Weise verarmt, wird eine Person Selbstbewußtsein vermissen und zwischen kontrastierenden, inneren Kräften hin-und hergerissen sein. Entfremdung von den Körpergefühlen und Emotionen führt immer zu Leiden. In jedem Fall werden solche Leute übertriebene Streßreaktionen aufweisen. Es kann gesagt werden, daß es auf dem Pfad der menschlichen Entwicklung eine unbegrenzte Zahl von bestimmenden Negativeinflüssen gibt, so wie viele Quellen für Krankheit. Doch durch die Kraft und die Macht unserer selbst bewußt zu sein, haben wir die große Fähigkeit, unser eigenes Sein in dieser Welt in unsere Hand zu nehmen, zumindest als Erwachsene, auf dem Weg zur Freiheit.

Freiheit ist die andere Seite des Selbstbewußtseins. Wir können uns daran erinnern, wie wir gestern gehandelt haben oder letzten Monat und indem wir von diesen Handlungen lernen, können wir beeinflussen, wie wir heute handeln, auch wenn der Einfluß anfangs vielleicht nicht groß ist. Und wir können uns in unserer Imagination eine Situation „morgen" vorstellen. Indem wir diese in unserer Phantasie von verschiedenen Seiten betrachten, können wir diejenige auswählen, die für uns am besten sein wird. Selbstbewußtsein gibt uns die Kraft, außerhalb der rigiden Kette von „Stimulus und Response" zu stehen, innezuhalten und durch dieses Innehalten beide Handlungsalternativen in Betracht zu ziehen, um eine Entscheidung zu treffen, was die Antwort sein wird.

Daß Selbstbewußtsein und Freiheit Hand in Hand gehen, zeigt die Tatsache, daß weniger selbstbewußte Personen, je unfreier und von Hemmungen kontrollierter sie sind, unterdrückte Bereiche ihrer Psyche aufweisen, Konditionierungen der Kindheit, die sie bewußt vergessen haben, von welchen sie aber immer noch unbewußt gelenkt werden. Dieser Mensch wird von Kräften bewegt, über welche er keine Kontrolle hat. Sich entwickelndes Selbstbewußtsein geht Hand in Hand mit einer wachsenden Kraft, das eigene Leben zu lenken. Wir handeln und tun Dinge, weil wir fühlen, daß sie richtig für uns sind. Wir tun sie aus unserem eigenen freien Willen. Wir fühlen nicht eine Sache und tun eine andere. Wir fühlen uns frei, wenn wir die Realität nicht blind, sondern ausgewählt akzeptieren. Dies bedeutet auch, daß das Akzeptieren von Begrenzungen nicht Aufgabe bedeutet, sondern daß es ein konstruktiver Akt sein kann und sein sollte. Und es ist gut möglich, daß eine solche Wahl mehr positive Resultate für die Person hat, als wenn sie nicht hätte gegen die Begrenzung kämpfen müssen. „Der Mensch sollte keine Zeit darauf verschwenden, gegen die Realität anzukämpfen, stattdessen sollte er sie preisen" (*Kierkegaard*).

Das eigene Selbst zu kennen und Bewußtsein darüber zu entwikkeln hilft, die volle Erkenntnis der Potentiale des Individuums zu fördern. Es bedeutet, die Verantwortung für das eigene Selbst und die eigene Existenz zu übernehmen. Es ist eine Geisteshaltung, die von Lebendigkeit und Entschlossenheit zeugt. Es bedeutet, daß man erkennt, an seinem bestimmten Platz im Universum zu existieren und Verantwortung für diese Existenz zu akzeptieren. *Nietzsche* nannte es den Willen zum Leben und sicherlich meinte er es nicht nur im Sinne eines Selbsterhaltungstriebes, sondern den Willen, Verantwortung zu akzeptieren, das eigene Schicksal zu erfüllen, welches wiederum impliziert, daß man seine eigene Wahl treffen muß.

Viele Leute sind nicht in der Lage, Bewußtheit über sich selbst zu erlangen, obwohl sie sich sehr darum bemühen. Sie sind so außer Kontakt mit ihren Körpern und Gefühlen, daß sie nur fühlen, wo ihre Körper aufgrund von Muskelspannung schmerzen, aber sie sind nicht in der Lage, irgendwelche inneren Gefühle zu beschreiben. Wenn wir bereits erwähnte Tatsachen unseres Aufwachsens vergegenwärtigen, ist es nicht überraschend, wie viele Leute nur eine vage Vertrautheit mit dem, was ihr Körper ihnen sagt, haben. Ihre Verbindung zu ihren Gefühlen ist so weit weg wie ein Kontakt bei einem Ferngespräch. Sie fühlen nicht direkt und haben nur Ideen über ihre Gefühle. Sie werden nicht gerührt von ihren Gefühlen. Ihre Emotionen geben ihnen keine Bewegung. Die Fähigkeit, sich seines Körpers und dessen, was er braucht, bewußt zu sein, besitzt große Wichtigkeit das ganze Leben hindurch. Die unpersönliche, getrennte Geisteshaltung gegenüber seinem Körper zeigt sich nicht nur in dem Chaos, welche Sexualität in den Leben von Leuten verursacht oder in der gesamten, existierenden Sexualpathologie, sondern auch in der Art und Weise, in der die meisten Leute auf Krankheit reagieren, wenn sie einmal physisch krank werden. Sie stellen sich ihre Körper als ein Objekt vor. Sie betrachten ihre Verantwortung als erfüllt, wenn sie zu Bett gehen und sich vollständig den Händen eines Arztes und all den medizinischen Wunderdrogen übergeben. Wenn wir nicht auf unsere Körper hören, werfen uns Erkältungen, Grippe oder vielleicht ernste Krankheiten um, als ob uns unser Körper sagen wollte: Wann endlich willst du lernen, auf mich zu hören?

In der Psychotherapie können Personen, die unfähig sind, ihre Gefühle zu erfahren, lernen, wie sie sich fühlen, indem sie sich Tag für Tag die Frage stellen und beantworten: Wie fühle ich mich gerade jetzt? Es ist nicht die Frage, wieviel man fühlt (fühlen bedeutet nicht notwendigerweise aufbrausen), es ist eher Gefühlsregung als Gefühlsduselei. Wichtig ist die Erfahrung, daß ich es bin, der das Gefühl erlebt und vielleicht hervorruft. Dies bringt eine Direktheit und Unmittelbarkeit des Gefühls mit sich. Man erfährt die Emotion auf allen Ebenen seiner Selbst. Man fühlt eine erhöhte Lebendigkeit. Leute trennen ihre Körper von ihrem Selbst nicht nur, um sie als ein Instument für die Arbeit zu benutzen, sondern auch um sie in ihrem Streben nach Lust einzusetzen. Der Körper wird dann ein Gefährte der Sinnesempfindung, von welchem man gewisse sexuelle Gefühle und auch feinschmeckerische Freuden bekommen kann, wenn man ihn geschickt behandelt.

Die abgetrennte Einstellung gegenüber dem Sex ist mit Angst verbunden. Mit der Angst zu Fühlen. Auf der physischen Ebene werden die Emotionen im Körper durch Muskelspannungen blokkiert, die nicht notwendigerweise vom Individuum gefühlt werden. Sie sind zu seiner zweiten Natur geworden, aber diese Muskelspannungen machen die Person unfähig, Gefühle in einer angemessenen Weise auszudrücken. Gefühle, die nicht begleitet sind von einer angemessenen Manifestation, werden die Quelle von chronischen Störungen sein. Je weniger Gefühle ausgelebt werden, desto mehr werden sie das Individuum auf einer Ebene des zentralen Nervensystems innerlich stören. Die Leute frieren ihre Existenz in diesem Zustand ein und deswegen wird das sympathische System in einem ständigen Alarmzustand oder Voralarmzustand bleiben, welcher früher oder später somatische Störungen verursacht.

Am wichtigsten für das Streßkonzept ist auch die Tatsache, daß Leute, die sich ihres wirklichen Selbstes nicht bewußt sind, die kaum oder keinen Kontakt mit ihren Gefühlen haben, nicht wissen, was sie wollen. Es könnte sein, daß sie wissen, was sie wollen sollten, wie z.B. erfolgreich am Arbeitsplatz zu sein, aber sie wissen nicht, was ihre wirklichen Bedürfnisse sind. Ihre Bedürfnisse sind vielleicht beerdigt. Sie sind lebendig beerdigt. Sie sind vielleicht außer Sichtweite. In Wirklichkeit sind sie außer Kontrolle, ausgeschlossen von der rationalen und integrierenden Funktion des Bewußtseins. Das bedeutet, dadurch, daß sie gewissermaßen wie in einem Gefängnis eingesperrt sind, werden sie zu Gesetzesbrechern.

Natürlicherweise sind Urteilsvermögen und Entscheidungsfähigkeit Teil jedes reifen Selbstbewußtseins. Aber wie kann ein Individuum eine Basis entwickeln für die Beurteilung, was es tun oder nicht tun soll, wenn es nicht weiß, was es will? Unterdrückte Bedürfnisse sind auf ihre Weise unkontrollierbar von unserem Bewußtsein und nur erhöhte Aufmerksamkeit wird Leuten helfen, ihre eigenen Leben bewußt zu lenken, bewußt ja oder nein zu sagen. Aktiv sich seiner selbst bewußt zu sein, hat nichts mit der Annahme zu tun, daß man desto lebendiger ist, je mehr man tut. Es bedeutet nicht Geschäftigkeit oder einfach Dinge zu tun, um ihre Unruhe oder Anspannung zu überdecken. Diese Aktivität ist ein Weglaufen vor sich selbst. Sie bekommen ein scheinbares und vorübergehendes Gefühl von Lebendigkeit, indem sie in Eile sind, als ob etwas Wichtiges passiert, solange sie sich bewegen und als ob beschäftigt zu sein ein Beweis für die eigene Wichtigkeit ist. Selbstbewußtsein – gewiß – beinhaltet das Handeln als Ausdruck eines Lebendigkeitsgefühls, aber es ist das Gegenteil von Handeln als Flucht. Lebendigkeit kann bedeuten fähig zu sein, nicht zu Handeln, auf kreative Weise untätig zu sein, was für die meisten Leute schwieriger sein kann, als etwas zu tun. Aber nur indem wir untätig sind, sind wir fähig, uns selbst mit einer Innenschau kennenzulernen. In vielen Fällen wird diese Innenschau definitiv nicht genug sein, um eine Veränderung herbeizuführen im Hinblick auf Streßbewältigung oder die Fähigkeit von Problemlösung.

Selbstbeobachtung wird wahrscheinlich überhaupt nichts bewirken, wenn eine psychosomatische Krankheit unser Leben beeinflußt als Antwort auf ein Problem, das wir nicht anders lösen können, als eben durch diese Somatisierung und das über die Jahre wieder und wieder auftaucht und zunehmend in Situationen, die diese körperliche Reaktion gar nicht begründet erscheinen lassen. Aber mittlerweile sind wir so daran gewöhnt, psychosomatisch zu reagieren, daß es eine Art von Lebensstil geworden ist. Was tun wir nun, wenn psychische oder physische Symptome zu unserem Weg, uns auszudrücken, geworden sind? In früheren Zeiten versuchte man es mit Magie, speziellen Amuletten, Jagdritualen, Tänzen, Hexen. Obwohl dies irrationale Praktiken waren, funktionierten sie oft tatsächlich, indem sie einfach einen Zustand von Vertrauen, von Glauben und Zuversicht herstellten, vielleicht wie bei einem praktischen Arzt vor fünfzig Jahren. Den Leuten ging es besser. Heutzutage gehen die Menschen zu einem modernen Arzt, der ihnen meistens nicht geben kann, was sie am dringensten brauchen: Etwas von seiner Zeit, von seinem Verständnis, warum eine gewisse Person, eine bestimmte Krankheit hat. Stattdessen schreibt er ein Rezept für Medikamente aus, was die meisten Patienten mittlerweile erwarten. Medikamente, die oft nicht funktionieren und als ob dies nicht genug wäre, man schluckt täglich industrielle Produkte, Zusätze, Konservierungsstoffe, chemische Dünger, Insektenvernichtungsmittel usw. Die Leute essen Berge von Pillen, die ihnen nicht nur nicht helfen, ihr Problem zu lösen, sondern darüberhinaus sehr wahrscheinlich schädigende Effekte auf ihren Organismus haben.

Psychotherapie kann helfen, aber sie ist keine Magie und das Individuum muß motiviert werden, sich selbst zu verändern, muß sich der Hilfe öffnen. Psychotherapie ist selten die erste Wahl der Behandlung, die Menschen versuchen. Stattdessen wird alles andere versucht. Ein Medikament, ein weiteres, vielleicht eine spezielle Diät, dann Operationen, alles zu seiner Zeit und irgendwie fühlt sich die Person zumindest für eine Weile besser. Aber wenn es wieder schlechter wird und man die Psychotherapie hinzuzieht, kann es sein, daß Jahre vergangen sind und die psychischen Muster fest verwurzelt sind.

Das gleiche trifft auf emotionale Muster in der Krankheit zu. Mit der Zeit verändert eine chronische Krankheit die Geisteshaltung ihrer Opfer. Sie gewöhnen sich daran. Sie lernen damit zu leben. Und recht bald können sie in vielen Fällen nicht länger ohne diese leben. Die Krankheit entschuldigt sie von zahlreichen Verpflichtungen und Herausforderungen und bringt ihnen Aufmerksamkeit und Pflege. Sie findet ihren Weg in ihr emotionales System und wird ein angenehmer und befriedigender Mechanismus, Schuld auszudrücken, Buße zu tun oder andere zu bestrafen. Tief in ihrem Inneren wollen die Leute, die dieses Spiel spielen, nicht wirklich gesund werden. Und es ist ein ausgesprochen schwieriges Unterfangen für einen Psychotherapeuten, einer solchen Person zu helfen.

Therapie kann tatsächlich Symptome vorübergehend verschlimmern oder sie in unerwarteter Weise verändern, aber im Falle einer physischen Erkrankung, welche nicht sehr lange besteht oder für die Behandlung eines ausschließlich emotionalen Problems, ist Therapie oft überraschend kurz und manchmal ist es noch nicht einmal nötig oder erstrebenswert, Erfahrungen der Kindheit oder der ödipalen Periode wiederzuerleben. Bei physischen Symptomen liegt die Aufmerksamkeit auf der Krankheit selbst und auf dem Aufdecken der Emotionen, welche diese verursachen, um dann einen besseren Weg zu finden, diese Emotionen auszudrükken. Dies bedeutet natürlich, daß, welche therapeutischen Techniken auch immer benutzt werden, sie immer mit einer körperorientierten Methode verbunden werden sollten. Jede Therapie, die ausschließlich auf die Psyche begrenzt arbeitet, würde nur das tun, was die Ärzte in Bezug auf den Körper tun. Therapie führt oft zu neuen Problemen. Mit Leuten, die sich in Therapie befinden, ist es oft schwierig zu leben, nicht nur, weil persönliches Wachstum auch Leiden bedeutet, sondern auch wegen der Veränderungen, die sie durchleben und jede Art von Veränderung löst Besorgnis bei den meisten Leuten in ihrer Umgebung aus. Veränderungen sollten nicht zu schnell herbeigeführt werden, der Therapeut sollte nicht in zu großer Eile sein, den emotionalen Zustand einer Person zu korrigieren, weil jemand, der seine Gefühle blockiert oder jemand, der sie ausdrückt, indem er krank wird, dies tut, weil für ihn diese Gefühle gefährlich sind. Wenn der Therapeut drängt, sie zu schnell zu aktivieren, bevor der Klient bereit dazu ist, kann das Resultat sein, daß die Barrieren des Klienten und seines Egos stärker als je zuvor werden oder ein Nervenzusammenbruch eintritt.

Die Techniken der Psychotherapie, so, wie sie heute praktiziert werden, unterscheiden sich so sehr, daß es schwierig für den Patienten geworden ist, eine Auswahl zu treffen. Um die richtige Therapie zu finden, sollte der Klient sich sachkundig machen – nicht notwendigerweise über ausschließlich wissenschaftliche Literatur – sich informieren über die verschiedenen, existierenden Therapieformen und entscheiden, welche Therapie er in bezug auf seine Bedürfnisse und seinen Charakter als anwendbar erachtet. Wenn er diese Wahl nicht so treffen kann, sollte er zumindest den richtigen Therapeuten wählen in dem Sinne, daß er ihm vertraut und eine Verbindung zu ihm spürt. Mit anderen Worten, er sollte sich wohlfühlen mit der Person des Therapeuten. Wenn der Therapeut eine verantwortungsbewußte Person ist, wird auch er wählen. Die Wahl des Therapeuten beinhaltet die ehrliche Überzeugung, daß er dieser bestimmten Person helfen kann. Wenn er vom Gegenteil überzeugt ist und trotzdem weitermacht, wird er unter Umständen nicht nur Schaden anrichten, sondern auch Zeit und Geld auf beiden Seiten verschwenden, weil er seine Gefühle bewußt oder unbewußt auf den Klienten übertragen wird, und das Ergebnis der Therapie von Anfang an ungünstig sein würde.

Ein Therapeut ist kein Gott auf einem Podest, der über richtig und falsch entscheidet. Er ist nicht da, zu beurteilen, was gut oder schlecht ist oder die Eltern zu ersetzen, sondern er sollte dem Klienten von Mensch zu Mensch begegnen, auf gleicher Ebene und die Hilfe gewähren, welche die Türen zur ausdrucksvollen Sprache des Lebens und zu seinem freien Fluß öffnet.

I. Streß in der Arbeitswelt

Streß in der Arbeitswelt ist in den letzten zwei Jahrzehnten zu einem ernstzunehmenden Thema geworden, das in zunehmendem Maße die Verantwortlichen in Firmen und Behörden und auch das Gesundheitswesen beschäftigt.

In diesem Kapitel soll ein erster Überblick über die einzelnen Problembereiche gegeben werden.

Streß im Berufsleben kann in der Regel auf physikalische, organisatorische und psycho-soziale Ursachen zurückgeführt werden.

Als physikalische Streßfaktoren werden häufig genannt: Lärm, Hitze, Kälte, üble Gerüche, Nässe, Trockenheit, falsche Beleuchtung, Vibrationen u. a. m.

Zu den organisatorisch bedingten belastenden Faktoren werden gezählt: körperliche und/oder geistige Unter- und Überforderung, Zeitdruck, Nachtarbeit, Schichtarbeit, Überstunden, fehlende oder unzureichende Hilfsmittel oder Personalplaner.

Psycho-soziale Stressfaktoren können sein: Konflikte im Team, Unsicherheit des Arbeitsplatzes, schlechtes Arbeitsklima, mangelnde Anerkennung, unbefriedigende Bezahlung, ausbleibende Beförderung, ungerechtfertigte bzw. unsachliche Kritik, Angst vor Mißerfolg, Konkurrenzverhalten im Team, Kommunikationsstörungen, soziale Isolation u. a. m. Streß selbst wird zumeist als Hektik, Unruhe, Leistungsdruck, Termindruck und auch als belastende Ansammlung noch zu lösender Probleme empfunden. Darüber hinaus werden häufig körperliche und psychische Überforderung sowie Angstzustände als Streß definiert.

Als Symptome psychischer und somatischer Störungen treten insbesondere auf: Magenbeschwerden, Kopf- und Rückenschmerzen, Anfälligkeit für grippale Infekte, Bluthochdruck, Herz- und Kreislaufbeeinträchtigungen bis hin zu Infarkten, Allergien, Fehlernährung ebenso wie Reizbarkeit, Erschöpfungszustände, Leiden aus dem nervösen Formenreich, Depressionen, Arbeitssucht und neuerdings auch das sogenannte „chronische Ermüdungssyndrom“, das insbesondere erfolgreiche Berufstätige in der Altersgruppe von 25–40 Jahren befällt und daher auch als „Yuppi Flu“ bezeichnet wird.

Über Monate hinweg klagen die Betroffenen über starke und anhaltende Müdigkeit, die zum Teil von Fieber und Kopfschmerzen begleitet wird. Diese Müdigkeit kann offenbar auch durch ausgiebiges Schlafen nicht kuriert werden. Wissenschaftler konnten die genauen Ursachen dafür noch nicht fundiert identifizieren.

Hypothesen sehen einerseits ununterbrochene Überarbeitung, ständigen Streß sowie nervöse Unruhe dafür als ursächlich an; andererseits werden Viruserkrankungen oder unbekannte Unverträglichkeitsreaktionen als mögliche Auslöser genannt.

Eindeutig festzustehen scheint insbesondere die Beziehung zwischen dem starken beruflichen (Über-)Engagement und den auftretenden Beschwerden.

Im allgemeinen werden diese Faktoren, Stressoren und Symptome als *negativer Distress* bewertet. Der Weg zur bewußten Handhabung der auf den Menschen einströmenden Faktoren im Sinne einer Verarbeitung und Bewertung als Eustreß ist beschwerlich und nicht selten unmöglich. Daraus folgt zunächst einmal, daß neben der subjektiven Bemühung um Streßbewußtheit, Streßabbau und Streßvermeidung eine objektive Minimierung der Streßrisikofaktoren in den Unternehmen und Behörden zwingend notwendig ist. Hier sind Arbeits- und Gesundheitspolitik gefordert, insbesondere wenn man den Statistikern glauben darf, daß etwa ein Drittel (!) der Produktivitätsausfälle durch physischen und psycho-sozialen Streß am Arbeitsplatz verursacht werden.

Ein wichtiges Fundament für die Arbeit an der Minimierung des betrieblich bedingten Stresses ist die Befriedigung der menschlichen Grundbedürfnisse am Arbeitsplatz. *Prof. Dr. Müller-Limmroth* zählt dazu[1]:

- Physisch und physiologisch erträgliche Beanspruchung am Arbeitsplatz,
- Sicherheit am Arbeitsplatz und des Arbeitsplatzes,
- Wiedererlernen der Entspannung (autogenes Training) und der Erholung,
- Anpassen an die biologische Uhr mit dem richtigen Wechsel von Wachen und Schlafen,
- Kennenlernen der persönlichen Stressoren am Arbeitsplatz, aber auch in der Freizeit,
- Gefühl der Geborgenheit in der Arbeitsgruppe und im Betrieb,
- Geltung sowie die Möglichkeit zu zwischenmenschlichen Beziehungen, Arbeitsplätze sollen keine Sprachlosigkeit bewirken,

- Selbstverwirklichung des Arbeitenden.

Über diese grundlegenden Bedingungen hinaus ist es wichtig, daß das Individuum lernt, auf konstruktive Weise Streß wirksam zu bewältigen und befähigt wird, die Streßeinflüsse eher positiv aufzunehmen und kreativ umzusetzen als schädlich über sich ergehen zu lassen.

In der Folge soll der Streß am Arbeitsplatz mit seinen spezifischen gesundheitlichen Auswirkungen näher untersucht werden, um die streßerzeugenden Faktoren zu ermitteln. Im weiteren Verlauf werden auch psychische Störungen, somatische Erkrankungen und der Medikamentenmißbrauch in ihrer Beziehung zum Streß dargestellt.

Die positiven Aspekte hinsichtlich der Produktivitätssteigerung und anderer erwünschter Einflüsse werden ergänzend dargelegt.

Für das Streßmanagement werden verschiedene Ansätze in diese Untersuchung einbezogen. Da Streß sowohl psychische als auch körperliche Symptome annehmen kann, sollte die Streßbewältigung aus sachlichen und methodischen Erwägungen in Hinblick auf folgende Ansätze differenziert werden:

- psychologisch orientierte Verfahren zur Streßbewältigung
- physiologisch-physische Verfahren zur Streßbewältigung

Die Unterschiede bei den verschiedenen Ausprägungsformen des Streßsyndroms sowie des subjektiven Erleben der Betroffenen lassen grundsätzlich diese unterschiedliche Vorgehensweise sinnvoll erscheinen.

Streß am Arbeitsplatz kann langfristig gesundheitsgefährdende Auswirkungen auf die physische und psychische Gesundheit der Arbeitnehmer haben. Er kann zu mentalen und emotionalen Problemen wie Angstzuständen, Depressionen und Hypochondrie, also zu dem Gefühl einer körperlichen und seelischen Krankheit ohne pathologische Gründe führen.

Zur gleichen Zeit haben jedoch neuere Untersuchungen gezeigt, daß Belastungen und Anforderungen am Arbeitsplatz auch positiv und für die Gesundheit unschädlich genutzt werden können. Tatsächlich kann der Stress am Arbeitsplatz wie z.B. körperliche Bewegung „physisch und psychisch auch belebend und wohltuend“ wirken, wie der Psychologe *Albert J. Bernstein* schreibt.[2]

Um Arbeitsstreß auf positive Weise zu nutzen, müssen die Betroffenen im allgemeinen eine „gesunde“ Einstellung zum Phänomen Streß haben bzw. lernen eine solche zu kultivieren.

In dieser Beziehung gibt es zahlreiche Techniken, Streß zu verarbeiten, welche von den Betroffenen direkt eingesetzt werden können. Sie umfassen Entspannungsverfahren, körperliche Übungen, Meditation, bewußtes Ernährungsverhalten u.a.m. Durch die Nutzung solcher Methoden ist es möglich, die streßbezogenen Probleme zu meistern und zu bewältigen, damit die beruflichen Aufgaben motivierter und produktiver erfüllt werden können. So kann gelernt werden, effektiver mit den Streßeinflüssen am Arbeitsplatz umzugehen. Die Betroffenen werden befähigt, „ihren" Streß auf eine Weise zu nutzen, die mehr positive als schädliche Auswirkungen aufweist.

In diesem Zusammenhang kann Streß definiert werden als „die Antwort innerhalb unseres Körpersystems die erfolgt, wenn ein äußerer Einfluß uns „bedroht".[3]

Diejenigen Einflüsse in unserer Umgebung, welche Streßreaktionen hervorrufen, werden als *Stressoren* bezeichnet. Jedoch ist dabei zu beachten, daß die Ursachen für das Auftreten von Streß nur indirekt mit den Stressoren zusammenhängen. Streß ist vielmehr die direkte Folge der Art und Weise, wie eine Person auf diese Stressoren reagiert. Streß ist das Ergebnis des sogenannten „Kämpf oder Flüchte"-Impulses. Wannimmer ein bedrohliches oder unerwartetes Ereignis in der Umgebung einer Person auftritt, reagiert die Physiologie gestützt auf die Wahrnehmungsabläufe zunächst automatisch: Entweder wird die Bekämpfung des bedrohlichen Problems eingeleitet oder die Flucht erfolgt umgehend. Wie von *Prof. Charles F. Stroebel*, Fachbereich Medizin der Universität von Connecticut dazu ausgeführt wird, ist diese „Kämpf oder Flüchte"-Reaktion in vielen Situationen angemessen,[4] zum Beispiel dann, wenn eine tatsächliche Gefahr in der Umgebung des Individuums auftritt. Wenn hingegen die beschriebene Reaktion zu unpassender Zeit auftritt, reagiert der Betroffene als Ergebnis darauf physisch und psychisch. Diese Reaktion resultiert in einer negativen Art von Streß. Sie kann dann weder ausgelebt noch abreagiert werden, da sie unangemessen in bezug auf die Umgebung ist. Sie wirkt sich darüber hinaus ungünstig auf die Motivation und Produktivität am Arbeitsplatz aus.

Es gibt zahlreiche Stressoren oder Ursachen für Streß, die am Arbeitsplatz selbst ermittelt werden können. Zu unterscheiden sind hier die Faktoren, die objektiv in den Arbeitsbedingungen vorhanden sind und in diejenigen, welche subjektiv dem „Individuum" zugeordnet werden können.[5] Auch die Arbeit selbst kann eine Streßursache sein, wenn sie in Relation zu den Fähigkeiten und Möglichkeiten des Einzelnen „zu schwer" ist oder zu hohe Anforderungen stellt. Andererseits können die Gründe für Streß im individuellen Bereich angesiedelt werden, wenn z. B. das Selbstwertgefühl unterentwickelt ist oder die sozialen Beziehungen sich schwierig gestalten.[6] So können die Interaktionen mit Kunden, Kollegen und Vorgesetzten mögliche Ursachen für das Auftreten von sozialem Streß am Arbeitsplatz beinhalten. Wie an anderer Stelle näher ausgeführt,[7] kann auch in diesem Zusammenhang die Kategorisierung der Beschäftigten in einen Typ A und Typ B hilfreich sein, die Thematik zu illustrieren. Typ A wäre auch hier zu charakterisieren als sehr wettbewerbsorientiert, ehrgeizig und ungeduldig.[8] Diese Charakteristika machen unangemessene „Kämpf oder Flüchte"-Reaktionen wahrscheinlicher für diesen Typ als für andere Personen. Deshalb ist es für diesen Typus wichtig zu lernen, bewußter und wirksamer mit den Stressen am Arbeitsplatz umzugehen und dabei einen höheren Standard von Produktivität und Befriedigung zu erreichen.

Resümierend läßt sich hier feststellen: Streßfaktoren können also lokalisiert werden

- im Bereich Arbeit und Arbeitsbedingungen,
- im Individuum selbst und in seiner spezifischen Reaktion auf diese Bedingungen und
- in den sozialen Beziehungen am Arbeitsplatz, einschließlich der hierarchischen Strukturen und der psychologischen Aspekte der Firmenkultur.

Darüberhinaus haben Untersuchungen ergeben, daß einer der primären Faktoren für Streß unerwartete Veränderungen in der jeweiligen Umgebung sind. Demzufolge kann jede Veränderung, die unser gewohntes Lebensmuster erschüttert oder umstößt, Streß verursachen wie *Dr. Robert B. Arnot* als medizinischer Berater in seinem „Handbuch für Fitness und Wohlbefinden" schreibt.[9]

Diese Tatsache scheint zutreffend für den Arbeitsbereich als auch für weitere Aspekte des menschlichen Lebens. Tatsächlich wurde in einem Report, der das Auftreten von Streß bei Führungskräften untersucht, Veränderung als der allgegenwärtigste Stressor in der Arbeitswelt dargestellt.[10] Die Autoren dieses Buches betonen insbesondere, daß Streß nicht nur von tatsächlicher Veränderung, sondern ebenso durch bloße Erwartung von Veränderung bewirkt werden kann.[11]

Eine in den sechziger Jahren von *Holmes* und *Rahe* durchgeführte Studie erbrachte deutliche Hinweise auf die Beziehung zwischen Umgebungsveränderungen und Streß. Diese Forscher stellten eine „Veränderungsskala" vor, die die im Leben von Individuen auftretenden Veränderungen in Beziehung setzte zu dem Grad von Streß, den diese Veränderungen hervorbrachten.[12] Einige der Veränderungen, die beruflichen Streß bewirkten, waren Verlust des Arbeitsplatzes, Versetzungen, Umzug oder Veränderungen in der Geschäftsstruktur selbst. Es gibt verschiedene weitere größere Veränderungen in der heutigen Arbeitswelt, welche dazu beigetragen haben, Stresse zu erhöhen. Zum Beispiel hat die Einführung des Computer und anderer Technologien die Arbeitsabläufe beschleunigt, was bei denjenigen Beschäftigten Streß auslöste, die Schwierigkeiten mit der Anpassung an diese neuen Technologien hatten.[13]

Des weiteren haben Veränderungen der traditionellen Werte, Veränderungen der wirtschaftlichen Bedingungen sowie Veränderungen in der Qualität der Umwelt wie Schadstoffe, Hektik, Lärm und Dichte das Potential, Streß im Berufsleben für Individuen zu erzeugen, die empfindlich genug sind, darauf zu reagieren.[14]

Andere neuere Untersuchungen und Thesen wiederum sprechen von der Notwendigkeit einer Erweiterung der mentalen Einstellungen, ja sogar von einem erforderlichen Bewußtseinswandel. Eine Vertiefung des Bewußtseins über sich selbst und die Wirkung des Arbeitsalltages sowie das Erkennen und die Entfaltung von Potentialen im Rahmen einer ganzheitlichen Personal- und Fortbildungspolitik üben eine wichtige und sinnvolle Funktion zur Reduzierung der berufsbezogenen Belastungen aus.

Ständige Veränderungen liegen demzufolge in der Natur der Arbeitswelt und des Lebens überhaupt. In dem Maße, in dem Beschäftigte und Management sich diesem „Bewußtsein des permanenten Wandels" öffnen, werden sie in der Lage sein, die Herausforderungen der Zukunft zu meistern und subjektiv empfundene und objektive Bedrohungen zu verarbeiten. Begriffe wie „Kraft des Werdens", „offenes Fließen" und „ökonomische Evolution" finden so ihren Einzug in die Untersuchung der Thematik. Reduzierung von Streß durch Spaß ist in diesem Zusammenhang eine interessante und ernstzunehmende Strategie: „(...) zeigen Untersuchungen, daß diejenigen Mitarbeiter, denen die Arbeit Spaß macht, eine völlig andere Einstellung zu Streß und Belastung aufweisen: Je mehr Arbeitszufriedenheit, um so weniger Angst, daß man sich durch die Arbeit verbraucht. Im Gegenteil: Die sehr zufriedenen Mitarbeiter sind zu 77 Prozent sogar der Meinung, daß man durch die Arbeit auch etwas gewinnt. *Die Arbeit baut auf*. Und genau diese Haltung (‚Arbeit macht Spaß und fit') ist entscheidend für passioniertes Arbeiten (...) also für eine kontinuierliche Höchstleistung. Das bedeutet: So unglaublich es klingt: Vermutlich wird man sich in den neunziger Jahren sehr anstrengen, um den Spaß bei der Arbeit deutlich zu erhöhen, damit die Produktivität wieder steigt. Das geht von der Musik am Arbeitsplatz über die autonome Arbeitszeitplanung bis hin zu vielfältigen privaten Unterstützungen für Freizeit, Sport und Familie. Um es anders zu sagen: Im Moment werden viele Millionen und Milliarden investiert in Rationalisierung und Technologie, weil man hier dem Irrglauben unterlegen ist, dadurch allein die Produktivität erhöhen zu können. Morgen wird man in den Faktor ‚Spaß' investieren, und zwar nicht nur mit halben Herzen oder gar verschämt, sondern methodisch, strategisch und mit vollem Investment."[15]

Wie dieses Zitat unschwer erkennen läßt, werden wir in Zukunft auf innovative und kreative Weise mit beruflichem Streß umgehen müssen.

Streß am Arbeitsplatz kann also wie bereits dargestellt eine Reihe negativer Auswirkungen auf die Beschäftigten haben. Mentale und emotionale Störungen in verschiedenen Ausprägungen können durch exzessiven Streß verursacht werden. Menschen, die nicht fähig sind, mit Streß wirksam umzugehen, können überängstlich und depressiv werden. Darüber hinaus kann Streß am Arbeitsplatz ein Individuum dazu veranlassen, sich krankhafte Störungen einzubilden und auch demzufolge unangemessene medikamentöse Behandlung wählen, um damit umzugehen. Auf die besondere Stellung der leider in zunehmenden Maße verschriebenen Psychopharmaka, sedierende oder stimulierende, sei hier hingewiesen.[16] So schädlich wie diese unangemessenen Einstellungen sind, Streß kann noch weit negativere Ausmaße annehmen. In den schweren Fällen von Angstzuständen und Zwangsvorstellungen können wir oft auch schwere Störungen des normalen Alltagslebens beobachten, in welches der berufliche Streß hineinwirkt.[17]

Es gibt eine Reihe physischer Probleme, die mit Streß am Arbeitsplatz korrelieren. Streß ist ein bekannter Faktor für die Verursachung von zahlreichen Formen physischer Störungen und Krankheiten. Die Hintergründe dieser Störungen liegen in den physiologischen Konsequenzen der „Kämpfe oder Flüchte"-Reaktion. Erhöhte Pulsfrequenz, erhöhte Atemfrequenz, erhöhte Drüsenfunktionen mit entsprechender Ausschüttung der Hormone und Substanzen, angespannte Muskeln u.s.w. Diese Vorgänge können zu krankhaftem und dauerhaftem Anstieg des Blutdrucks sowie zu Herzstörungen führen. Darüber hinaus treten häufig verschiedene Formen von Kopfschmerzen wie Migräne und Spannungsschmerzen auf.[18] Streß, so hat man festgestellt, ist nachweislich beteiligt an der Entstehung von Muskel- und Gelenkschmerzen sowie insbesondere Rückenschmerzen. Die psychosomatische Dimension der Streßreaktionen wird bei Magengeschwüren besonders deutlich. Ohne sichtbare äußere Veranlassung beginnt allmählich eine Fehlfunktion der Verdauungsprozesse und die ätzende Magensäure frißt sich durch die Magenwandung. Der Münchener Psychologe *Thorwald Dethlefsen* schreibt dazu in seinem Buch „Krankheit als Weg": „Beim Magengeschwür wird anstelle von Außeneindrücken (welche ja Streßeinflüsse eindeutig darstellen) die eigene Magenwand verdaut – man verdaut sich selbst – (anstatt der belastenden Einflüsse), Selbstzerfleischung ist der richtige Ausdruck. Der Magenkranke muß lernen, sich seine Gefühle bewußt zu machen, Konflikte bewußt zu bearbeiten und die Eindrücke bewußt zu verdauen. Weiterhin sollte der Ulcuspatient sich seine Wünsche nach infantiler Abhängigkeit, mütterlicher Geborgenheit und seine Sehnsucht, geliebt und versorgt zu werden, bewußt machen und zugestehen, auch und gerade dann, wenn diese Wünsche hinter einer Fassade aus Abhängigkeit, Ehrgeiz und Durchsetzungsvermögen gut versteckt werden."

Auch aus diesen Ausführungen kann ersehen werden, wie wichtig bei der Verarbeitung von Streßeinflüssen die

- Bewußtwerdung der eigenen Situation und
- **bewußte** Verarbeitung (= Verdauung) dieser ist.

Bei anderen Symptomarten sind ähnliche, teilweise recht „erleuchtende" Zusammenhänge zu entdecken, beispielsweise beim Kopfschmerz: „Häufig tritt der Spannungskopfschmerz in Lebenssituationen auf, in denen der Mensch unter starkem Leistungsdruck steht oder in kritischen Aufstiegssituationen, die ihn zu überfordern drohen. Es ist der „Weg nach oben", der leicht zur

Überbetonung des oberen Pols, des Kopfes, führt. Hinter dem Kopfschmerz finden wir häufig einen Menschen mit großem Ehrgeiz und Perfektionsanspruch, der versucht, seinen Willen durchzusetzen (*mit dem Kopf durch die Wand zu gehen*). Zu leicht *steigen* in solchen Fällen Ehrgeiz und Machtsucht *in den Kopf*, denn wer einseitig nur dem Kopfbereich beachtet, wer nur das Rationale, Vernünftige und Verstandesgemäße akzeptiert und lebt, verliert bald seinen ‚unteren Polbezug' und damit seine Wurzeln, die allein ihm im Leben Halt geben können. Er wird *kopflastig*."[19]

Hieran wird die Wichtigkeit körperorientierter Streßabbaumethoden für diese Symptombereiche recht deutlich. Problemanalyse bei Streßsyndrom sowie die Wahl der therapeutischen Maßnahmen müssen demzufolge den ganzen Menschen, Psyche und Körper, in die Betrachtung mit einbeziehen. Je nach Art der Beschwerden und Persönlichkeit der Betroffenen werden dann die Vorgehensweisen bewußt ausgewählt. Ergänzend zu diesen individuellen Verfahren sind natürlich neben den gezielten therapeutischen Eingriffen im Falle massiver Störungen ebenso prophylaktische Maßnahmen wie Trainingsgruppen zur Reduzierung und Bewußtwerdung von Streßeinflüssen sinnvoll und wichtig.

Eine weitere Folge von Streß am Arbeitsplatz ist die Begünstigung des Mißbrauchs von Drogen wie Kaffee, Zigaretten, Alkohol. Tatsächlich kommen einige Untersuchungen zu dem Ergebnis, daß der Mißbrauch der erwähnten Substanzen am Arbeitsplatz in direktem Zusammenhang mit dem Auftreten von arbeitsplatzbezogenen Streßfaktoren steht. Der kanadische Mediziner *Peter G. Hanson* behauptet, daß zu viel oder zu wenig(!) Streß am Arbeitsplatz die Hauptursache für die mißbräuchliche Benutzung dieser Genußgifte ist.[20] Demzufolge kann sich ein Beschäftigter, der übermäßig Streßfaktoren am Arbeitsplatz ausgesetzt ist, solchen Drogen zuwenden, um den Problemen auszuweichen. Andererseits kann auch eine Person, die unterfordert wird und sich im Berufsleben langweilt Drogen verwenden, um sich zusätzliche Stimulation zu verschaffen. Die Problematik der mangelnden Anforderungen bzw. des Streßmangels wird häufig in der einschlägigen Fachliteratur vernachlässigt.

Obwohl Streß im Beruf potentiell viele schädliche Auswirkungen haben kann, zeigen doch neuere Untersuchungen, daß er ebenso Potential für beachtliche positive Auswirkungen beinhaltet. Tatsächlich kann Streß als ein normaler Aspekt des Arbeitstages betrachtet werden. Alle Leute müssen auf die eine oder andere Weise mit verschiedenen Problemen umgehen. Streß kann dabei oft als motivierender Faktor dienen, Mitarbeitern durch die Integration des „Kämpfens" als Teil des „Kämpfe oder Flüchte"-Impulses positiv zu stimulieren. In dieser Beziehung kann behauptet werden, daß Streß vielleicht sogar für einen großen Teil der Dinge, die in der Welt erreicht wurden und werden, mit verantwortlich ist.[21] Menschen erreichen im allgemeinen Großes, weil sie die Notwendigkeit, ein spezielles Problem zu lösen wahrnehmen. Die Natur eines bestimmten Problems ist es, Streß zu verursachen. Dieser Streß ist dienlich, da er den Problemlösungsvorgang mit der nötigen Energie versorgt. So wird deutlich, daß eine Steigerung der Produktivität auch durch eine positive Einstellung zum Streß erreicht wird. Diese These wird von *Peter G. Hanson* in seinen Büchern vertreten, welche Wege darstellen, Streß für das Erreichen von geschäftlichem Erfolg zu nutzen. *Hanson* vertritt dabei den Standpunkt, daß es nicht nur möglich sei, mit Streß konstruktiv umzugehen, sondern sogar möglich ist, den existierenden Streß im Leben einzusetzen, um das Beste im Individuum hervorzubringen.[22] Es gibt viele Ansätze und Wege, bei denen Streß in der Tat einen positiven Einfluß auf das Arbeitsgeschehen ausübt. Zu beachten ist allerdings, daß die streßerzeugenden Faktoren nicht außer Kontrolle geraten dürfen und auf diese Weise ein „Überdosis" entsteht, welche auf den Beschäftigten negativ einwirkt.

Diese Extremsituation wird jedoch nicht eintreten, wenn auch hier ein *bewußter* Umgang mit den „Energien" erfolgt und die Menschen gelernt haben, mit Streß umzugehen. Wie Albert Bernstein schreibt, ist es möglich mit der Zeit zu lernen, die streßbezogene Reaktionsschwelle zu senken. Dieser Prozeß wird im amerikanischen als *coping* bezeichnet, was soviel wie „zurechtkommen" oder „fertigwerden mit" bedeutet.[23]

Die beste Art zu lernen mit Streß am Arbeitsplatz konstruktiv umzugehen ist der Einsatz von Streßmanagement-Techniken und gezielter Trainingsprogramme. Das erklärte und ideale Ziel dieser Verfahren sollte sein, die negativen *Distresse* in positive *Eustresse* zu transformieren und dabei die selbstverwirklichenden, kreativen und positiven Aspekte im Berufsleben zu fördern und ein befriedigendes als auch gesundes Umfeld zu erzeugen, in dem sozialer Humanismus und überzeugende Leistungskraft Seite an Seite dem Gemeinwohl dienen. Es gibt eine ganze Reihe solcher Techniken, welche den Beschäftigten helfen können, eine gesunde und bewußte Art des Umgangs mit Streß zu lernen. Zum Beispiel werden in der Regel recht gute Erfolge mit dem Einsatz sachgerechter Programme für körperliche Übungen, also entsprechende Gymnastik erzielt. Gymnastik hat seit Jahrzehnten ihre Wirksamkeit für die Streßreduktion bewiesen, weil sie hilft, die infolge der „Kämpfe oder Flüchte"-Reaktion angestaute physiologisch unterlegte Spannung direkt abzubauen. Auch in anderen Kulturen, wie z.B. in China, wird dem Arbeitsstreß auf breiter Basis durch körperliche Übungen mit Tai Chi entgegengewirkt. Wir Europäer lächeln zuweilen über solche Fernsehbilder von Massengymnastik, dürfen jedoch dabei nicht vergessen, daß es oft die einfachen Übungen und die einfachen Methoden sind, die die entsprechenden Probleme lösen helfen, die wir mit unserer „Kopflastigkeit" mitunter gar nicht mehr erkennen können. Derartige Übungen helfen darüberhinaus, verspannte Muskeln zu lösen und die Flexibilität des Körpers wiederherzustellen. Ein spielerischer Einsatz solcher Übungen hat auch Auswirkungen auf psychisch angespannte Bereiche und „lockert psychologisch auf." Weiterhin kann durch gymnastische Übungen ein indirekter Ausdruck angestauter Emotionen erzielt werden und dabei helfen, spezielle Muskeln und Muskelgruppen zu entspannen, die durch unaufgelösten langanhaltendem Streß verkrampft sind.[24]

Die Tatsache, daß angemessene Übungen hilfreich beim Lösen von Spannungsgefühlen sind, wurde hinreichend wissenschaftlich belegt. In dieser Beziehung haben viele Studien ergeben, daß derartige physische Aktivitäten zu den besten Gegenmitteln gegen mentale und emotionale (Ver-)Spannungen zählen, sowie, daß es schwierig, wenn nicht gar unmöglich ist, während dynamischer Aktivität angespannt zu bleiben.[25] Recht hilfreich sind auch schlichte Sportarten wie Laufen, Wandern, Radfahren, insbesondere Schwimmen sowie die bereits erwähnten gezielt eingesetzten gymnastischen Übungen einschließlich Aerobics. Sie lösen Spannungen auf, indem sie über die entsprechende Veränderung der Atem-, Herz- und Gehirnfrequenzen ein für den Abbau der physiologischen Streßindizes förderliches Milieu im Körper entstehen lassen.[26] Als ebenso wirksam haben sich andere Übungsabläufe wie Yoga, Stretching, Bioenergetik u.v.a.m. erwiesen.

Streß im Beruf kann darüber hinaus vorzüglich abgebaut werden durch traditionelle und moderne Meditationsverfahren sowie autogenes Training und gezielte Tiefenentspannung. Auch neurolinguistisches Programmieren hat sich als besonders wirksames Instrument für das bewußte Erkennen der Streßproblematik im subjektiven Bereich erwiesen. Es werden dabei Eigenanalysen erstellt und die Traninierenden beobachten sich und ihr „Funktionieren" im beruflichen Alltag über einen längeren Zeitraum, um mit den daraus gewonnenen Erkenntnissen sich eigene Glaubenssätze und angemessenes Risikoverhalten zu erarbeiten. Mit Hilfe dieser fundierten Strategien kann der berufliche Alltag künftig besser bewältigt werden. Die Strategiebereiche sollten sich insbesondere auf das Zeit- und Gedankenmanagement sowie auf den bewußten Umgang mit Emotionen, die sowohl individuell als auch im sozialen Umfeld wirken, erstrecken. Neben der Ermittlung des Ist-Zustandes im Rahmen der erwähnten Eigenanalyse werden Zielfindungsprozesse eingesetzt, mit deren Hilfe es dem Trainierenden ermöglicht werden soll, Ihre eigentlichen beruflichen Ziele sowie Ihre Lebensplanung bewußt zu entwickeln und konsequent in die Tat umzusetzen. Damit wird die Zukunft im Geist geplant und visualisiert, in einem Willensbildungsprozeß definiert und herbeigeführt und schließlich in der Alltagsrealität verankert. Durch „Vordenken" der kritischen Situationen, Affirmationen und positives Denken werden diese Prozesse methodisch unterstützt. So lernen die Betroffenen, sich selbst im beruflichen Alltag bewußter wahrzunehmen und können mit Hilfe der beschriebenen Verfahren ohne die Beeinflussung von Medikamenten oder Drogen die Verantwortung für ihr Leben erfolgreich übernehmen.

Wie im Falle der gymnastischen Übungen helfen die Entspannungsverfahren den Streß zu reduzieren, indem sie Spannungs*gefühle* im Individuum gezielt reduzieren. Sie sollten idealerweise den Körper in den Prozeß mit einbeziehen, z.B. durch bewußte Körperanspannung gefolgt von Loslassen sowie Visualisierung der einzelnen Körperteile durch systematisches Anspannen und Loslassen bestimmter belasteter Muskelgruppen mit dem sich nach und nach lösen und lockern.[27] Weiterführende Techniken fügen dem Prozeß suggestive Verfahren hinzu und vertiefen somit die erwünschten positiven Effekte. Im Zustand tiefer Entspannung „öffnet" sich das Unterbewußtsein und wird so empfänglich für die Aufnahme der verabreichten Suggestionen, welche z.B. die Vertiefung der Entspannung, Erhöhung der Stärkung des Selbstbewußtseins, Förderung von innerer Gelassenheit am Arbeitsplatz und Steigerung der körperlichen Abwehrkräfte beinhalten können. Hier werden beachtliche Erfolge erzielt, weil es so erst möglich wird, alte selbstschädigende Programmierungen des „Biocomputers" Gehirn zu löschen und durch neue gesundheitsfördernde zu ersetzen. Dies geschieht unter Einbeziehung und Deutung der körperlichen Aspekte durch begleitende Körperanalyse. Überhaupt zeigt sich, daß besonders die Kombination von psychologischen und physischen Streßbewältigungsstrategien die Erfolgschancen signifikant steigert.

Bei der Anwendung von Meditationsverfahren ist zu beachten, daß die meisten Menschen, bevor sie in die eigentliche Meditation eintreten, zunächst einmal Anspannungen und Blockierungen auf körperlicher Ebene lösen sollten, damit die für die Meditation notwendigen Voraussetzungen gegeben sind.

Meditation beinhaltet u.a. auch die bewußte Regulierung des Atems mit Hilfe bestimmter Atemtechniken wie z.B. Hyper- oder Hypoventilation sowie Veränderung des Atemmusters.

Überhaupt ist die Art und Weise wie wir atmen oft aufschlußreich im Hinblick auf die Art der Probleme unter denen wir leiden. Atem ist Lebendigkeit. Je offener, freier und dynamischer die Atmung, desto offener freier und dynamischer sind die Impulse auf das psycho-physische System Mensch, die der Atem ausübt.

Eine kleine Übung mag dies verdeutlichen: Versuchen Sie einmal in einem Moment großer Freude z.B. die Atmung bewußt zu intensivieren. Sie werden feststellen, daß sich die Intensität der Freude steigert, wohingegen, wenn Sie den Atem mäßigen eine ebensolche Dämpfung der Freude eintritt. Oder stellen Sie sich vor, Sie haben lange über ein bestimmtes Problem erfolglos gebrütet, sind niedergeschlagen und angespannt. In diesem Zustand gehen Sie zum geöffneten Fenster und atmen ca. 1 Minute tief und bewußt ein und aus. Dabei sollte Sie an ihre Kraft und Stärke denken, sowie daran, wie Sie früher erfolgreich größere Probleme gelöst haben. Sie werden merken, daß Sie auf diese Weise, durch eine bewußte jedoch einfache Übung die Vorzeichen Ihrer Stimmung und Ihres subjektiven Befindens radikal umkehren können. Überhaupt ist die bewußte Registrierung des Streßzustandes zunächst einmal der wichtigste Schritt, denn nur wenn Ihnen klar ist, daß Sie gestreßt sind, können Sie entsprechende Gegenmaßnahmen einleiten.

Zwei weitere Methoden zum „Erlernen" von Entspannung sind Autosuggestion, Selbsthypnose und Biofeedback.

Bei den Autosuggestionen werden in möglichst entspanntem Zustand, aber auch während des beruflichen Alltags die vorher entwickelten Affirmationen gezielt wiederholt. Dabei ist es wichtig, darauf zu achten, ob und welcher Widerspruch sich innerlich regt. Diese Widersprüche sollten dann bei der Erfolgsanalyse der Maßnahmen in die neuen Suggestionen eingearbeitet werden.

Biofeedback beinhaltet die Benutzung von elektronischen Geräten, die bestimmte Parameter des Körpers messen und darstellen, z.B. eine Person, die mit Biofeedback arbeitet, um beruflichen Streß zu reduzieren kann lernen, eine Korrespondenz zwischen den Zuständen des Körpers und den Ebenen von Ruhe und Entspannung herzustellen, wie sich dies auf einem Monitor verifizieren läßt. Auch diese Methode hat das Potential, einen Umgang mit Streß zu erlernen, der dazu befähigt, negativen Distress in positiven Eustress umzuwandeln.

Eine weitere moderne Methode der Streßverarbeitung kann in *Dr. Charles F. Stroebels* „Quieting Reflex" Technik (quieten = zur Ruhe kommen) gesehen werden. Gemäß *Dr. Stroebel* ist der „Quieting Reflex" (QR) eine einfache Sechs-Sekunden-Technik, die die Aktivierung des „Flüchte oder Kämpfe"-Impulses verhindert, außer in denjenigen Fällen, in denen er angemessen und erwünscht ist. Auf diese Weise können Krankheiten verhindert oder umgekehrt werden, welche durch ununterbrochene Aktivierung der physiologischen Streßreaktion entstanden sind.[28]

Bewußte Ernährung und sinnvolle Gewichtskontrolle sind zwei weitere Faktoren, die für eine Streßreduzierung am Arbeitsplatz in Betracht gezogen werden sollten.

Eine ausgewogene Ernährung ist wichtig für das richtige Umgehen mit Streß, weil sie dem Körper die nötige Energie zuführt, um dem Arbeitsalltag gesund und dynamisch zu begegnen.[29]

Gewichtskontrolle hingegen ist für die Begrenzung der Streßrisiken wichtig, weil durch korrektes Körpergewicht die Herz- und Kreislauffunktionen weniger anfällig sind.

Wenn zu diesen zwei Faktoren noch die körperliche Bewegung hinzutritt, unterstützt sie die körperliche Stärke und Gesundheit zusätzlich.

All diese Faktoren befähigen das Individuum, mit den Stressoren des beruflichen Alltags besser umzugehen, wenn sie auftreten.

In vielen Fällen können sich die Betroffenen dazu erziehen, selbst trainieren, ihre eigenen Streßgefühle wirksam zu verarbeiten.

Es gibt jedoch – und das in zunehmender Zahl – mehr oder minder schwere Fälle, in denen gestreßte Zeitgenossen definitiv professionelle Hilfe benötigen. In diesen Fällen können psychologische Beratung, Therapie und ggf. sogar medikamentöse Behandlung erfolgreich sein, wenn andere Verfahren nicht greifen. Insbesondere eröffnen Beratung und Therapie Möglichkeiten Probleme zu erörtern und Spannungen abzulassen, entweder durch Gesprächsarbeit oder mit Hilfe von körperorientierten kathartischen Methoden. Verschiedene Untersuchungen haben ergeben, daß Psychotherapie bei der Bearbeitung von berufsbedingten Stress ausgesprochen wirksam ist.

Kurzzeitpsychotherapie, bestehend aus 10–15 Sitzungen, manchmal weniger, ist in akuten Stressnotlagen ein erwiesenermaßen erfolgreiches Instrument, die Balance wieder zu erlangen.[30]

Erfolgreicher noch als Psychotherapie und andere Methoden der Streßreduktion am Arbeitsplatz sind jene Verfahren, bei denen die Betroffenen lernen, ihre schädliche Verhaltensweise zu ändern und ihre Umgebung belastungsarm zu gestalten. Auch dieser Lernprozeß hat die bereits als notwendig dargestellten Bewußtseinsprozesse zur Grundlage.

Eine schlichte Veränderung der Perspektive und der persönlichen Ansichten kann bereits beachtliche Entlastungen erzielen. So können Betroffene lernen, mit Streß umzugehen, indem sie ihre Arbeit und ihre Verantwortung, die sie in ihrem Funktionsbereich tragen als positive Herausforderung annehmen und Rückschläge als Lektionen und Training deuten und weniger als Katastrophen.[31] Die Verwendung dieser Einstellung bei der Problemverarbeitung kann dazu führen, daß Streßreaktionen erst gar nicht eintreten.

Als Resultat der Veränderung am Arbeitsplatz hinsichtlich der strukturellen Rahmenbedingungen wie Zeitdruck, rasch aufeinanderfolgende Veränderungen durch technische und betriebswirtschaftliche Innovationen, die besonders in den letzten Jahrzehnten stattfanden, ist Streß im Berufsleben heutzutage mehr verbreitet als je zuvor. Die Konsequenzen sind die bereits dargestellten Auswirkungen auf psychische und physische Gesundheit und auf das Wohlbefinden der Beschäftigten. Jedoch werden belastende Effekte weniger stark und weniger häufig in Erscheinung treten, wenn den Betroffenen die Gelegenheit geboten wird, Wege zur Verarbeitung des „Kämpfe oder Flüchte"-Impulses im Angesicht der Streßsituationen zu erlernen.

II. Die etymologischen, historischen, psychologischen und physiologischen Aspekte des Stresses

Seinen Ursprung hat das Wort „Stress" im Lateinischen – „strictus". Auf Deutsch übersetzt heißt es angezogen, (engl. tight), straff, stramm oder gespannt. Erweitert man den Sinn dieser Worte, so führen sie zu „Diszipliniertheit" oder zu „Rigidität" (med.: Versteifung, Muskelstarre).

Die Bedeutung des englischen Wortes „stress" ist etwas betonen – etwas akzentuieren, Druck, Anstrengung, Belastung, Mühe, Sorge, Kummer und im übertragenen Sinn heißt es auch Erschöpfung. In der Physik bezieht sich „stress" auf die Interaktion zwischen einer Kraft und dem Widerstand gegen diese. Im Technischen wird es für Materialermüdung verwendet.

Hans Selye[32] unterschied prinzipiell zwei Arten von Stress. Er nannte den negativen, schädlichen, lebenszerstörenden Stress „Distress", den positiven, vitalisierenden und lebensnotwendigen Stress hingegen „Eustress" (abgeleitet vom griechischen eu = gut).

Ersteren gilt es weise dosieren zu lernen, letzteren hingegen bewußt zu suchen. Distress zeugt Leid, Eustress bringt Freude in unser Leben. Distress führt zu Krankheit, Depression, Einsamkeit sowie zu funktionellen Störungen aller Art. Eustress zeugt Gesundheit, Zufriedenheit, Glück und Wohlergehen.

Nach *Selye* soll der Begriff „Stress" die Belastungen zusammenfassen, denen der Mensch ausgesetzt ist. Er bezeichnet „Stress" als eine Reaktion, die den Menschen auf Veränderungen einstellt. Jede Forderung nach Anpassung bewirkt eine Stressreaktion.

Als Stress erzeugende Faktoren (Stressoren) werden sowohl körperliche, wie auch psychische Belastungen angeführt: Krankheit, Fieber, Gifte, Dauereinwirkungen der Umwelt aller Art und nicht zuletzt seelischer Druck; insbesondere Daueraffekte wie Aufregung, Ärger, Frustration, Anpassung, Hetze, Leid und Angst.

Biochemisch bzw. medizinisch gesehen impliziert das Stresskonzept eine Anpassungsreaktion auf Veränderungen, die als Bedrohung wahrgenommen werden; sei es für unser Leben oder unsere körperliche und seelisch-geistige Integrität.

Selye's endokrinologische Untersuchungen haben gezeigt, daß

Stress örtlich sein kann, also die unspezifische Reaktion des Körpers auf eine lokalisierte Anforderung wie beispielsweise eine Verbrennung, ein Schlangenbiß oder die Erschöpfung einer überanstrengten Muskelgruppe. Dieses „lokale Anpassungssyndrom“ (local adaption syndrome) unterscheidet sich vom „allgemeinen Anpassungssyndrom“ (general adaption syndrome), da dieses den ganzen Körper und nicht nur eine bestimmte Region betrifft. Das „allgemeine Anpassungssyndrom“ ist eine Total-Reaktion auf chronisch wirkende Stressoren und erfolgt in drei Phasen: Alarmreaktion, Widerstands- und Erschöpfungsphase.

Die Überlegungen, die Selye zum Konzept der „Adaptionskrankheiten“ führten, die durch Stress erzeugt werden und dennoch bei den verschiedenen Menschen unterschiedlichste Formen annehmen können, waren folgende:[33]

„Die Beziehung zwischen Stress in der Physik und biologischem Stress läßt sich leicht erkennen, wenn wir uns eine Kette vorstellen, die unter physische Spannung – also Stress – gestellt wird. Gleichgültig, wer oder was an der Kette zieht und in welcher Richtung, das Ergebnis ist das gleiche – das heißt, es ist „unspezifisch“. Die Kette steht einer Anforderung nach Widerstand gegenüber.

Ebenso wie bei der Kette das schwächste Glied (oder bei einer Maschine der widerstandsunfähigste Teil) am wahrscheinlichsten zusammenbricht, so gibt es im menschlichen Körper immer ein Organ oder System, das aufgrund von Ererbung oder äußeren Einflüssen das schwächste ist und unter der Bedingung von allgemeinem biologischen Stress am wahrscheinlichsten zusammenbricht.

Bei manchen Leuten ist das Herz, bei anderen das Nervensystem oder der Magen-Darm-Trakt dieses schwächste Glied. Deshalb entwickeln Menschen unter dem Einfluß der gleichen Art von Stressoren verschiedene Arten von Krankheit.

Daß die „Wahl“ der Erkrankung eines bestimmten Organs oder Systems mit vielen anderen Faktoren zusammenhängt, einer der wichtigsten ist die Struktur des jeweiligen Charakters, haben Wissenschaftler nach *Selye* bewiesen.

Auch die Stresstoleranz und Stressresistenz, die ja individuell äußerst unterschiedlich ist, steht in engem Zusammenhang mit der Charakterstruktur. Jeder Mensch reagiert anders auf seine Umwelt!

Selye hat sich nicht mit der Charakterstruktur des Menschen befaßt, kam aber zur Überzeugung, daß in der Tat jede Situation im Leben, die als quälend erlebt wird, wobei er Versagen und Demütigung als zwei der stärksten Stressfaktoren nannte, Distress erzeugt. Er hat seine lebenslangen Forschungen den Zusammenhängen zwischen den mit Gefühlserlebnissen verbundenen Wahrnehmungserlebnissen und körperlichen, biochemischen, hormonalen und neurologischen Reaktionen gewidmet. Streß ist nach seiner Theorie die unspezifische Reaktion des Körpers auf jede gegen ihn gerichtete Anforderung (*Abb. 1*).

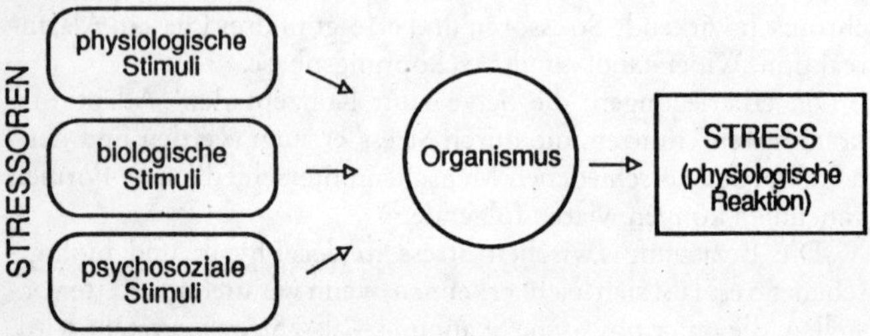

Abb. 1: Streßreaktionstheorie von *Selye*

Die Stressreaktions-Theorie Selye's wurde von anderen Wissenschaftlern weiter ausgearbeitet. Das im Laufe der Zeit immer größere Verständnis für das Zustandekommen der Stressreaktion wird auf den folgenden Graphiken dargestellt.

J. Mason hat *Selye's* Theorie übernommen, hat aber die Hypothese aufgestellt, daß die Stressreaktion immer nur durch emotionale Erregung hervorgerufen wird. (*Abb. 2*).

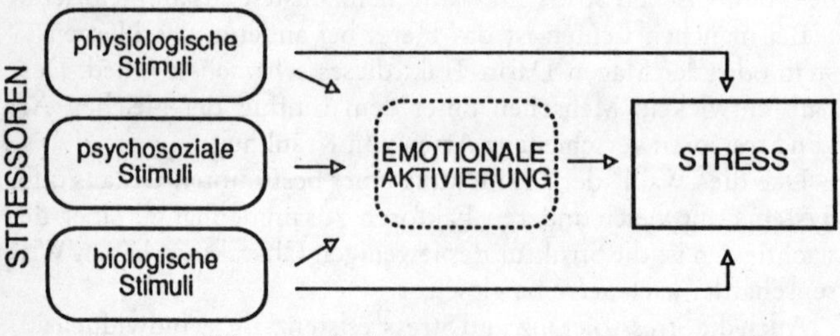

Abb. 2: Streßreaktionstheorie von *Mason*

Das Konzept von *Lazarus* konzentriert sich auf den psychologischen Stress. Seine Theorie ist, daß die Stressreaktion von der kognitiven Bewertung der Bedeutung eines Reizes abhängt. Das heißt, wenn ein Individuum einem Reiz bewußt oder unbewußt keine Wichtigkeit beimißt, erwirkt er auch keine emotionale Aktivierung. (*Abb. 3*).

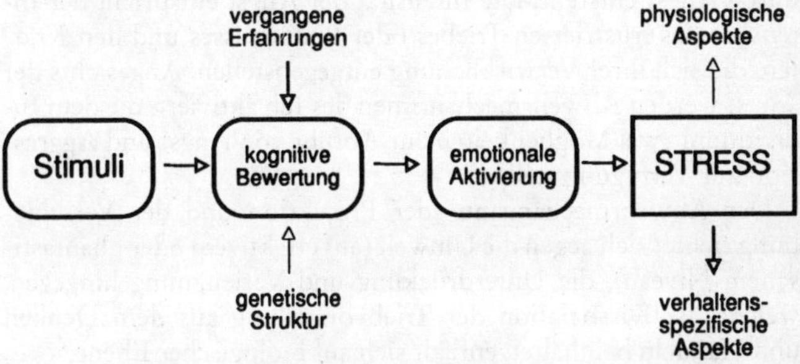

Abb. 3: Streßreaktionstheorie von *Lazarus*

Die drei vollständigsten Ansätze heutzutage sind: Der psychodynamische von *Bahnson*, der psychosoziale von *Levi* und der integrative von *Pancheri*.

C.B. Bahnson's Theorie hat die psychoanalytischen Grundsätze als Basis, zieht aber zur gleichen Zeit den körperlichen und psychopathologischen Ausdruck des jeweiligen Konflikts in Erwägung (*Abb. 4*).

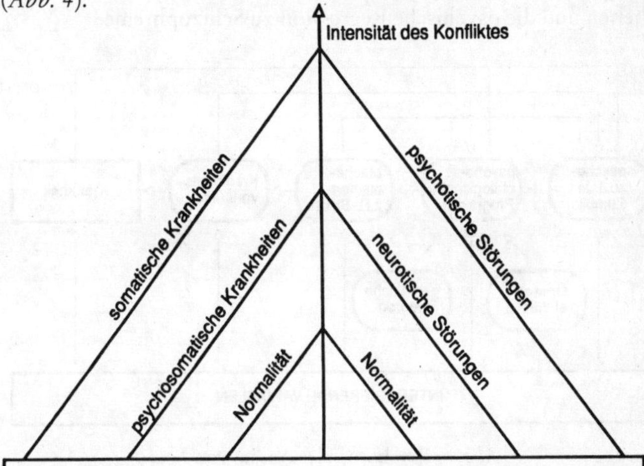

Abb. 4: Streßreaktionstheorie von *Bahnson*

Bahnson's Ansatz geht davon aus, daß unbewußte konflikthafte Situationen durch äußere Reize aktiviert werden können und dadurch Angst entsteht. Die Intensität der Angst entspricht der Intensität des frustrierten Triebes oder Bedürfnisses und den Kräften, die sich ihrer Verwirklichung entgegenstellen. Angesichts der Angst werden Abwehrmechanismen des Ich aktiviert, die dem Individuum zwei Möglichkeiten zur Abfuhr von Angst und Aggression zur Verfügung stellen.

Der Abwehrmechanismus der Projektion und der Verschiebung richtet sich gegen die Umwelt (auf effektivem oder phantastischem Niveau); die Unterdrückung und Verleugnung hingegen, welche die Dissoziation der Triebvorstellung aus dem Denken und Handeln beinhaltet, entlädt sich auf biologischer Ebene.

Die Wahl der Abwehr wird durch die Dominanz einer der beiden Abwehrtypen bestimmt. Dominiert die Projektion und Verschiebung, dann ist das fokale Zentrum der Angst- und Aggressionsentladung das Verhalten des Individuums. Tendiert eine Person mehr zur Unterdrückung und Verleugnung, so entlädt sich die Angst und Aggression auf der somatischen Ebene (somatische Regression).

Im Extremfall führt die somatische Regression zu Krebskrankheiten und die psychische Regression zu Schizophrenie.

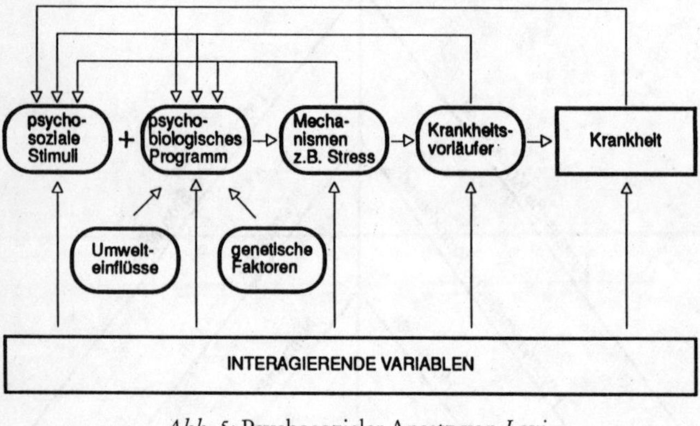

Abb. 5: Psychosozialer Ansatz von *Levi*

L. Levi's psychosozialer Ansatz (Laboratory for Clinical Stress Research of Stockholm) konzentriert sich im Gegensatz zum psychodynamischen Ansatz hauptsächlich auf die Wichtigkeit aktueller Erfahrungen und auf die sozialen Interaktionen als Quelle von Stress und psychosomatischen Störungen sowie auf die Reaktionen biologischer Art, die als Konsequenz darauf in Erscheinung treten (*Abb. 5*).

Levi vertritt die Ansicht, daß psychosoziale Stimuli von sozialen Interaktionen sowie von mitmenschlichen Beziehungen herrühren und imstande sind, emotionale Reaktionen hervorzurufen. Als psychosoziale Stimuli gelten bei *Levi* Reize direkter Natur wie Arbeitskonditionen, Menschenüberfüllung in Städten, etc.

Nach *Levi* besteht eine Wechselwirkung zwischen den psychobiologischen und den psychologischen Eigenschaften des Individuums, die das Wesen und die Art der Reaktionen auf Stimuli bestimmen. Die Art und Weise der Reaktionen wird teils genetisch und teils durch die sehr individuellen frühkindlichen Erfahrungen bestimmt. Für die biologischen Zusammenhänge krankheitsaktivierender Mechanismen hat Levi die Theorie *Selye's* als eine der Möglichkeiten übernommen.

Die Kette der Ereignisse, die durch den psychosozialen Reiz zur Äußerung einer Krankheit führt, wird von intrapsychischen oder sozial-umweltbedingten Faktoren beeinflußt, die wiederum ihrerseits jederzeit in den Verlauf des Krankheitsprozesses einwirken und eine Veränderung hervorrufen können.

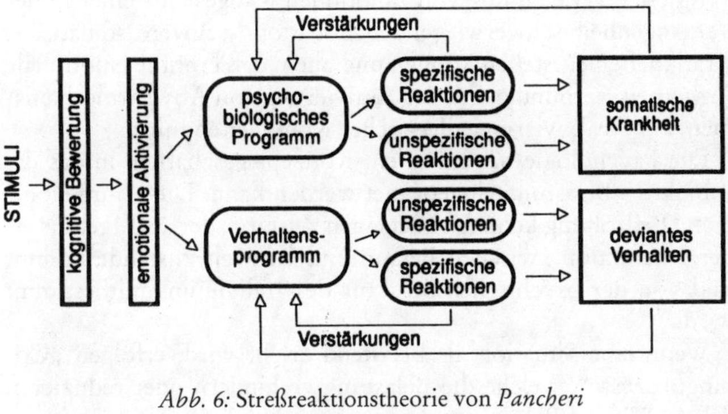

Abb. 6: Streßreaktionstheorie von *Pancheri*

Levi vernachlässigt in seinen Forschungen die Tatsache, daß viele Stressreaktionen nur „indirekt" durch direkte soziale Interaktionen zustande kommen und daß gerade sie es sind, die langzeitig – also chronisch auf den Menschen wirken können. In diese Kategorie fallen die intrapsychischen Konflikte, welche nicht bewußt wahrgenommen werden.

Bei *Pancheri* sind es die reziprok determinierenden Wirkungen zwischen der Beschaffenheit der körperlichen Expressivität und jener des Verhaltens in Bezug auf Emotionalität, sowie eine Reihe von anderen Ursachen, die zur Entwicklung einer somatischen Krankheit oder zu Verhaltensstörungen führen können (*Abb. 6*).

Pancheri erklärt die Komplexität der psychosomatischen Pathogenese, indem er alle anderen Ansätze miteinbezieht. Er geht davon aus, daß die von inneren oder äußeren, realen oder symbolischen Reizen hervorgerufenen Reaktionen des Organismus nie nur biologischer Natur sind, oder nur im Verhalten ersichtlich werden, sondern sich immer auf beiden Ebenen äußern.

Emotionale Reaktionen sind, wie auch immer hervorgerufen,stets von einer Aktivierung der Achse Hypothalamus – Hypophyse – Nebennierendrüse, von einer komplexen Veränderung des vegetativen Gleichgewichts, von einer Variation der chemischen Komposition und Morphologie des Blutes sowie von Reaktionen des Immunsystems begleitet. Zur selben Zeit ereignen sich intrapsychische Veränderungen und Verhaltensänderungen.

Klinische Beobachtungen haben gezeigt, daß durch Unterdrükkung oder Verleugnung von Emotionen – angesichts einer in der Vergangenheit schwerwiegenden Situation –schwere somatische Krankheiten entstehen können und auch, daß erhöhte emotionale Erregtheit, verbunden mit der Aktivierung von Abwehrmechanismen, zur Reaktivierung allergischer Krankheiten führt.

Die Psychologie hat somit ein Konzept geschaffen, in das die subjektive Belastung eingeordnet werden kann. Die wahrgenommene Bedrohung kennzeichnet einen Zustand, der als Ergebnis einer Interaktion zwischen Person und Umwelt zustande kommt und von der psychischen Struktur des Indiviuums mitbestimmt wird.

Wenn eine Situation als belastend erlebt wird, erfolgen „Copingprozesse“, welche die Belastung verhindern oder reduzieren sollen. Wie auf Belastungen reagiert wird ist auch von kognitiven Prozessen abhängig, die ihrerseits von situativen Faktoren und Persönlichkeitsmerkmalen sowie dem Ausmaß der wahrgenommenen Belastung bestimmt werden. Die Reaktionsweise auf Distress ist letztlich Ausdruck dieser intervenierenden Bewältigungsprozesse.

Zu unterscheiden ist demnach zwischen Distress von „innen" und von „außen". Distress aus der Umwelt, von „außen", sind unabänderliche Gegebenheiten, welche vitale Frustrationen erzeugen. Sie werden durch Hunger, Krankheit, Naturkatastrophen, Veränderungen durch politisch-soziale Ereignisse und durch unausweichliche gesellschaftliche oder familiäre Veränderungen erzeugt.

Distress aus dem „Innen" kommt in uns und durch uns selbst zustande; durch eine konflikthafte Persönlichkeit und dem dadurch geschwächten Ich, welches den jeweiligen Menschen belastende Situationen in übertriebener Weise erleben läßt oder im Extremfall sein ganzes „In-der-Welt-Sein" in eine Reihe von Distressituationen umwandelt.

Wissenschaftler sind heutzutage überzeugt, daß man durch Stärkung der Persönlichkeit, durch Reduktion der emotionalen Reaktion eine geringere Häufigkeit und Intensität der Stressreaktionen erreichen kann.

Mit Sicherheit kann angenommen werden, daß heute in der industrialisierten Welt vorwiegend psychosozialer Distress dem Menschen Schaden zufügt. Es sind die Eigenschaften der Gesellschaft mit ihren komplexen Strukturen, die auf der Basis von Hierarchie, Rollen und Verhaltensnormen funktioniert.

Der größte Teil des Distress rührt somit nicht von physiologischen Stressoren her, sondern es dominiert derjenige, der von der emotionalen Erregung in zwischenmenschlichen Beziehungen hervorgerufen wird. Dies bezieht sich auf die Auswirkung indirekter Reize, die emotionale Reaktionen auslösen. Hier werden Reize dem Filter der kognitiven Bewertung unterzogen, die der Wahrnehmung, dem Erinnerungsvermögen vergangener Erfahrungen, vorausahnender Schlußfolgerungen, symbolischer – mit traumatischen Situationen verbundenen Gedankenverbindungen und der sozialen Situation aus welcher ein Reiz stammt, zu Grunde liegt.

Damit ist es eine Tatsache, daß auch Vorstellungen, Phantasien und Gedanken physiologische Reaktionen auslösen können. Vom Gehirn werden sie genauso registriert wie Stimuli, die über die Augen, Ohren Tastorgane, Geschmacksknospen oder den Geruchssinn entstanden sind.

Ausschlaggebend ist somit nicht so sehr, was einem zustößt, sondern die Art und Weise, wie man darauf reagiert.

Wie Menschen den Schwierigkeiten des Lebens entgegentreten, hängt ganz und gar von ihrem Charakter ab; von dem, was sie als Säugling, als Kind und Erwachsene gelernt und wie sie es erfahren haben, von den Vorstellungen und Bildern, die sie sich von sich und der Umwelt gebildet haben.

Ob innere Kräfte freigesetzt werden, wird von mannigfachen Faktoren bestimmt: teils durch das, was wir erben; zum größten Teil aber von den Einflüssen der frühkindlichen Entwicklung, nämlich von der Art der Gefühlsbeziehung in Kindheit und Jugend und von den sozialen Bedingungen im Laufe des weiteren Lebens. Kurz, die Reaktion des Menschen auf Stress ist direkt proportional zu ihrer Charakterstruktur.

Psychosozialem Stress kann niemand entrinnen, man kann aber die Reaktion darauf vermindern, da sie vom Wahrnehmungsvermögen abhängig ist. Das Wahrnehmungsvermögen des Menschen ist der Vorgang und das Ergebnis der Reizverarbeitung, wobei das Ergebnis ein Abbild der objektiv-realen Umwelt und der eigenen Person (Innenwelt) sein sollte. Ist dies nicht der Fall, so ist der Realitätssinn eines Indiviuums durch seine Ich-Abwehren (z. B. Realitätsleugnung – Negation relevanter Fakten) gestört. Dabei sind alle Elemente der Wahrnehmung – die Selektion (Reizauswahl), die Organisation (Gestaltsprinzipien und Konstanzphänomene) und Interpretation (Bedeutungszuordnung) – beeinflußt. Folglich wird die Realität verzerrt wahrgenommen, sie wird mißverstanden und/oder mißachtet.

Seien es berufliche oder finanzielle Schwierigkeiten, Probleme in der Partnerschaft, mit Kindern, Eltern, Freunden, Verwandten oder Kollegen, sei es der Verlust eines geliebten Menschen durch Trennung oder Tod, sei es ein Unfall oder eine lebensverändernde Krankheit, sei es die Unfähigkeit oder Unmöglichkeit sich selbst zu verwirklichen, jedes Individuum nimmt diese Geschehnisse verschieden wahr, reagiert anders und hält andere Lösungen für seine psychosozialen Stressituationen bereit.

Wir sind zwar Meister in der Schaffung von Stressituationen, nicht aber in deren Bewältigung. Psychosozialer Stress ist es, der Schüler, Lehrlinge oder Studenten neurotisch macht, der ältere Menschen vereinsamen und verkümmern läßt – während ihnen gleichzeitig von der medizinischen Wissenschaft eine höhere Lebenserwartung geboten wird –, der Depressionen verursacht, Existenzangst und Aggressionen schürt.

Psychosozialer Stress ist es, der immer häufiger werdende vegetative Störungen provoziert und aufrecherhält. Viele Menschen lassen sich medikamentös gegen Schlaftstörungen, psychovegetativ bedingte Kopfschmerzen, Formen von Herzrythmus-und Kreislaufstörungen, Magenschleimhautentzündung, psychogene Impotenz, Ermüdungserscheinungen usw. behandeln.

Grundsätzlich weisen diese Störungen darauf hin, daß das psychisch-körperliche Gleichgewicht nicht mehr stimmt. Man könnte meinen, daß eine stressbewußte Gesellschaft auch Mittel zur Stressbewältigung entwickelt hat, doch gerade hier beginnt der Teufelskreis, der die gesundheitsschädigende Wirkung des Stresses noch potenziert.

Zu oft wird durch Ignoranz der Beelzebub mit dem Teufel ausgetrieben. Die Mittel zur Stressbewältigung sind allzuoft Drogen, Alkohol und Nikotin, bei Jugendlichen auch Haschisch oder gar Heroin, bei der „Schickeria“ und den „Tycoons“ ist es Kokain. Gleich darauf folgen andere „Problemlöser“, und zwar Medikamente, vor allem Beruhigungsmittel oder andere Psychopharmaka, aber auch Schlaf-, Schmerz-und Aufputschmittel.

Klar ist , daß die Ursachen der Stressymptome so nicht erfaßt werden. Viele Ärzte kapitulieren aber und verordnen einfach kupierende, die Symptome bekämpfende Medikamente. Meist läßt es ihre Zeit nicht zu oder sei es auch ein „Nicht-verstehen-wollen“, daß sie sich intensiver mit der psychosozialen Situation des Patienten auseinandersetzen.

Diese Ärzte wundern sich dann, wenn ihr Patient auf einmal mit einem Magengeschwür oder gar als Krebspatient wiederkommt. Inzwischen ist es aber kein Geheimnis mehr, daß psychosozialer Stress bei immer mehr Menschen, deren Stressymptome nicht an den Wurzeln behandelt wurden, schwerwiegende Stressfolgen verursacht.

Allzulange wurde der Risikofaktor „psychosozialer Stress“ von der Medizin vernachlässigt. Zum einen paßte er schlecht in das abendländische Weltbild. Zum anderen konzentriert sich das medizinische Denken auch heute noch auf direkt kausale und organische Wirkungen – und psychosozialer Stress wirkt nun einmal nicht direkt.

Es ist der Verdienst der psychosomatischen Medizin, die Zusammenhänge zwischen Psyche, Geist und Körper erkannt zu haben. Charakterstruktur und Krankheit – das ist nicht etwa ein magischer Zusammenhang. Grundsätzlich ist psychosozialer Stress das Bindeglied zwischen Charakterstruktur und Krankheit und entscheidend ist die Stellung des einzelnen zu psychosozialen Spannungen und Problemen: ob er sie in sich hineinfrißt oder einfach wegsteckt, ob er sie verarbeiten und lösen kann, ob er sie sucht und provoziert oder meidet.

Stress ist allgegenwärtig im menschlichen Leben und wird oft als Distress erlebt und bezeichnet, obwohl es sich um natürliche Gegebenheiten der menschlichen Existenz handelt. So auch das Altwerden und der Tod. Die wenigsten Menschen machen sich Gedanken darüber, daß das Leben vielleicht auch nur deshalb erregend und interessant ist, weil es nicht ewig dauert und so dem Einzelnen Grenzen gesetzt sind.

Stress kann man aus dem Menschenleben nicht entfernen, denn er ist Bestandteil unserer Existenz, um nicht zu sagen, die Essenz unseres Lebens. Stress erhöht unsere Lebenskraft, denn durch seine physiologischen Effekte reagiert er unter anderem auf unser Verhalten. So steigert sich zum Beispiel unsere Aufmerksamkeit und unsere gesamte Leistungsfähigkeit.

Ohne Stress verkümmert der Mensch, denn erst durch ihn sind wir imstande Energien freizusetzen, die ansonsten brachliegen. Unter Stress unternimmt man etwas, um zu überleben und dadurch „lebt" man. Daß dies so ist und auch wie extrem belastbar unser Organismus ist, zeigen beispielsweise Menschen im Kriege. Unter den größten Entbehrungen und Belastungen überleben sie jahrelang und so manche treten aus solch einer Notsituation auch noch in ihrem Charakter gestärkt hervor.

Dies mag ein krasses Beispiel sein, beweist aber die lebenswichtige Notwendigkeit der Fähigkeit zur Leistung, zur Anpassung an immer neue Situationen und der Fähigkeit, Lösungen zu immer neuen Problemen zu finden.

Sicher können auch äußere Stressoren potentiell zu pathogenen Veränderungen führen, aber nur dann, wenn die Intensität, Dauer und Häufigkeit der Stressoren für den Organismus unerträglich wird, denn die Stressreaktion ist an und für sich eine normale, adaptive, gesunde, physiologische Reaktion des Körpers.

Konstitutionell oder von der Persönlichkeit her geschwächte Menschen sind im alltäglichen Leben nicht sehr belastbar. Hat ein

Mensch aber auf beiden Ebenen Schwachpunkte, läuft er Gefahr, an seinem Stressproblem langsam aber sicher zugrunde zu gehen, wenn er sich nicht entscheidet, mit Mut sein Leben zu verändern, Energien freizusetzen und zu wachsen.

Dies ist am Beispiel zweier Menschen klar zu erkennen, die das gleiche Schicksal haben, aber völlig gegensätzlich reagiern. Der eine verdammt sein Schicksal, erleidet seelischen und körperlichen Schaden und findet sich weder mit sich selbst noch mit seiner Umwelt zurecht. Der andere leidet auch, verwendet aber den Schicksalsschlag, um daran zu wachsen, aktiv zu werden und auf konstruktive Weise sein Leben zu konfrontieren. Er ist nicht „unterzukriegen". Er sagt sich, was *Nietzsche* einmal sagte: „Alles, was mich nicht umbringt, macht mich stärker".

Bei dieser Gelegenheit seien noch drei andere große Persönlichkeiten zitiert, die ähnlich dachten:

- *Montaigne*: „Der Mensch leidet nicht soviel durch das, was ihm zustößt, wie durch die Art, wie er dieses Geschehen hinnimmt".
- *Mark Aurel*: „Unser Leben ist das, wozu unsere Gedanken es machen".
- *Abraham Lincoln*: „Die meisten Menschen sind ungefähr so glücklich wie sie sich zu sein vornehmen".

Das heißt ganz einfach, daß, wenn wir falsch reagieren, wir unser Leben durch unser eigenes Verhalten und Lebenseinstellung nicht nur verkürzen, sondern wir gestalten es auch noch unangenehmer als es nötig wäre.

Menschen, die sich zuviel Distress aussetzen – ohne daß es nötig wäre – leiden an chronischer Erregtheit, an Schlaflosigkeit und vielem anderen mehr. Letztendlich führt dies mit Sicherheit zu Krankheit und schlimmstenfalls sterben sie früher als notwendig.

Setzen Personen sich aber zu wenig Stress aus, so werden sie lustlos, energielos, gelangweilt, und verlieren ihr Selbstvertrauen. Denjenigen, die nicht wenigstens ein Mindestmaß an Eustress suchen, wird Schwung und Elan fehlen und der Mangel an Energien trägt dazu bei, daß sie Stress nicht konstruktiv begegnen können.

Die Umwelt ist meist unabänderlich, aber psychische Stressoren kann man bis zu einem gewissen Grad beeinflußen, denn sie sind im Verhalten verankert, das der Mensch durch seine Erziehung „gelernt" hat.

Wir können umlernen und wer umlernen will, kann sein Stressproblem in den Griff bekommen. Manchen Menschen aber ist es lieber, sich im täglichen Leben immer mehr zu stressen, als sich dem Distress des Umlernens zu unterwerfen. Je weniger man lernen – umlernen will, desto weniger soll man auch hoffen, daß sich je etwas verbessern würde.

Zum Umlernen muß der Mensch motiviert sein, er muß wollen und Menschen, die nicht wollen, müssen weiterleiden oder sollte man wie im Talmud sagen: „Ein Mensch, der nicht lernen kann, sollte eigentlich sterben". Klingt dieser Satz zu krass, dann kann man auch so sagen: „Es gibt kein „Können", sondern es gibt immer nur ein „Wollen"."

Da wir Menschen nicht nur „Schmied unseres eigenen Glückes" sind, sondern auch Mitbestimmer des Wohlergehens mancher unserer Mitmenschen, sollten wir das Kriterium menschlicher Reife und Verantwortung heranziehen und bedenken, wieviel Schmerzen, Unlust und Ärger wir uns selber und anderen zufügen, wenn wir unser Stressproblem nicht bewältigen können oder besser gesagt wollen.

Ärgern wir uns täglich, fühlen wir uns häufig frustriert, sind wir unsicher und haben Schuld- und Schamgefühle, fühlen wir uns gejagt und gehetzt, dann sollten wir bewußt zur Kenntnis nehmen, daß daran nicht die Umwelt Schuld hat.

III. Die menschliche Psyche

1. Ich – Es – Über-Ich – Ich-Ideal – Selbst

Die Auswirkungen und Symptome des psychischen Stress besser zu verstehen, setzt die genauere Beschreibung der Struktur der menschlichen Psyche voraus und bezieht sich auf den interaktiven Charakter aller Lebensprozesse. Sie sind nicht verschiedene alleinstehende Prozesse, sondern überschneiden sich, sind miteinander integriert, beeinflussen sich gegenseitig und können nie voneinander getrennt erlebt werden.

Mit der Verdeutlichung dieser Begriffe wird ersichtlich, wie vielschichtig das reziprok-determinierte Zusammenwirken verschiedener menschlicher „Systeme" ist. Das tiefere Verständnis für das Zustandekommen und die Auswirkungen verschiedener Lebensprozesse wird auch deshalb von Bedeutung, weil diese Prozesse der Ausgangspunkt für eine integrative Therapie zur Verminderung der Stressreaktion in den verschiedenen Charakterstrukturen sind.

Das Bewußtsein des Menschen besteht aus dem Wissen von Erlebnissen, von seelischen Prozessen, die unmittelbar erfahren werden; also von Wahrnehmungen, Erinnerungen, intellektuellen Vorgängen, Gefühlen, Strebungen, Willensprozessen usw..

Nach *R. Lazarus*[34] kann man kognitive Aktivität als Grundlage für alle emotionalen Phänomene postulieren und geht davon aus, daß Emotionen von kognitiven Prozessen ausgelöst werden und daß aber auch Emotionen die sie beeinflussenden kognitiven Prozesse beeinflussen können.

Das Wort „Kognition" wird in der Alltagssprache so gut wie nicht verwendet und stattdessen spricht man von Denken, Erinnern, Problemlösen, Vorstellen, Phantasieren und Bewußtmachung.

Der konstruktive Prozeß der Kognition läßt sich in vier weitere Begriffe unterteilen: Beschreibung (Deskription oder Interpretation von Ereignissen), Erwartung (Vorstellung der möglichen Konsequenzen von Ereignissen), Bewertung (Einschätzung der Bedeutung von Ereignissen für die eigene Person), und Pläne (zielgerichtet bewußte oder unbewußte Vornahmen zu Verhalten).

Für den Begriff „Verhalten“ lassen sich einige, in der Alltagssprache verwendete Wörter als Äquivalente nehmen Handeln, Tun, Benehmen, Tätigkeit, Agieren und Reagieren.

Das menschliche Verhalten vollzieht sich durch die aktive Auseinandersetzung eines Individuums mit seiner Umwelt. Durch die eigene Psychodynamik und Erfahrungen konstruiert sich der Mensch seine Welt, setzt sich mit ihr aktiv auseinander, verändert sie und wird durch sie verändert.

Das menschliche „Ich“ ist der Mittelpunkt eines Spiels innerer und äußerer Kräfte, in denen es sich – so gut es geht – seinen Interessen gemäß verhält und entscheidet. Von außen wirkt die reale Umwelt mit ihren Ansprüchen und Gaben, auf die sich das Ich entweder anpassen kann oder sie im eigenen Interesse verändert. Wie das Ich entscheidet, ist von immer wieder neuen Erfahrungen abhängig. Innere Kräfte, die auf das Ich wirken, sind einerseits triebhafter Natur, andererseits die verinnerlichten Forderungen und Einstellungen der Umwelt.

Die triebhaften inneren, unbewußten Kräfte werden unter dem Begriff des „Es“ (*Freud*) zusammengefaßt. Die auf das Ich wirkenden verinnerlichten sozialen Anforderungen werden im Wesentlichen als das „Über-Ich“ zusammengefaßt, das sich zum Teil mit dem „Gewissen“ deckt. Nach Freud ist es dasjenige Funktionssystem der Persönlichkeit, das die aus der Familie und Gemeinschaft übernommenen moralischen Normen repräsentiert. Es ist teils bewußt, teils unbewußt.

Das Über-Ich bewertet, ob unsere Mitmenschen unser Tun schätzen oder tadeln, uns lieben oder ablehnen. Dem Über-Ich ist ein Bild zugeordnet, an dem wir uns messen, das Ich-Ideal. Sind wir von uns selber enttäuscht oder schämen wir uns, so hat das Über-Ich eine Differenz zwischen unserem realen Verhalten oder Denken und unserem Ich-Ideal festgestellt.

Enttäuschungen können realitätsangemessen sein. Im Rahmen neurotischer Konflikte jedoch entwickeln sich oft Schuldgefühle, Scham und Selbstverachtung, die nicht auf einer äußeren Realität begründet sind. Sie können beispielweise von einem starren Messen an einem übersteigerten Ich-Ideal herrühren.

Das Ich funktioniert als Realitätskontrolle. Es entscheidet über das Handeln aufgrund seiner Übersicht über das von außen und innen Wahrgenommene. Es filtert die Wahrnehmung der äußeren und inneren Welt mit Hilfe der Abwehrmechanismen und schaltet so Störendes, Unerträgliches und Überflüssiges aus.

Das „Selbst" steht dem Ich nahe und ist Ausdruck dafür, daß das erlebende Subjekt sich seiner selbst bewußt ist und zugleich selbst zum Objekt wird. Das Selbstbewußtsein fordert ein Gegenstandsbewußtsein. Das Kleinkind besitzt noch Subjekt-Objekt-Einheit (analog bei Primitiven). Die Pubertät ist das Stadium der Entfaltung des Selbstbewußtseins, des Selbstgefühls, der Entfaltung einer Selbstheit oder Ichheit. Eine charakterliche Selbstfindung tritt später im Verlauf der Persönlichkeitsreifung hinzu.

Solche „Selbstwerdung" ist aber nicht gesichert und damit das Selbst insoweit gefährdet, als durch Selbstüber- oder Selbstunterschätzung, auch durch Selbstsucht eine krankhafte Verzerrung bzw. Verengung auf die eigenen Interessen eintreten kann oder auch, im Extremfall, die Selbstvernichtung erfolgt.

Begriffsanalytisch sind verschiedene Bedeutungen des hypothetischen Konstrukts „Selbst" herausgearbeitet worden, von denen folgende als die relevantesten gelten: Das Selbst als personinherantes Entwicklungsprinzip (*Jung, Maslow, C. Bühler* u.a.), wobei das Ziel der Entwicklung in der Realisierung des „eigentlichen Selbst" als Urgrund des personalen Werdens zu sehen ist. In Abhebung davon das „soziale Selbst", das sich in Abhängigkeit vom Urteil der (bedeutsamen) Interaktionspartner bildet (*Rogers, Mead, James* u.a.).

Dabei ist zu unterscheiden zwischen einem „Selbstbild" (Art und Weise, wie sich ein Individuum selbst sieht bzw. welche Fähigkeiten, Rollen etc. es sich selbst zuschreibt) und einem „Idealbild" (als Ausdruck dafür, wie eine Person sein möchte aufgrund der internalisierten Normen und Werte seiner Bezugsgruppe).

Selbst-Verwirklichung bedeutet dann u.a. das Streben nach Verringerung der Distanz zwischen Selbstbild und Idealbild.

2. Abwehrmechanismen

Abwehrmechanismen sind ein notwendiger Teil des Ichs und ob ein Abwehrvorgang pathologisch ist, ergibt sich immer erst aus dem Zusammenhang, in dem er steht und aus seiner Wirkung, d.h., ob seine Wirkung der inneren Freiheit oder einer inneren Einengung dient.

Abwehrvorgänge führen zu allerlei Konflikten und Störungen. Sie sind eine Verzerrung der Realität und machen Menschen relativ unfähig, Entscheidungen zu treffen. Jede Therapie, die darauf ausgeht, die Abwehr zu vermindern, droht neue Leiden zu bringen, denn sie rührt an das, was der Mensch als Unerträgliches unbewußt „ausblendet". Man hat vorsichtig zu prüfen, was der Klient erträgt, und ihn so weit wie möglich das Tempo der Therapie selbst mitbestimmen zu lassen. Die Ausblendung der Realität hat ihren guten Sinn, ihre innere Notwendigkeit. Leichtsinniges Auflösen einer Abwehr kann katastrophale Folgen haben.

Bewußtes ist „Vorhandenes" und „Mitteilbares". Andernfalls hat der Mensch aber auch starke Emotionen (Angst, Aggression, Schuldgefühle, etc.), die wegen ihrer Bedeutung und ihrer ihnen entsprechenden Emotionen von der Bewußtwerdung gehemmt werden. Dies nennt man Verdrängung und ist ein Vergessen des Vergessens. Die ihr zugrunde liegenden Gedächtnisinhalte befinden sich im Unbewußten, das dem Individuum selbst mit Hilfe des Bewußten nicht (oder nur dunkel) zugängig ist.

Der von *Freud* eingeführte Begriff „Verdrängung" bezeichnet die unbewußte Unterdrückung eines Triebbedürfnisses. Sie ist eine Funktion des Ich und besteht in einem Abdrängen der aus dem Funktionssystem des Es stammenden Triebbedürfnisse aus dem Bewußtsein und geschieht aufgrund der aus dem Über-Ich stammenden Forderungen nach Einschränkung oder Unterdrükkung dieser Bedürfnisse. Dadurch, daß es aus dem Bewußt-Sein geschoben ist, ist es noch nicht in seinem Sein aufgehoben. Unbewußt-Sein ist kein Nicht-Sein. Das so weiterbestehende Triebbedürfnis wird infolge seiner Nichtbefriedigung zunehmend stärker und gelangt zu einer funktionellen Dominanz.

Die Verdrängung kann ganze „Komplexe" von Gedanken, Phantasien, Wünschen, Ängsten beinhalten. Das Motiv ist ein Ausweichen bewußter Stellungnahme zu einem Triebbedürfnis und der im Falle einer Befriedigung erfolgenden Verurteilung und Bestrafung durch das Über-Ich. Motive der Verdrängung sind aber auch Angst vor dem Alleinsein, Trennungsangst, Angst vor dem Verlust von Geborgenheit usw..

Perls nennt die Verdrängung „Rückzug". Sein Konzept der Verdrängung hängt mit negativ besetzten Objekten, Personen oder Situationen zusammen.

Gestalttheoretisch ist es die Beziehung des Organismus zum

„Feld" oder in anderen Worten, die Beziehung des Individuums zu seiner Umwelt, die den Rückzug bewirken kann. Der Mensch hat nicht nur Bedürfnisse und ein Orientierungs- und Handlungssystem, mit dem er sie befriedigen kann, er hat auch Einstellungen gegenüber den Dingen seiner Umwelt.

Die Dinge der Welt werden in der Gestaltterminologie als „Figuren" bezeichnet. Soweit sie wünschenwert sind, weil sie helfen, die Bedürfnisse des Individuums zu befriedigen und sein gestörtes Gleichgewicht wiederherzustellen, haben sie eine positive Besetzung. Wasser hat eine positive Besetzung für den Durstigen, ein weiches Bett für den Müden. Soweit sie unerwünscht sind, weil sie das Indiviuum bedrohen, sein Gleichgewicht durcheinander bringen oder seine Bedürfnisse nicht befriedigen, haben sie negative Besetzung. Für den Jäger, der von einem Tiger bedroht wird, hat der Tiger eine negative Besetzung.

Ungeduld ist die Basis für jede positive Besetzung. Bedürfnisse verlangen eine sofortige Befriedigung. Beim Versuch, positiv besetzte Objekte zu erlangen, berührt das Individuum die Umwelt, es greift nach ihr. Schrecken ist die Basis für alle negativen Besetzungen; er ist die Erfahrung der Lebensbedrohung. Die Orientierung des Individuums inbezug auf negativ besetzte Objekte oder Leute ist, daß es sie vernichten oder aus dem Feld räumen möchte. Dies gilt für die Phantasie, wie auch für die wirkliche Welt.

Außer den Methoden der Zerstörung, den „Feind" zunichte zu machen, ihn zu zerstören, zu erschrecken oder ihn zu bedrohen, kann der Mensch einer negativ besetzten Sache oder Situation durch ihre magische Auslöschung oder durch Flucht begegnen. Beides sind Methoden des Rückzuges.

[35] „Die magische Auslöschung ist in der Psychotherapie wohlbekannt unter dem Begriff Skotom oder blinder Fleck. Es gibt Leute, die buchstäblich nicht sehen, was sie nicht sehen wollen, nicht hören, was sie nicht hören wollen, nicht fühlen, was sie nicht fühlen wollen – immer mit dem Ziel, das auszuschalten, was sie als gefährlich ansehen –, die Objekte oder Situationen nämlich, die für sie eine negative Besetzung haben. Magische Auslöschung ist ein teilweiser Rückzug, ein Ersatz für den wirklichen Rückzug."

Die „Verleugnung" (*Freud*) entspricht einer weniger tiefgehenden Abwehr von Bewußtseinsinhalten und ist oft leichter aufzuheben als die Verdrängung. Die Grenze zwischen den beiden Vorgängen ist unscharf. Die Verleugnung besteht aus dem, was der

Mensch lieber nicht sieht, sich aber eingestehen kann und auch aus dem, was er ein Leben lang nicht bewußt wahrnehmen konnte.

Diese Abwehrvorgänge spielen im Hinblick auf die Bildung psychosomatischer Störungen eine sehr wichtige Rolle. Das Verdrängen von Impulsen und Gefühlen auf körperlicher Ebene bedeutet, daß sie unter die Körperfläche gedrängt werden, unter das Niveau, auf dem die Wahrnehmung stattfindet. Der Mensch ist sich seines Verlangens und seines Gefühls nicht mehr bewußt und hat somit keinen Kontakt mehr damit. Der Bereich des Körpers, der am Ausdruck des Impulses oder Gefühls beteiligt wäre, wird durch die sich bildende Muskelspannung sozusagen „abgetötet". Dieser Bereich wird durch den Verlust normalen Fühlens und Empfindens effektiv vom Bewußtsein abgeschnitten. Die Abstumpfung eines Teils des Körpers hat die Herabsetzung der Gesamtfunktion, der Vitalität des ganzen Organismus zur Folge.

Bei der „Verschiebung" ist die bewußt erlebte Angst nicht mehr die gleiche wie die ursprüngliche, d.h., das Individuum verlagert die von einem verdrängten Konflikt stammende Angst von innen nach außen auf eine Situation oder Dinge (Phobie).

Ein weiterer Abwehrmechanismus des menschlichen Ich ist die „Projektion". Es ist das Hinausverlegen von Empfindungen oder dem Erleben subjektiver Qualitäten als Eigenschaften äußerer Dinge und Personen.

Die „Rationalisierung" ist eine scheinbar logische, rationale Begründung für etwas, was ganz andere, aber verdrängte oder verleugnete Ursachen hat. Die Rationalisierung bedeutet das verstandesmäßige Rechtfertigen eines Verhaltens. Innere Ausrede!

Die „Reaktionsbildung" ist eine Verkehrung von Passivität in Aktivität, d.h., das Individuum verkehrt die verdrängten Tendenzen ins Gegenteil. Es identifiziert sich mit dem „Aggressor". Beispielsweise werden Haßgefühle durch besonders zärtliches Verhalten zum Ausdruck gebracht. Derartige Umkehrungen sind Ausdruck von Angst.

Abwehrmechanismen werden auch zum Schutz des Selbstbildes eingesetzt. Im Spiel sind Angst vor dem Verlust von Liebe, Angst vor dem Verlassensein, Angst vor dem Versagen vor einem inneren Idealbild, also vor Scham und Schuld. Wer nicht ist, wie er meint daß er sein sollte, verachtet oder haßt sich selbst.

3. Emotionen

Individuen entwickeln ihr persönliches emotionales Repertoire auf dem Hintergrund einer individuellen Lebensgeschichte. Die großen Unterschiede im emotionalen Erleben zwischen einzelnen Menschen sind durch angeborene und erworbene physiologische, kulturell-soziale und charakterspezifische Faktoren bedingt.

Emotionales Geschehen ist ein dauernder Bestandteil menschlichen Erlebens und kann in gestalttheoretischen Begriffen einmal „Grund" sein (als Stimmung), ein anderes Mal „Figur" (als akute Emotion und kurzfristiger Affekt, oder als Gefühl, als ein anhaltend spürbares subjektives Erleben).

Emotion ist der theoretische Begriff für komplex organisierte psychische Zustände, die von neuronal-hormonalen Systemen vermittelt werden und subjektives, affektives Erleben, kognitive Prozesse, physiologisch-körperliche Reaktionsmuster und Verhaltensäußerungen einschließen. In anderen Worten: Emotionen sind Erscheinungen, die von intensiven körperlichen Empfindungen bis zur leichten Tönung von Gedanken reichen können.

Emotionen sind Begleiterscheinungen triebhafter Vorgänge einerseits, Signale einer inneren und äußeren Situation andererseits. Als Signale können sie triebhafte Vorgänge auslösen und auch mithelfen, sie unter Kontrolle zu bringen. Ein Beispiel: Der Anblick eines Menschen mit Eigenschaften, die uns anziehen, kann ein Gefühl der Veliebtheit und sexuelle Erregung auslösen. Nehmen wir diese Erregung bewußt als Emotion wahr, kann die Situation im Prinzip kontrolliert werden. Man kann um die Person werben oder im Hinblick auf mögliche Konflikte darauf verzichten. Wird der Affekt aber unbewußt abgewehrt oder unterdrückt, so ist die Gefahr unkontrollierter Reaktion größer.

Die innere Wahrnehmung von Emotionen ist somit eine der wichtigsten Bedingungen seelischer Gesundheit und relativer Entscheidungsfreiheit.

Bei der Entstehung von Emotionen ist die Bewertung der inneren und äußeren Situation dafür zuständig, ob sie positiv, negativ, rational oder irrational sind. Bei der Bestimmung der Qualität und Quantität von Emotionen spielt die psycho-physiologische Ausgangslage des einzelnen Menschen eine große Rolle.

Die Ausgangssituation der Affektreaktionen kann nach verschiedenen Kriterien beurteilt werden. Im Sinne von *W. R. Hess* nach der Polarität zwischen ergotroper und trophotroper Einstellung, wobei ergotrop psychologisch der Polarität wach, angeregt, aktiv und trophotrop der Polarität ruhig, entspannt, schläfrig bis schlafend entspricht.

Affektreaktionen sind weiters auch nach dem Schema der Persönlichkeitsbildung im Sinne von *Eysenck*[36] zu verstehen. Seine vier Charaktertypen umfassen zwei introvertierte Typen: den Melancholiker und den Phlegmatiker sowie zwei extrovertierte Typen: den Sanguiniker und den Choleriker. Tiefgreifende emotionale Erschütterungen lösen in jedem Individuum Abläufe aus, die mit dem Selyeschen Konzept der Stressreaktion erfaßt werden (Alarmreaktion, Anpassungsphase, Erschöpfung), die aber in jedem Charaktertyp unterschiedlich ausfallen.

Sehr stark emotional gefärbte Gedankenprozesse tendieren dazu, gegen das Gesetz der Logik zu funktionieren und verführen das Individuum zur Über- oder Unterbewertung äußerer und innerer Situationen. So ist es möglich, daß man bei Verliebtheit in den anderen Qualitäten projiziert, die diese Person gar nicht besitzt. So wird aus einer „Mücke“ ein „Elefant“, denn alle überwältigenden Emotionen heben die Realitätskontrolle auf.

Als Signale teilen Emotionen nicht nur dem Individuum etwas über seinen Zustand und seine Situation mit; sie sind zugleich Signale nach außen. Emotionen werden durch den Körper nach außen kommuniziert, durch Mimik, Gestik, Zustand der Haut (Röte, Blässe, Schweiß), Tonfall der Stimme usw..

Emotionen können aber auch von einer Person auf die andere „übertragen“ werden, sie wirken zuweilen sogar „ansteckend“. Dies ist am Beispiel einer Mutter, die z.B. Angst vor Spinnen hat und diese auf ihr Kind „überträgt“, zu erklären. Diese Übertragbarkeit oder das Erlernen von Emotionen dehnt sich auf die gesamte Skala von Emotionen aus, d.h. die negativen und die positiven Emotionen.

Alle diese Aspekte machen das Phänomen Emotion aus, ohne daß aber alle dem „Fühlenden“ bewußt sein müssen.

Über die physiologischen Reaktionsmuster einzelner Emotionen ist wenig bekannt. Einfache und regelmäßige Zuordnung wären auch nicht möglich, da der Mensch sich ja nie ausschließlich in einem bestimmten Affekt befindet, sondern immer in einer komplexen Situation mit zeitlicher Struktur, in die das Vergangene, wie das von der Zukunft Erwartete hineinspielen.

Es gibt jedoch einige Grundmuster von physiologischen Abläufen und Reaktionen, von denen ausgehend die Reaktionen unter dem Druck von Emotionen, also psychischer Stress, untersucht wurden.

Bei der Betrachtung der „*Emotion Aggression*" ist zunächst eine Begriffserklärung sinnvoll:
„aggredi" heißt „an etwas herangehen", „es anpacken", „es angreifen". Alles, was mit dem Begriff Aggression umfaßt wird, erstreckt sich zwischen zwei Polen: Kampf und Flucht.

Kampf ist die Tendenz „anzupacken" und die Umwelt nach den eigenen Bedürfnissen umzugestalten, seinen Wünschen anzupassen (aktives Verhalten). Das Motiv für die Flucht ist das Bestreben, die Integrität zu wahren (reaktives Verhalten).

Die aktive Tendenz anzupacken, zu gestalten, steht in enger Beziehung zur Sexualität. Die Liebe, vor allem ihr narzistischer Anteil, versucht, die Umwelt, den begehrten Menschen, eigenen Bedürfnissen anzupassen. Sie will „erobern" und „besitzen".

Unter Sexualität ist die Liebesfähigkeit des Menschen im weitesten Sinne zu verstehen, vor allem aber seine Möglichkeiten zu *schöpferischen* Leistungen. Der Sexualtrieb in all seinen Verzweigungen, Umwandlungen und Möglichkeiten (Gefährdetes zu schützen, zu erhalten und zu fördern), ist der stärkste Widersacher der zerstörerischen Tendenzen des Aggressionstriebes. Ohne seinen „gesunden" Aggressionstrieb kann der Mensch nicht überleben und es ist deshalb auch nicht sinnvoll, ihn als etwas Negatives oder Zerstörerisches zu betrachten. Aggression wird erst durch Unterdrückung und Verleugnung zur Gewalt.

Entscheidenden Einfluß auf das Aggressionsverhalten des Menschen nimmt seine Erziehung. Der Heranwachsende lernt in der Familie was erlaubt oder nicht erlaubt ist, schicklich oder unstatthaft ist, was als „liebes" Verhalten oder als Böswilligkeit ausgelegt wird. Die meisten Eltern sehen ein folgsames und braves Kind als ein liebendes Kind und das rebellische als ein feindseliges.

Durch die geforderte Anpassung wird das, was verwirklicht werden möchte, abgewehrt. Die menschliche Triebhaftigkeit läßt sich nur so weit verwirklichen, wie sie die Sozietät nicht stört.

Die zivilisatorische Sozialisierung unserer Kultur entfremdet das Einzelindividuum von seiner Selbstwahrnehmung, d.h., sie schwächt systematisch seine Ich-Funktionen. Das Ergebnis behindert oder zerstört die Liebesfähigkeit des Einzelnen. Dadurch kann sekundäre Aggression (Sadismus) die Oberhand gewinnen, denn sie verspricht mehr Befriedigung als die Sexualität.

Durch die Sozialisierung wird die Sexualität als schöpferische Kraft unterdrückt und dem Ich entfremdet. Die Verfremdung der Sexualität in „Sex" als aggressives Prestige, d.h. Sex als Leistungssport, vermindert die Befriedigungsmöglichkeiten mitmenschlicher Nähe, Zuneigung und Geborgenheit. Die Frustrierung des Bedürfnisses des „Mensch-Seins" läßt erhöhte Aggressionsbereitschaft entstehen.

Eine übertriebene Anpassung, eine gänzliche Aufnahme fremder Anschauungen, Motive und dergleichen in das Ich, also eine starke Ausrichtung auf die von außen erzeugte Gewissensinstanz und ein gesellschaftskonformes Ich-Ideal, bewirkt zumindest unbewußte Aggressionen. Eine Zwangsherrschaft, sei sie, individuell gesehen, von einem Über-Ich ausgehend oder werde sie im Rahmen einer Familie, in einer Beziehung oder am Arbeitsplatz ausgeübt, aktiviert zwangsläufig Feindseligkeit.

Jedesmal, wenn die Ausdrucksmöglichkeit von Aggressionsgefühlen durch das Ich (Abwehrmechanismen) im Verhalten gehemmt wird, gerät das sympatische adrenergische System in einen Dauererregungszustand. Die vegetativen Symptome entspringen dann aus der „festgehaltenen" sympathischen Erregung, die andauert, weil die Kampf- oder Fluchtreaktion nicht vollzogen wird.

Der Abbau und die Aufarbeitung von Aggression haben in der Psychotherapie eine entscheidende Bedeutung, wobei körperorientierte und kathartische Methoden sehr wirksam sind.
Aggression ist meist mit Angst verbunden. Schon deshalb, weil bei ihrer Hemmung das Motiv der Abwehr Angst ist. Unbewußte Angst vor den sozialen Folgen der eigenen Aggression und vor der Rache des davon Betroffenen.

Auf körperlicher Ebene führt die Unterdrückung der Aggression zu psychosomatischen Störungen des Herz-Kreislauf-Systems, zu Hypertonie, Migräne, Depression und anderem mehr. Auf psychischer Ebene drückt sie sich im Verhalten aus. Von Feindseligkeit bis zur Gewalttätigkeit oder aber auch in besonders zärtliches Verhalten durch die „Reaktionsbildung" (siehe Abwehrmechansimen).

Deshalb ist es nicht überraschend, wie oft Menschen, die jahrelang als Musterkinder den Wohlgefallen aller fanden, später alle Schranken der Ordnung durchbrechen. Die Überangepaßten, in der Regel Ich-schwache Individuen, sind später manchmal chaotische oder/und gewalttätige Menschen. Werden die spannungsgeladenen Aggressionsimpulse aber nicht nach außen geleitet, so richten sie sich nach innen – gegen sich selbst. Die Folgen sind Depressionszustände bis zur Selbstdestruktion.

Es ist nicht nur alleine der in uns existierene Aggressionstrieb, der der Menschheit so viel Unglück bringt, sondern auch die sekundäre Aggression im Dienste der Wiederherstellung eines gestörten narzißtischen Gleichgewichtes (Selbstwertgefühle).

Das gestörte narzistische Gleichgewicht verrät eine unvollständige Autonomie der Selbstgefühle. Diese Art von Menschen (stark abhängig von Bestätigung und Zuwendung seitens der Umwelt, leicht enttäuscht über andere Menschen, Trennung von ihnen, aber auch Enttäuschungen an sich selber, gemessen an einem verinnerlichten Idealbild) sind für narzißtische Kränkungen besonders anfällig.

Neuerdings wird der primäre Narzißmus auch als eine von den libidinösen und aggressiven Trieben unabhängige und damit „dritte" Kraft verstanden, welche wichtige prospektive Potentiale zur Selbstverwirklichung des Menschen enthält, insbesondere seiner kreativen Fähigkeiten. In diesem Sinne kann eine narzißtische Kränkung auch sehr positive Folgen bewirken.

Aggression ist eine spezifische Energie, die der Mensch lernen kann abzuführen, d.h., er kann ihre Wirkung wahrnehmen und nach Wegen suchen, durch die er sie ableiten kann. Er kann sie zulassen und mit Hilfe seiner Vernunft richtig anwenden oder sie in neutrale konstruktive Aktivitäten umwandeln.

Die *„Emotion Angst"* ist ein Signal für eine Gefahr, die von außen oder von innen kommen kann. Sei sie nun real oder in der Phantasie bestehend. Alles, was die Integrität eines Individuums und das narzißtische Gleichgewicht in irgendeiner Form bedroht oder schädigt, wird als Angst emfpunden. Angst ist daher im Rahmen pathologischer Erscheinungen allgegenwärtig.

Angst begleitet den Menschen ein Leben lang. Als heutige angstauslösende Bedrohungen von außen gelten unter anderem politische Spannungen, die Automatisierung des Lebens, die Verstädterung, die Bevölkerungsexplosion, die Umweltbedrohung, die drohende Arbeitslosigkeit, usw.

Angst entsteht aber auch in unserer Innenwelt, nämlich von der Gewissensinstanz her, wenn Triebdurchbrüche uns mitreißen und wir die Kontrolle über unser Handeln zu verlieren drohen. Schließlich wird die Angst vor der Angst zu einem Teufelskreis, der uns bis an die Existenzbedrohung treiben kann.

Längst nicht immer macht sich Angst offen, als bewußte gefühlsmäßige Erschütterung bemerkbar. Oft wird sie unbewußt verarbeitet. Sie kann abgewehrt werden, indem eine objektlose Angst in eine Angst vor ganz bestimmten Dingen oder Situationen umgewandelt wird (Phobien). Oder es können Zwangsmechanismen gegen die Angst mobilisiert werden, z.B. ein Waschzwang. Angst kann auch ins Körperliche umgewandelt werden, im Sinne der klassischen, heute aber seltenen hysterischen Störungen (Lähmungen oder Blindheit etc.).

Viel häufiger ist heute die unbewußte Angstreaktion im Sinne von psychosomatischen Störungen (Reizmagen, nervöses Atmungssyndrom, gewisse Kopfschmerzsyndrome, Hauterkrankungen, usw. oder Magersucht, Asthma bronchiale, Herzinfarkt).

Angst kann als pathologisch bezeichnet werden, wenn ihre Intensität das adäquate Reagieren auf eine Gefahr stört, statt es zu fördern oder wenn die Beziehung zum ursprünglichen Motiv der Angst verlorengegangen ist, wie z.B. bei der Phobie.

Angst, die nicht lähmt, sondern als Signal für eine innere oder äußere Gefahr und als Symptom einer Störung des inneren Gleichgewichtes auftaucht, gehört als normale Erscheinung zum menschlichen Leben. Reifungsvorgänge sind beispielsweise immer mit Angst verbunden, meist aber erträglicher Art, die im Weitergehen überwunden wird.

Die psychischen Abwehrmechanismen haben die Aufgabe, den Menschen vor Angst zu schützen. Der Mensch unterdrückt oder verdrängt Angst, um sie auf diese Weise in den Griff zu bekommen Aber erst so wird Angst ein chronischer Zustand und kann sich durch psychische oder psychosomatische Störungen oder Krankheiten bemerkbar machen.

Der Abbau von Abwehrmechanismen oder das außer Kraft treten einer Abwehr kann große Angst erzeugen. Gewiß, die Bewältigung von Angst erfordert Mut, sie kann aber durch Lösung von Problemen und Konflikten und durch Bewußtmachung ängstigender Situationen verstandesgemäß abgeführt werden.

Ist es einem Menschen möglich, in einer Situation die Angst verursacht, die durch die Angst mobilisierten Energien konstruktiv einzusetzen, wird er ein neues Gleichgewicht auf einem reiferen Niveau finden.

Es zählt nicht so sehr die Tatsache, daß man Angst hat, oder wie groß sie ist, sondern wie man zu ihr Stellung nimmt, wie man mit ihr umgeht und wie man auf sie reagiert.

Die „*Emotion Trauer*" ist die Folge der Trennung von etwas Geliebtem. Es kann ein nahestehender Mensch sein, aber auch ein Tier, eine Sache, eine Hoffnung, usw..

Menschen „verwachsen" mit Liebesobjekten, indem sie sie in ihr erweitertes Selbst eingliedern. Jeglicher Verlust geht mit großen Schmerzgefühlen einher, die als Zeichen einer Beeinträchtigung des erweiterten Selbst auftreten. Trauer kann buchstäblich körperlich schmerzen.

Der Begriff „Selbst" beschreibt das, was für unser Erleben zu unserer Person gehört. Die Grenzen unseres Selbst decken sich folglich nicht mit den objektiven Grenzen unserer Person. In gewissen pathologischen Zuständen, z.B. der Depersonalisation, wie sie in Psychosen oder unter Drogeneinwirkung erlebt werden kann, gehört unser Körper – für unser Gefühl – nicht mehr zu uns. Wir spüren ihn nicht mehr, obschon der Tastsinn erhalten ist. Unser „Selbst" hat sich gewissermaßen aus ihm zurückgezogen. Umgekehrt können aber die Grenzen des Selbst die des objektiv vorhandenen Leibes überschreiten: ein amputiertes Bein kann weiterhin zu unserem „Selbst" gehören, wir spüren (Phantom-) Schmerzen darin, usw.

Unser „seelisches Selbst" umfaßt Anteile der äußeren Welt, die vom erlebten Körper nicht scharf abzugrenzen sind, was wir oft erst spüren, wenn wir etwas davon verlieren. Das können z.B. Gegenstände sein, die Prothesen für ausgefallene Funktionen bilden, wie die Brille, das künstliche Gebiß, etc. Dieses erweiterte körperliche Selbst geht fließend über in ein Stück Welt, das zum Selbst gehört, ohne direkt materiell damit verbunden zu sein: nahestehende Menschen, Tiere, Gegenstände, gedankliche Gebilde, wie z.B. das, was wir „Heimat" nennen. Gemeinsam ist ihnen, daß wir sie in ähnlicher Weise „lieben", wie unseren eigenen Körper oder in anderen Worten, daß wir sie „narzißtisch besetzen".

Der Verlust von etwas, das wir narzißtisch besetzt haben, kann in uns Trauer, Panik, Verzweiflung, aber auch ohnmächtige Wut auslösen. Der Verlust eines geliebten Menschen steht dabei an erster Stelle.

In den letzten Jahrzehnten wurde die erhöhte Morbidität und folglich auch Mortalität nach Verlust-Erlebnissen wiederholt statistisch belegt. Dahinter verbergen sich sehr verschiedenartige Ursachen, die zu erhöhter Suizid- und Unfallsneigung, zu vermehrten Kreislaufsystemerkrankungen, bis zur geringen Resistenz gegen Infektions- und Tumorkrankheiten führen können.

Das Alleinsein der Menschen in unserer Gesellschaft gehört zu den wichtigsten Faktoren, die die Trauerarbeit des einzelnen erschweren. Unsere Gesellschaft ist eine Kranke, denn wenn sie eine große Anzahl von kranken Individuen enthält, muß sie eine neurotische Gesellschaft sein.

Auf dem psychischen Sektor braucht der Mensch Kontakt mit anderen menschlichen Wesen ebenso nötig wie das Essen und Trinken auf dem physiologischen Sektor. Die gefühlsmäßige Beziehung zur Gruppe ist dem Menschen so natürlich wie die gefühlsmäßige Beziehung zu irgendeinem seiner physiologischen Lebensimpulse. Dieser Identifikationssinn ist wahrscheinlich sogar sein primärer psychischer Lebensimpuls. Neurotische Menschen aber haben die Fähigkeit verloren (oder nie entwickelt), ihr Verhalten mit ihren Bedürfnissen in Einklang zu bringen, d. h., sie können ihr Kontaktbedürfnis nicht befriedigen.

Ein weiterer Faktor zur Krankheitsanfälligkeit nach einem Trauererlebnis ist das Nichtausleben der Schmerz- oder/und Wutgefühle. Schon bei normalem Ablauf ist Trauer eine Zeit erhöhter Verletzlichkeit auf seelischer wie auf körperlicher Ebene, besonders aber, wenn sie gestört wird. Trauer, wie jedes andere Gefühlserlebnis, kann durch Ich-Abwehren unterdrückt oder verleugnet werden und es kommt zu einer „mißglückten" Trauer. Sichtbar wird das z. B. an Menschen, die durch einen Verlust ausdrucks- und bewegungslos werden.

In manchen Kulturen klagen und jammern die Trauernden stunden- und auch tagelang (meist in Gruppen), sie weinen und schreien. Dieses Verhalten ist nach unseren Normen übertrieben. Diese Menschen aber machen ihrem Schmerz „Luft" und es hat den Zweck, Gefühle auszudrücken, was möglich macht, daß das Leben weitergeht. Verluste und Verletzungen müssen Menschen nicht nur mit ihrem Verstand akzeptieren, sondern auch mit ihrem Körper. Erst der Körper ist fähig, Schmerz durch eine Katharsis abzuführen. Er wehrt sich, indem er seinem Schmerz in Form von Kummer und Weinen Luft macht und dadurch seine Lebendigkeit wiedergewinnt.

Menschen, die nicht trauern „können", die einen Verlust stoisch ertragen, sich isolieren, setzen sich der Gefahr aus, ihre Trauer nie zu überwinden oder eine verspätete, aber umso stärkere Trauerreaktion zu haben. Darüber hinaus verschließen sie sich einem Teil ihrer Menschlichkeit, denn ihre Gefühlswelt ist „tot".

Freud hat darauf hingewiesen, daß Trauer eine sehr notwendige Arbeit leistet; sie befähigt den Menschen, die Gefühle oder die Libido, die in das verlorene Liebesobjekt investiert worden sind, zurückzuziehen, um sie wieder für andere Beziehungen verfügbar zu machen. Vom psychosomatischen Standpunkt gesehen ist darauf hinzuweisen, daß in Verbindung mit einer krankhaften Trauerreaktion die Colitis ulcerosa als eine der häufigsten Reaktonskrankheiten auftreten kann. Diese Krankheit wird mit Ärger sowie ängstlichen Erwartungen, mit Spannungen, dem Gefühl der Ohnmacht und dem Ausgeliefertsein in Verbindung gebracht. Vor allem aber steht sie im Zusammenhang mit schmerzlichen Verlusterlebnissen wie Tod, Zurückweisung durch einen Liebespartner oder Trennung von einem Liebesobjekt. Des weiteren ist der Verlust des gewohnten Lebensraumes, Umzüge, etc. bedeutsam.

Nach neuen Erkenntnissen hat auch das *Gefühl der Hoffnungslosigkeit* einen wichtigen Einfluß auf das Stresserleben und somit auf die Krankheitsanfälligkeit des Menschen.

Von Menschen ohne Hoffnung hört man, „es hat ja alles keinen Sinn", „es ist mir alles egal", etc. Sie wollen „aufgeben", weil sie keine Möglichkeit sehen, in Zukunft etwas zu verwirklichen oder anderen etwas zu bedeuten. Diese Gefühle sind speziell Depressiven zu eigen und können sich darüber hinaus noch mit Gefühlen der eigenen Wertlosigkeit vereinen.

Menschen, die ein gestörtes „Urvertrauen" haben (Begriff von *Erikson* für eine soziale Einstellung, die Folge einer stabilen Personenumgebung in der frühen Kindheit ist) und wodurch die Entwicklung einer bleibenden Überempfindlichkeit gegen Trennungserlebnisse, gegen Schwierigkeiten des alltäglichen Lebens gefördert wurde, sind oft solche, die mit Gefühlen der Hilflosigkeit die Hilfe anderer erwarten und dazu tendieren können, niederschmetternde Gefühle des „Am-Ende-Seins", des „Ohne-Zukunftshoffnung-zu-Sein" und des „Aufgebens" zu haben.

Menschen, deren Urvertrauen sich nicht entwickeln konnte, fallen bei der Trennung von einem geliebten Menschen leicht in eine Hoffnungslosigkeit, da sie die Geborgenheit, die mit dem Urvertrauen einhergeht, nicht im eigenen Inneren haben, sondern sie außerhalb suchen. Damit kann das plötzliche Abhandenkommen einer Person, durch die sie sich scheinbar sicher gefühlt haben, ihre Existenz bedrohen.

Das Gefühl der Hoffnungslosigkeit könnte man auch mit dem „Dazugehören" zu einer Gemeinschaft identifizieren. Zwar ist das Gefühl des Dazugehörens hauptsächlich von der Verinnerlichung einer Gemeinschaft abhängig und nicht einfach von der realen äußeren Situation, aber die äußere Realität ist dennoch wichtig. Durch sie werden diese Gefühle gefördert oder gehemmt.

Je isolierter Menschen in der Realität sind, desto empfindlicher werden sie für äußere Bestätigung des Dazugehörens oder für ein Zeichen, daß sie nicht dazugehören, daß man sie fallen läßt, daß sie anderen gleichgültig oder lästig sind.

Das Gefühl der Hoffnungslosigkeit macht sich überall und oft bemerkbar, aber speziell bei vielen Jugendlichen, die den Sinn ihres Lebens nicht finden können und bei alleingelassenen alten Menschen. Bei Kranken in Spitälern, mit denen das Personal oft „menschenunwürdig" umgeht, trägt das Gefühl der Hilf- und Hoffnungslosigkeit dazu bei, daß der Gesundungsprozeß viel langsamer voranschreitet, als es nötig wäre.

Das Gefühl der Hoffnungslosigkeit rührt weitgehend daher, daß Menschen das Gefühl haben, nicht zu zählen, nicht beachtet zu werden, grundsätzlich nicht angenommen zu werden. Im mitmenschlichen Kontakt oder in der Therapie kann diese Lebenseinstellung aufgehoben werden, indem man diesen Menschen mit großem Einfühlungsvermögen lehrt, eine innere Sicherheit zu erlangen, durch die sie wieder fest und auf den „eigenen Beinen" im Leben stehen können.

Gelegentlich haben Menschen eine erstaunliche Anpassungsfähigkeit, die auch das Überstehen von Traumatisierungen ermöglicht. Ihr Lebenswille, ihr Glaube an das Leben selber oder der Glauben an einen Menschen, an ein Werk oder an Dinge, läßt sie die Gefühle der Hoffnungslosigkeit überwinden.

4. Leib-Seele

C.G. Jung[37] schrieb im Zusammenhang „Leib-Seele“ folgendes: „Kann man sich mit dem Mysterium aussöhnen, daß die Seele das innerlich angeschaute Leben des Körpers und der Körper das äußerlich offenbarte Leben der Seele ist, daß die beiden nicht zwei, sondern eins sind, so versteht man auch, wie das Streben nach Überwindung der heutigen Bewußtseinsstufe durch das Unbewußte zum Körper führt und umgekehrt, wie der Glaube an den Körper nur eine Philosophie zuläßt, die den Körper nicht zugunsten eines reinen Geistes negiert“.

Über unsere Seele, die so mysteriös und unverständlich erscheint, die man weder sehen noch berühren kann, sind viele Theorien aufgestellt worden: daß sie das Prinzip des menschlichen Lebens, Fühlens, Denkens und Handelns ist; daß sie der emotionale Teil der menschlichen Natur ist; daß sie der Sitz des Gefühls, der Empfindungen ist.

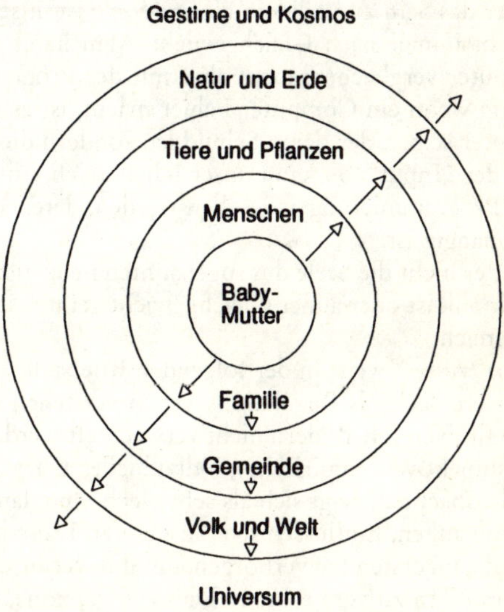

Abb. 7: System konzentrischer Kreise

Lowen[38] beschreibt die Seele als gleichbedeutend mit dem Bewußtsein des Menschen zu einer größeren, einer universellen Ordnung zu gehören; auf irgendeine vitale oder spirituelle Art mit dem Universum verbunden zu sein. Hierbei wird das Wort „spirituell" als Adjektiv im Zusammenhang mit Lebensgeist, Pneuma und Energie verwendet, d.h., daß die Energie unserer Körper mit der Energie ringsum in der Welt und im Kosmos verbunden ist und daß sich beide ständig wechselseitig beeinflussen. Der Mensch wird nicht als isoliertes Phänomen angesehen, sondern als Teil eines großen Ganzen.

Das Bild des Systems konzentrischer Kreise (*Abb. 7*) veranschaulicht die verschiedenen Entwicklungsstufen des Menschen, während derer sich das Bewußtsein immer mehr erweitert und so der Psyche und Persönlichkeit des Menschen immer mehr Aspekte der Außenwelt einverleibt. Das Sein des Menschen sehnt sich nach Erweiterung, nach Zugehörigkeit, und das Zugehörigkeitsgefühl verkörpert das Bedürfnis des Organismus nach Kontakt mit der Umgebung und Welt. Durch Zugehörigkeit befreit sich die Seele von den Fesseln des Ich, ohne ihr Gefühl für das Ich oder das Sein zu verlieren.Unsere Seele ist unsere Zentrale und strebt immer nach Gleichgewicht. Man kann sie mit einem Computer vergleichen, nicht aber mit der Programmierung dessen, denn wenn ein Computer Fehler macht, ist es auch nicht der Computer selber, der daran Schuld ist, sondern die Programmierung – der „Input". So kann unser Ich-Bereich, unser Verhalten als die Programmierung angesehen werden, deren Inhalt vom „Input" abhängig ist.

Damit ist es nicht die Seele des sogenannten neurotischen Menschen, die krank ist oder außer Gleichgewicht geraten ist, sondern sein Ich-Bereich.

Hermann Hesse[39] weist in der folgenden Briefstelle darauf hin, daß wir unsere Seele als Regulationssystem verstehen sollen und sie mit den fiktiven Ich-Bildern nicht verwechselt werden darf.

„Unser subjektives, empirisches, individuelles Ich, wenn wir es ein wenig beobachten, zeigt sich als sehr wechselnd, launisch sehr abhängig von außen, Einflüssen sehr ausgesetzt. Dann ist aber das andere Ich da, im ersten Ich verborgen, mit ihm vermischt, keineswegs aber mit ihm zu verwechseln. Dies zweite, hohe, heilige Ich (der Atman der Inder, den sie dem Brahma gleichstellen) ist nicht persönlich, sondern ist unser Anteil an Gott, am Leben, am Ganzen, am Un- und Überpersönlichen. Diesem Ich nachzugehen und zu folgen, lohnt sich schon eher, nur ist es schwer, dies ewige Ich ist still und geduldig, während das andere Ich so laut und ungeduldig ist".

Die Außenwelt umzugestalten ist meist äußerst schwierig oder unmöglich, auch unsere Seele ist nicht änderbar, aber unser Ich-Bereich ist regulierbar. Jeder Mensch kann selbst oder mit Hilfe eines Therapeuten die verschiedenartigsten Ich-Verhaltensformen neu „programmieren".

Dies bedeutet eine Meisterung seiner selbst und der einzige Weg hierzu ist, sich selber zu begreifen; zu begreifen, warum man etwas tut. Es bedeutet, mit sich ehrlich zu sein, um die wirklichen Motive und Absichten, die man hat, zu verstehen. Diese Arbeit an sich selbst bereitet natürlich Angst, aber schon Kierkegaard sagte: „Zu riskieren und zu wagen, bereitet Angst, nichts zu wagen, ist sich selbst zu verlieren".

5. Innere Werte und Gewissen

In unserer Seele ist unser Verstand – unser Gewissen. Durch unseren Verstand kommen wir zu unseren Idealen, zu unseren inneren ethischen Werten. Durch sie haben wir das Wissen vom Sinn unseres Lebens, denn es sind unsere inneren Werte, nach welchen wir nach unseren eigenen Überzeugungen beurteilen und handeln können. Sie machen unsere Selbststeuerung möglich, denn wir orientieren uns an unseren inneren Werten, wie wir im realen Fall entscheiden und handeln sollen. Werte oder Ideale unserer inneren Realität sind Richtnormen, die uns wie innere Wegweiser nur die Richtung angeben, die wir gehen sollen. Sie sind keine Ziele, sondern richtungweisende Orientierungshilfen.

Je fähiger ein Mensch ist, zu seinen inneren Werten zu stehen, danach zu leben, desto echter und natürlicher wird er sein, denn da sie von ihm – seinen eigenen Bedürfnissen entsprechend – introjiziert wurden (der neurotische Mensch introjiziert auch das, was seinen Bedürfnissen nicht entspricht), sind sie nichts anderes als das, was er wirklich will und unterliegt so keiner abnormen Rolle, die ihn immer nur unter seelischen Druck setzt.

Ideale sind exogen introjizierte Werte, aber keine Ideologien. Ideologien sind einseitig verabsolutierte Ideale. Sie sind sinnwidrig, weil sie alle anderen Werte negieren. Der Sinn des Lebens kann nur aus der Ganzheit aller Lebensmöglichkeiten bestehen.

Was sind unsere Werte? Es ist gegen die eigene Person gerichtetes Wohlwollen, Toleranz, Aufrichtigkeit und Aufgeschlossenheit. Ist man dazu fähig, entsteht die Wechselwirkung mit der Umwelt automatisch. Ein Mensch der so handelt, strebt er ein Gleichgewicht zwischen den eigenen Ansprüchen und denen des anderen an. Will ein Mensch nur das, was seiner Ansicht nach wahr und gut ist, zur allgemein gültigen Wahrheit emporheben, die für alle Menschen und jede Situation gelten sollte, dann macht er seine beschränkte Ansicht der Wahrheit zur Ideologie. Innere Werte sind Wegweiser, die jeder Mensch für sich selber bestimmen muß. Was für den einen richtig ist, ist es noch lange nicht für den anderen.

Wir bewerten unser Fühlen, Denken und Tun durch Bejahung oder Verneinung und genau mit dieser Fähigkeit können wir sie auch lenken. Handeln wir nach unserem Sinn-Wissen, so handeln wir nach unserem Gewissen. Welches Sinn-Wissen wir haben und wie wir unsere Handlungen danach ausrichten, das ist unsere Lebenseinstellung – unsere Gesinnung. Dieser innere Maßstab ist unser Regulationssystem, das uns aus dem Gleichgewicht bringt, wenn wir gegen unsere Überzeugung handeln. Wir haben ein „schlechtes Gewissen", denn außer Psychotikern ist kein Mensch fähig, sich dieser Selbstkritik zu entziehen.

Aus unserem guten Gewissen wird nur zu oft ein schlechtes Gewissen werden, wenn es eine von außen erzwungene Moralleiter ist. Es wird ein verantwortliches Gewissen, wenn es von echtem Wissen über uns selbst zusammengesetzt ist und die innere Überzeugung aus erlebter Einsicht entstanden ist. Dieses Wissen von Ordnung und Harmonie in uns kann zugleich das Wissen vom Sinn unseres Lebens sein.

Der Arzt und Philosoph *Paul Dahlke* spricht das so aus: „Jeder wirkliche Zwang für den Menschen geht letzten Endes nicht von den Dingen, sondern vom Denken aus und ist somit kein äußerer Zwang, sondern ein Selbstzwang. In Wahrheit gezwungen werden kann der Mensch nur, wenn er die Notwendigkeit dessen, wozu er sich zwingen soll, begriffen hat. Woraus sich dann wieder ergibt, daß jeder Fortschritt in der Welt nicht durch Gesetze, Verordnungen oder gar Gewaltmittel, sondern nur durch Belehrung zustande gebracht werden kann. Von jeher hat die Welt nicht der sogenannten großen Männer bedurft, sondern der Lehrer, und von jeher ist für den Denkenden die größte Tat nicht Sieg und Eroberung, nicht Entdeckung und Erfindung gewesen, nicht Meisterung der Welt, sondern Meisterung seiner selbst. Und der einzig wirkliche Weg hierzu ist der: sich selber begreifen".

Dazu muß erwähnt werden, daß auch diese Lehrer nicht imstande sind, den Menschen zu sich selbst finden zu lassen, wenn sie sich von dem leiten lassen, was mit den Interessen des Staates, der Kultur, den sozialen Normen und Verpflichtungen konform läuft.

Da das Wissen vom Sinn des Lebens ein existenzielles Lebensbedürfnis ist, verlieren Menschen, die ihr Gewissen und ihre Gesinnung andauernd ignorieren, ihren Lebenssinn und ihre Identität. Die Identität ist eng mit unserer Lebenseinstellung verbunden und verletzen wir sie konstant, erkennen wir unsere Persönlichkeit nicht wieder.

Der ausgeglichene und gesunde Mensch in unserer Gesellschaft empfindet es deutlich, daß sein eigenes Ich eine Einheit für sich ist, die verschieden oder im Gegensatz zur Außenwelt ist. Er besteht aber auf seiner Individualität und gewinnt eine große Befriedigung dadurch. Er empfindet Glück, er selbst zu sein, in der Entwicklung seiner spezifischen Fähigkeiten und darin, mit sich selbst und der Umwelt durch aktive Eroberung fertig zu werden und konstruktive und schöpferische Arbeit zu leisten.

6. Selbstgefühle

Unsere emotionale Einstellung gegenüber unserer Umwelt, unserer Lebenssituation sowie uns selbst gegenüber, steht in engem Zusammenhang mit unseren Selbstgefühlen. Das heißt, wie wir uns selber (Selbst-Bild) und wie wir unsere Umwelt (Welt-Bild) erleben.

Selbstgefühle werden durch Selbstüber- oder durch Selbstunterbewertung fehlgeleitet, d.h., die Wahrnehmung der inneren und äußeren Realität ist gestört und somit auch der Kontakt zu sich selbst sowie zur Umwelt.

Über- oder Unterbewertung des Selbst endet in Gefühlen von Selbstbewunderung und Arroganz oder in Selbstzweifel und Minderwertigkeitsgefühlen; in übertriebenen Anforderungen oder einer Furcht davor, in aggressiven oder nachgiebigen Tendenzen.

Menschen mit gestörten Selbstgefühlen haben gezwungenermaßen auch ein widersinniges inneres Wertsystem und fügen sich selbst, als auch anderen viel mehr Leid zu, als dies durch die Wirklichkeit gerechtfertigt wäre. Mit Schwierigkeiten werden sie schlecht fertig, zufriedenstellende Lösungen zu finden sind sie oft außerstande, da sich in solchen Persönlichkeiten jeglicher Konflikt bis aufs äußerste intensiviert.

Die Über- sowie auch die Unterbewertung behindert oder verhindert den Bezug des Menschen zur Realität. Der reife, ausgeglichene Mensch orientiert sich an der Realität und nimmt von Situation zu Situation dasjenige Verhalten ein, das der inneren und äußeren Realität bestmöglichst angemessen ist. Der neurotische Mensch jedoch mißversteht, mißachtet oder ignoriert sie.

Der durch Über- oder Unterbewertung von „innen" erzeugte Stress kann dadurch herabgesetzt werden, daß das Individuum selber oder mit Fremdhilfe lernt, ein klares Bewußtsein darüber zu haben, was in ihm vorgeht, wie er ist und wer er ist.

Ist ein Mensch sich seiner selbst bewußt, so hat er die Fähigkeit zu fühlen, wann seine Selbstgefühle außer Gleichgewicht geraten und sie wieder ins Lot zu bringen. Es ist seine Bewußheit, die ihn befähigt, sich selber zu „überwachen". Er weiß, daß er alleine die Ursache dafür ist, ob sein Leben sinnvoll ist, oder ob er es zerstört.

Derjenige, dessen Ich-Bereich in Harmonie ist, kann unangenehmen oder auch tragischen Situationen mit Kraft entgegentreten. Nichts wird ihn im selben Grad „aus der Fassung" bringen wie einen Menschen, der durch seine gestörten Selbstgefühle geschwächt ist.

Versteht man die Funktion und Dynamik der menschlichen Selbstgefühle, so versteht man nicht nur sich selbst besser, sondern auch andere und dann kann es sich nicht mehr darum handeln, sie zu verurteilen, sondern darum, ihnen zu verzeihen. Verstehen heißt nicht zustimmen, es heißt akzeptieren und trägt dazu bei, sich viel weniger über andere Menschen zu ärgern.

Perfekte Menschen gibt es nicht und sind wir ehrlich zu uns selbst, dann wissen wir, daß wir manchmal Gefühle haben oder Handlungen begehen, die nach unserer eigenen Meinung auch nicht angemessen sind. Um unsere Selbstgefühle aber nicht zu untergraben, gilt es dann, die Ursachen dieser Geschehnisse zu erkennen und zu wissen, wo wir uns falsch steuern und weshalb. Ohne Frage benötigt dies Mut, es führt aber dazu, das Gleichgewicht in uns wiederherzustellen und dadurch sind viele Stressituationen keine mehr.

Bei der Selbstüberbewertung ist das Verhalten des Menschen in jedem Fall egozentrisch und es sind jene Menschen, die man oft als rücksichtslos oder auch grausam bezeichnet. Für den Egozentriker wird jeder zum Gegner, von dem er sich beleidigt oder frustriert fühlt. Er macht Feststellungen wie: „Das brauche ich mir nicht gefallen zu lassen", „Das habe ich nicht notwendig" oder „Dem werde ich das schon heimzahlen".

Der egozentrische Mensch strebt nach Geltung, weil er Angst davor hat, für unbedeutend gehalten zu werden. Jegliche Schwäche ist ihm zuwider und sein irrationales Selbst-Bild verleitet ihn dazu zu glauben, er müßte jede noch so schwierige Situation beherrschen. Er ist übertrieben stolz und Schwäche bedeutet nicht nur Gefahr, sondern auch Scham.

Dieser Mensch will besitzen. Besitz soll ihn über die anderen hinwegheben und soll ihn vor seinen tiefliegenden Ängsten und Minderwertigkeitsgefühlen bewahren. Um zu Besitz zu kommen, arbeitet er unentwegt und er hat auch wenig Skrupel wie er zu Geld kommt. Der defensive Charakter dieses Tuns zeigt sich in der Unfähigkeit eines solchen Menschen, sein Geld zum intensiven Lebensgenuß zu benützen.

Meist bezieht sich diese besitzergreifende Haltung nicht nur auf materielle Güter, sondern kommt auch in Bezug auf andere Menschen zum Vorschein. Die davon betroffenen Menschen reagieren entweder mit Opposition oder mit Unterwürfigkeit. Egal aber, wie die Reaktion ist, sie bedeutet immer psychischen Stress. Der Besitzergreifende will sich mit seiner Haltung vor Liebesverlust schützen, erreicht aber das genaue Gegenteil. Ist die Reaktion unterwürfig, so verachtet der Egozentriker die Person, da er eine Aversion gegen jede Schwäche hat. Reagiert der Partner mit Opposition, so wird er wütend, er ist ständig gereizt. Unterdrückt er seine Aggression, so wird sie sich in Form einer Depression oder Erschöpfung zeigen.

Gezwungenerweise ist es diesen Menschen auch nicht möglich, sich auf eine Beziehung einzulassen, in der jeder gleiche Rechte hat. Kann er die Führung nicht übernehmen, so fühlt er sich verloren, abhängig und hilflos. Seine Selbstherrlichkeit wird zu einem Stressfaktor, denn einen „schwachen" Menschen kann er weder respektieren noch lieben und mit einem „starken" kann er nicht auskommen, weil er nicht nachgiebig ist und sich nicht unterordnet. Seine Suche nach dem illusionären Übermenschen, der stark ist, aber zugleich auch so schwach, daß er sich allen seinen Wünschen beugt, ist natürlich erfolglos.

Der sich unterbewertende Mensch benützt meist seine Hilflosigkeit dazu, anderen seinen Willen aufzuzwingen und nimmerendende Aufmerksamkeit und Hilfsbereitschaft zu verlangen oder zumindest zu erwarten. Er hat meist ein heftiges Verlangen nach Liebe und Zuneigung, verwechselt dieses Bedürfnis nach anderen Menschen aber mit einer Liebesfähigkeit, die er nicht besitzt. Seine „Liebe" basiert auf Mißtrauen anderen gegenüber, also muß er andere kontrollieren. Bewußt erlebt er sich als eine Person, die wenig will. Eben nur, daß Menschen freundlich zu ihm sind und das tun, was er will. Er ist ängstlich darauf bedacht, Gefallen zu finden und niemandes Gefühle zu verletzen. Ihm ist meist nicht bewußt, wie außerordentlich störend seine Überempflindlichkeit, seine latente Feindseligkeit und seine übertriebenen Ansprüche an seine eigene Person sind.

Diese Persönlichkeit ist in ihren Beziehungen zu anderen Menschen stets auf der Hut und empfindet jedes Interesse einem dritten Menschen gegenüber als Vernachlässigung ihrer eigenen Person; jedes Verlangen empfindet sie als Zumutung und jede Kritik als eine Demütigung. Aus Angst vor Sicherheitsverlust klammert sie sich an. Durch ihr egozentrisches Verhalten mißachtet sie die Persönlichkeit des anderen, ihre Eigentümlichkeiten, ihre Grenzen und Bedürfnisse.

Auch eine überbesorgte Mutter, die alles für das Glück ihres Kindes zu tun scheint, kann grundsätzlich das normale Bedürfnis des Kindes, sich unabhängig zu entwickeln, ignorieren. Dies ist Kontrolle und keine Liebe, die alle Beteiligten unter seelischen Druck setzt.

Wenn unsere Selbstgefühle in Harmonie sind, dann bringen sie das zustande, was keine Moral, noch soziale Anstandsregel erzwingen konnten. Sie sensibilisieren unser Gewissen und machen uns feinfühlig für das Wissen, ob wir die Grenzen dessen überschreiten, wovon unser Wohl und unser inneres Gleichgewicht abhängt.

Die erwähnten Selbstgefühle sind deren vier: Selbstachtung, Selbstvertrauen, innere Zufriedenheit und innere Freiheit.

Die Selbstachtung: Wir haben sie, wenn wir nach unseren eigenen ehrlichen Überzeugungen leben. Bemühen wir uns, ehrlich und echt zu sein, so sind wir uns selbst treu und fühlen so unsere Identität. Wir leben nach dem, was wir sind. Dadurch sind wir fähig, Verantwortung für uns selbst und für andere zu übernehmen. Wir handeln nach unserem besten Wissen und Gewissen. Unser soziales Verhalten ist gerecht und verantwortungsbewußt. Unsere Persönlichkeit ist gefestigt, wir kennen uns und wissen, was wir wollen, wissen, wer wir sind und was wir sind.

Überbewertung unserer Selbstachtung macht uns zu eingebildeten, eigenwilligen und reizbaren Menschen, denn wir wollen vor allem Geltung und Prestige. Mit autoritärem Verhalten versuchen wir, unsere Überlegenheit durchzusetzen. Rechthaberisch und pedantisch wollen wir imponieren, sind selber aber rasch beleidigt. Mit Ungerechtigkeit und Intoleranz gehen wir gegen andere vor, denn unser Geltungsanspruch ist unerbittlich.

Wir sind Alleswisser, die jegliche Kritik aus der Fassung bringt, die uns ärgerlich und reizbar macht. In uns schwelgt aber die ständige Angst vor dem Verlust von Ansehen und Besitz und insgeheim fühlen wir uns unsicher. Schwäche aber akzeptieren wir weder in uns selber, noch von anderen. Jeder, der versucht, uns von unserem hohen Sitz herunterzuholen, wird verurteilt. Die eigene Besonderheit wird hervorgehoben, alle anderen sind Nichtskönner.

Die Selbstachtung verlieren wir, wenn wir zu oft gegen unsere eigenen Wünsche und Überzeugungen gehandelt haben. Wir verlieren das Gefühl des eigenen Wertes, weil wir faule Ausreden gebrauchen, zu Drückebergern werden und fragwürdige Kompromisse eingehen.

Unsere Taktik, zu unseren Zielen zu gelangen, kann die einer cleveren Anpassungsfähigkeit (mit geheuchelter Liebenswürdigkeit) sein, denn Spannungen und Konflikte wollen wir auf jeden Fall vermeiden. Gelingt es aber so nicht, so wählen wir z.B. spöttische Aggression, um uns zu rechtfertigen oder Vorwürfe zu machen.

Verpflichtungen, Konflikten und Problemen weichen wir aus, da sie uns in eine Lage bringen könnten, wo es kein Sowohl-als-auch mehr geben kann. Unsere Verantwortungslosigkeit macht uns zu Lügnern, da wir nicht zugeben können, wie unfähig wir uns fühlen.

Das Selbstvertrauen: Wenn wir uns aus eigener Initiative Aufgaben widmen, unsere körperliche und geistige Leistungskraft im angemessenen Maß einsetzen, schaffen wir uns Selbstvertrauen. Setzen wir unsere ganze Kraft und alle unsere Fähigkeiten zur Bewältigung einer Arbeit ein, so gewinnen wir Vertrauen in uns selber – unser Selbstvertrauen festigt sich.

Wir sind in Bewegung, voller Aktivität und sind der Umwelt gegenüber aufgeschlossen und wohlwollend. Leistungsbereitschaft und Gefordertsein machen uns selbstsicher, gelassen und heiter. Das jedoch nur, wenn wir uns nicht überfordern, vor allem aber nicht unterfordern.

Übertreiben wir unser Selbstvertrauen, so werden wir zu ganz gewöhnlichen wichtigtuerischen Angebern. Wir sind aufgeblasene, eitle und pretenziöse Menschen, die eigentlich überall unangenehm auffallen. Wie anmaßend unser Verhalten ist, fällt nur anderen auf, da unser Eifer, uns ins Rampenlicht zu stellen so groß ist, daß er uns blind für andere werden läßt.

Interessiert sind wir nur an uns selber, an all den tollen Dingen, die wir erlebt und getan haben. Jeder, der uns zuhört weiß, was für Tausendsassas wir sind. Unsere Eitelkeit treibt uns zu immer mehr und zu immer teurerem Besitz. Nicht um Qualität geht es uns, sondern um Quantität. Bestätigung brauchen wir, wie andere Menschen die Luft zum Atmen.

Daß man sich in uns verliebt, ist eine Selbstverständlichkeit, es fehlt uns aber an Demut und so werden auch Liebende zu Wegwerfartikeln.

Unser Selbstvertrauen verlieren wir, indem wir nicht das tun, zu dem wir die Fähigkeiten besitzen würden. Unterforderung erzeugt vor allem Langeweile und Unzufriedenheit. Das Leben scheint wenig Sinn zu haben, wir verspüren Überdruß und Müdigkeit, die bis zu Depression führen kann. Wir bemitleiden uns selbst.

Wir sind verschlossen und haben an allem und jedem etwas herumzunörgeln. Wir mögen uns selber nicht, die anderen aber auch nicht. Wir werden neidisch auf den Erfolg anderer und quälen uns mit Resignation und Gekränktheit. Jede Aktivität ist uns zuviel, weil wir von vornherein schon müde sind. Angst und Unsicherheit sind unsere Wegbegleiter.

Wir verzetteln unsere kostbare Zeit damit, den Fernseher hoffnungsvoll zu bewundern, mit der Vorstellung, daß vielleicht ein Wunder geschieht. Da diese Hoffnung nicht in Erfüllung geht, fühlen wir uns verkannt und enttäuscht. Die Schuld für unser Leid suchen wir aber in der Außenwelt, denn Gut und Böse kommt nach unserer Meinung ohne unser Zutun aus unserer Umwelt. Diese Vorstellung macht uns verbittert und wir merken nicht, daß es an uns liegt, etwas aus unserem Leben zu machen.

Die innere Zufriedenheit: Wollen wir Zufriedenheit erreichen, so setzen wir unser ganzes Ich dazu ein, das zu erreichen, was unseren Bedürfnissen entspricht und finden auch die nötige Kraft, verzichten oder hergeben zu können. Durch Zufriedenheit fühlen wir uns ruhig und entspannt. Wir sehen den Dingen ernsthaft, aber unbelastet entgegen. Andere Menschen behandeln wir mit Gerechtigkeit, Toleranz und Wohlwollen. Wir versuchen sie zu verstehen, statt sie zu verurteilen.

Zufriedenheit kommt uns durch ein übersteigertes Selbstvertrauen abhanden. Wir wollen alles. Wir leben in einem Zustand der Erregtheit, des Erlebenwollens und der Reizsucht. Wir können auf nichts verzichten, streben danach zu imponieren und haben dauernd Angst, zu kurz zu kommen. Durch unsere Gier sowie unser übersteigertes Konkurrenzbedürfnis sind wir ständig auf Trab.

Auch durch ein schwaches Selbstvertrauen verlieren wir unsere Zufriedenheit. Selbstzweifel plagen und behindern uns. Tendieren wir dazu, uns für jemand aufzuopfern, verwechseln wir das mit Liebe. Wir sind stets in Zweifel, ob wir geliebt werden, denn insgeheim sind wir überzeugt, kein liebenswertes Geschöpf zu sein.

Ein Mensch mit gesundem Selbstvertrauen kann echte Zuneigung zu anderen verspüren und wird keine Zweifel hegen, daß die anderen ihm nicht zugetan sein könnten. Aufopferung hat auch nichts mit echter Ergebenheit zu tun, denn sie ist ein Zeichen innerer Kraft. Übertriebene Aufopferung ist jedoch aus Schwäche geboren. Der sich Aufopfernde wird sich z. B. hüten, wütend zu werden, wird aber gelegentlich Feindseligkeiten wie „nach allem, was ich für dich getan habe" von sich geben.

Innere Freiheit: Innere Freiheit beinhaltet das Gefühl der Unabhängigkeit. Wir nehmen die Möglichkeiten wahr, uns zu entfalten. Wir sind kontaktfreudig, unsere zwischenmenschlichen Beziehungen sind gut, wir sind aufgeschlossen und tolerant.

Übertreiben wir die Freiheit, kommt es zur Selbstflucht und wir laufen Gefahr, in einer Welt von Illusionen zu leben. Ruhelos immer suchend, immer anspruchsvoller werdend, können wir als unglücklicher Phantast enden. Ohne es zu merken, haben wir zuviel gewollt und es natürlich nicht bekommen. Um vor Enttäuschungen und folglichen Depressionen zu flüchten, stürzen wir uns in immer neue Abenteuer. Rastlos, unstet und agitiert stehen wir der Welt gegenüber. Die große Freiheit hat nichts von Konstanz gebracht.

Unterbewertet wird innere Freiheit zum Selbstzwang. Wir haben sozusagen Angst vor uns selber, vor dem, was in uns wirklich ist. Wir können zu ehrgeizig, zu zuverlässig, zu geduldig werden. Unsere Pflichterfüllung geht uns über alles und treibt uns zu übermäßigem Fleiß, Ausdauer und Anpassung. Diese Überverantwortlichkeit zwingt uns zum Perfektionsimus. Lebensfreuden erzeugen eingebildete Schuldgefühle, die uns noch mehr anspornen, perfekt zu sein. Unser Leben ist voller Sorgen und Distress.

Jede Unterbewertung erzeugt Angst und jede Selbstüberbewertung dient dem Menschen als Kompensation, um die Angst zu verdrängen. Die Angst spüren wir entweder als solche, oder sie macht sich als psychosomatische Störung bemerkbar. Auf jeden Fall beeinflußt sie immer unser Verhalten, Fühlen und Denken und damit unsere zwischenmenschlichen Beziehungen.

Über- und Unterbewertung seiner selbst ist mit den fiktiven Ich-Bildern des Menschen gleichzusetzen, deren Zustandekommen *Maxwell Maltz*[40] wie folgt beschreibt:

„Fiktive Ich-Bilder sind Erinnerungsbilder oder bloße Einbildung. Sie entspringen in jedem Fall unserer eigenen Vorstellung.

Ein Mensch fühlt und handelt jeweils in Übereinstimmung mit den eigenen Vorstellungen und Gedanken, die er als ‚wahr' empfindet, wahr – sich selbst gegenüber und in Bezug auf seine Umgebung. Das ist ein fundamentales Gesetz unseres täglichen Handelns.

Wenn unsere Gedanken und Vorstellungen von uns selber falsch und unrealistisch sind, werden wir uns falsch und unrealistisch zu unserer Umgebung, zu unserer Arbeit, zu unserem eigenen Leben einstellen, und wir werden keinen Erfolg haben.

Der Mensch handelt und reagiert nicht automatisch nach den tatsächlichen Gegebenheiten der Umwelt, sondern auch nach seinen Empfindungen und Eindrücken von der Umwelt. Jeder Mensch hat ganz bestimmte Vorstellungen von sich selber, von seinen Mitmenschen, von seiner Umgebung und handelt so, als sei diese Vorstellung von den Dingen wahr, als seien seine Betrachtungen Wirklichkeit, denn die Dinge um uns können nur durch unsere Gedanken, durch unser Gehirn Wirklichkeit werden.

Kurz gesagt, jeder Mensch handelt immer so, wie er sich selber bewußt oder unbewußt innerlich sieht. Ein Mensch, der sich selber als eine ‚Mißerfolgspersönlichkeit' empfindet, wird immer Mittel und Wege finden, den Mißerfolg herbeizuführen. Ein Mensch, der sich selber zum Opfer der Ungerechtigkeit stempelt, der von sich glaubt, er sei zum Leiden bestimmt und ausersehen, wird immer auf Lebensumstände treffen, die ihm seine unglückliche Meinung von sich selber zu bestätigen scheinen.

Die Stärken und die Schwächen müssen dem Menschen vollauf bewußt sein, und aus diesem Grunde muß der Mensch mit sich selber ehrlich sein. Das Selbst-Bild muß mit dem übereinstimmen, was der Mensch ist, er darf nicht *mehr* und nicht *weniger* sein wollen."

IV. Soziologische und psychologische Einflüsse auf die Stressbereitschaft

1. Sozialisierung

Das Individuum, das als Kind in eine bestimmte Situation hineingeboren wird, ist allen daraus erwachsenden Einflüssen seiner familiären, sozialen und kulturellen Atmosphäre ausgesetzt und ihnen völlig ausgeliefert.

Nicht alles, was Eltern, Großeltern, ältere Geschwister und sonstige Erziehungspersonen den Kindern übermitteln (weil sie es besser wissen oder glauben zu wissen), ist richtig und wahr oder auch vernünftig. Kindern muß es aber erscheinen, als könnte es nur so sein und nicht anders.

Die Weltanschauung, Werturteile und Vorurteile der Erzieher, sowie kulturell und neurotisch bedingte Fehleinschätzungen werden Kindern in genau der gleichen Weise weitergeleitet, wie realitätsangepaßte Haltungen und Verhaltensregeln.

Dem ausgelieferten Kind, das notwendigerweise zu seinem physischen Überleben sowie zu seiner psychischen Strukturierung vollkommen von seinen frühen Bezugspersonen abhängig ist, muß die Realität als genau das erscheinen, was die Eltern als solche ausgeben.

Die ersten paar Jahre seines Lebens erlebt der Mensch seine Umwelt durch angenehme, lustvolle, befriedigende oder durch unangenehme, unlustvolle, unbefriedigende Gefühle. Das Kind ist in hohem Maße von der Zuwendung und Bejahung seiner Umwelt abhängig. Das frühe Verneinen, die Vielfalt der Gebote und Verbote, das Maß an Ablehnung und Hemmung läßt schon im frühen Alter bestimmte Vermeidungen und die Unterdrückung von Gefühlen entstehen, um das Wiederholen von Unlustgefühlen, Enttäuschungen oder Liebesentzugsdrohungen zu vermeiden.

Die dabei entstehenden Verhaltensweisen geben dem Kind keine Sicherheit dessen, was „richtig“ und was „falsch“ ist. Das Kleinkind versteht nicht, warum etwas richtig oder falsch ist, es empfindet nur die Bejahung oder die Verneinung gefühlsmäßig. Sätze wie: „geh in die Ecke, du sollst dich schämen…“, „komm erst wieder ins Zimmer, wenn du weißt, wie man anständig ist" oder „Mami liebt dich wieder, wenn...", tragen alle dazu bei, daß das Kind lernt, seine eigenen Bedürfnisse zu unterdrücken, Gefühle nicht zu zeigen, denn der Liebesverlust ist für das Kind unerträglich.

Wie wichtig echter Kontakt, liebevolle Zuneigung und vor allem kutane Erfahrung für die Entwicklung des Kleinkindes sowie für seine Einstellung zu seiner menschlichen Umwelt sind, darauf weisen viele Autoren hin. Es ist beispielsweise eine Tatsache, daß das grundlegende Trauma des Schizoiden das Fehlen des angenehmen Kontaktes mit der Mutter ist und auch, daß, wenn die Berührung mit der Mutter fehlt, die Fühlung mit dem eigenen Körper verlorengeht und damit auch der Kontakt zur Realität.

Erfahrung einerseits und wissenschaftliche Forschungen andererseits haben bewiesen, daß Mütter oft nicht wissen (ein Manko, das durch ihre eigene Sozialsisierung entstand), von welcher Wichtigkeit der mütterliche Kontakt, die Zuwendung für das psychische und physiche Wachstum des Menschenkindes ist.

Grundlegende Bedürfnisse wie Hunger, Durst, Ruhe, Schlaf, Urinieren, Defäzieren oder das Vermeiden gefährlicher und schmerzhafter Stimuli sind so offensichtlich, daß man nicht darüber hinwegsehen kann. Mütterliche Zuneigung bezieht aber auch die Befriedigung weiterer überaus wichtiger Bedürfnisse mit ein. Diese sind taktiler, visueller, kinästhetischer und auditorischer Natur. Das Kontaktbedürfnis des Kindes ist unwiderstehlich.

Die entscheidende Wichtigkeit taktiler Zuwendung bezeugt auch folgende Feststellung *Montagus:*[41]

„Das Syndrom Mutterentbehrung, das entsteht, wenn nur ein Minimum mütterlicher Zuwendung vorhanden ist, besteht zweifellos unter anderem aus taktiler Entbehrung. Es ist eine interessante Tatsache, daß die Haut solcher Kinder nicht rosig und fest wie die gesunder Kinder, sondern blaß, schlaff und oft mit dem oder jenen Leiden behaftet ist."

In unserer Gesellschaft kann man oft beobachten, daß der Kontakt zwischen Müttern und ihren noch ganz kleinen, nicht sprechenden Kindern sich mehr auf ihre Pflege und Ernährung, als auf Liebe und Zuneigung erstreckt. Sehr früh wird dann auf das Benehmen der Kleinen geachtet, anstatt echten Kontakt herzustellen, was in den späteren Jahren dieser Kinder zu einer gesunden Lebensfähigkeit beitragen würde.

Noch später wird dann meist versucht, aus den Kindern einen „Erfolg“ zu machen, was nur zu oft zu seelischem Druck führt. Das kulturelle Ziel ist, aus einem Jungen „einen ganzen Mann“ zu machen und das Mädchen so zu erziehen, daß es später „geschickt die Umwelt manipuliert“, was in erster Linie einer Eigenmanipulation entspricht.

„Erfolg“ verstehen viele Eltern auch im dem Sinne, ihre Kinder so zu konditionieren, daß Zusammenbruch und Versagen als Schande angesehen werden müssen. Wer aber nicht zusammenbrechen, wer nicht nachgeben, weichen und loslassen kann, ist zu einer übersteigerten fortwährenden Abnützung seiner Lebensenergie konditioniert, einer Dauerbelastung, die erst eine dadurch hervorgerufene Krankheit aufhalten wird.

Die eigenen Limiten zu kennen, erscheint sehr wichtig und klug. Im richtigen Moment loslassen können, in passenden Situationen zusammenbrechen, heißt auch, unnötige Kämpfe aufgeben. Ängstliche Eltern wiederum schützen ihre Kinder in einem Ausmaß, daß ihren Kindern dadurch jene Lusterlebnisse negiert werden, die diese natürlicherweise ansonsten durch Bewegung, durch das Entdecken und Erobern gewinnen könnten. Zu starker Schutz seitens der Eltern („Overprotection“) impliziert auch, daß die Bedürfnisse des Kindes alle samt und sonders von den Eltern befriedigt werden, ohne daß das Kind selbst die Möglichkeit hätte, sich zu behaupten, sich anzustrengen oder zu lernen, kleine Verantwortungen auf sich zu nehmen. Dies wird die Entwicklung der Stärke des Kindes, seines Willens, seines Selbstvertrauens und seiner Selbstbehauptung verhindern oder zumindest schwächen.

Solche Kinder werden sich als Erwachsene immer noch einbilden, daß andere alles für sie tun sollten, daß man ihnen dies sozusagen schulde. Schon als Kinder haben sie gelernt, andere Menschen eher zu benützen, als sie zu respektieren. Es mangelt ihnen an Selbstvertrauen, denn es fehlt ihnen, je etwas geleistet zu haben oder überhaupt dazu fähig zu sein.

Kleinkinder benötigen den absoluten mütterlichen Kontakt, denn nur dadurch kann die Mutter die „Sprache“ ihres Kindes verstehen. Erst dem sprechenden Kleinkind kann die Mutter auf liebevolle Art die Grenzen lehren, die ihm von der Welt gesetzt werden und ihm begreiflich machen, daß andere Menschen nicht nur Mittel für seine Zwecke sind, denn damit kreiert sie im Kind diejenige Frustrationstoleranz, die es für sein „In-der-Welt-Sein“ benötigt.

Fürsorge, Liebe und Verständnis erzeugen in Kindern Sicherheits- und Geborgenheitsgefühle. Würden mehr Eltern imstande sein, die Bedeutung ihrer eigenen emotionalen Sicherheit und gefühlsmäßiger Bedürfnisse auch über ihre eigene Kindheit hinaus zu verstehen und Rechnung zu tragen, würde es jungen Menschen nicht so oft schwerfallen, sich in der Familie oder in sich selbst geborgen und sicher zu fühlen.

Damit junge Menschen reifen und wachsen können, benötigen sie nicht nur ihren Verstand, sondern auch ihre Gefühle. Immer wieder wird auf die Polarität Körper-Geist hingewiesen, die Kindererziehung wird aber nicht verändert. Das hängt wohl mit der „emotionalen Pest“ zusammen, die *Reich*[42] immer wieder beschrieb. Wir lernen von unseren Müttern, sie von ihren Müttern und die Großmütter von den Urgroßmüttern usw., unsere sexuellen sowie alle anderen Gefühle zu unterdrücken. Damit hat diese pathogene Funktion ihre gesicherte Existenz.

Der Mensch hat aber nicht nur einen Kopf, sondern auch einen Körper.

Im Bildungswesen laufen geistige und körperliche Bildung nebeneinander her. Das eine hat mit dem anderen nichts zu tun. Daß dies überhaupt möglich ist, hat immer dieselben Ursachen. Die Bewußtheit des Körpers verliert der Mensch durch Unterdrückung von Gefühlen, der Körper wird Nebensache und somit auch die Gefühle in ihm, und es ist diese Dynamik, die uns zu „kopflastigen“ Menschen werden läßt.

Pädagogik und Psychologie sind zwei getrennte Wissenschaften. Wäre dem nicht so, würden Schulen nicht nur zur Ausbildung des intellektuell-kognitiven Verstandes beitragen, so wie das heute der Fall ist und in zunehmendem Maße nur die logische Denkfähigkeit zur Erfassung von Zusammenhängen, zu urteilen, Schlüsse zu ziehen und Begriffe zu verstehen fördern, sondern auch das „affektive Denken“ fördern.

Das Überhandnehmen des abstrakt-logischen Denkens ist gezwungenermaßen mit einer Herabsetzung des affektiven Denkens und dadurch mit einer weiteren Verkümmerung der Gefühle verbunden.

In den meisten Schulen werden Kindern unter dem Damoklesschwert des Versagens oder von Strafe Informationen in den Kopf „gestopft“, ohne sich darum zu kümmern, daß man wirkliches Wissen nur erfahren, erleben und empfinden kann. Erfahren, Erleben und Empfinden sind körperliche Gefühle und das Ignorieren dieser Tatsache zeugt Menschen, wie *Erich Fromm*[43] sie beschreibt:

„Studenten, die an der Existenzweise des Habens orientiert sind, hören eine Vorlesung, indem sie auf die Worte hören, ihren logischen Zusammenhang und ihren Sinn erfassen und so vollständig wie möglich alles in ihr Notizbuch aufschreiben, so daß sie sich später ihre Notizen einprägen und eine Prüfung ablegen können. Aber der Inhalt wird nicht Bestandteil ihrer eigenen Gedankenwelt, er bereichert und erweitert diese nicht. Inhalt der Vorlesung und Student bleiben einander fremd, außer daß jeder dieser Studenten zum Eigentümer bestimmter, von einem anderen getroffenen Feststellungen geworden ist (die dieser entweder selbst geschaffen hat oder aus anderen Quellen schöpfte). Diese Studenten schaffen nichts Neues, denn der „Habentypus" fühlt sich in der Tat durch neue Ideen oder Gedanken über sein Thema eher beunruhigt, denn das Neue stellt die Summe der Informationen in Frage, die er bereits hat. Für einen Menschen, für den das Haben die Hauptform seiner Bezogenheit zur Welt ist, sind Gedanken, die nicht leicht aufgeschrieben und festgehalten werden können – furchterregend, wie alles, was wächst, sich verändert und sich somit der Kontrolle entzieht."

Während der Entwicklungsjahre steht auf einer Seite die Leistungsforderung, an die man sich anpaßt, indem man sein formales Wissen erweitert, also seine intellektuellen Fähigkeiten ausbildet und auf der anderen Seite steht der Mangel an Forderung zur Persönlichkeitsentwicklung, ein Mangel zur emotionalen Erziehung oder Ausbildung.

Die mangelnde Persönlichkeitsentwicklung, die Unterdrükkung von Gefühlen wird als Gefühlskälte im Verhalten sichtbar, das eine Abwehr einer inneren bestehenden, jedoch verleugneten Gefühlssphäre darstellt.

Treffend hat *Albert Schweitzer* am 4. 11. 1954 bei der Entgegennahme des Friedensnobelpreises uns „arme" Menschen, die wir uns selbst wie auch unsere Umwelt zerstören, beschrieben. Er erwähnte Folgendes:

„Wagen wir die Dinge zu sehen, wie sie sind! Es hat sich ereignet, daß der Mensch ein Übermensch geworden ist.... Er bringt die übermenschliche Vernünftigkeit, die dem Besitz übermenschlicher Macht entsprechen sollte, nicht auf.... Damit wird nun vollends offenbar, was man sich vorher nicht recht eingestehen wollte, daß der Übermensch mit dem Zunehmen seiner Macht zugleich immer mehr zum armseligen Menschen wird.... Was uns aber eigentlich zu Bewußtsein kommen sollte und schon lange vorher hätte kommen sollen, ist dies, daß wir als Übermenschen Unmenschen geworden sind."

Weniger kraß ausgedrückt, kann man die Bezeichnung „Unmensch" in „Kopfmensch" umwandeln, die Folgen beider sind dieselben. Es hat sich nämlich gezeigt, daß es dem Menschen wenig nützt, sein Gehirn voller sogenannter Weisheiten zu haben und seine Körper und die Gefühle in ihm außer Acht zu lassen. Die Folgen unserer „Kopflastigkeit" sind heutzutage durch die Psychosomatik beweisbar. Was wir Menschen aber mit unserer Umwelt, der Natur anstellen, braucht kein Ökologe zu beweisen, es ist offenbar.

Viele Faktoren tragen zur „Intellektualisierung" des Menschen bei. Der erste und wichtigste ist aber sicher unsere Sozialisierung, die mit größter Wahrscheinlichkeit schon im Mutterleib auf uns einzuwirken beginnt. Später steht die „Wissenbildung" im Vordergrund (um konkurrenzfähig zu sein), die ihrerseits wiederum zu einer überscharfen Trennung von Verstand und Gefühlen führen kann. Im späteren Leben des Erwachsenen wirkt sich dies nachhaltig auf seine Weiterentwicklung aus, denn den kopflastigen Menschen fehlt ein Teil ihrer selbst, ihr Körper. Sie fühlen ihn nicht, sie hören nicht auf ihn, kurz, sie haben keinen Zugang zu ihm. Der Körper wird als Instrument verwendet.

Daß *Albert Schweitzer* mit seinen Folgerungen weder übertrieb, noch unrecht hatte, beweist eine kürzlich übertragene Fernsehsendung. Man wollte die Nation über das sich immer mehr verbreitende Drogenproblem Jugendlicher aufklären. Es wurde betont, daß man „helfen" wollte – den Drogenabhängigen selbst, den Familienangehörigen und der Bevölkerung.

Der gute Vorsatz war wohl vorhanden, geholfen aber wurde niemandem. Die intellektuellen Fähigkeiten der zehn anwesenden Professoren (Psychiater, Neurologen, Biologen, etc.) war beeindruckend, aber der totale Mangel an Einfühlungsvermögen war erschreckend.

„Helfen" hieß für diese zehn Wissenschaftler, Erklärungen über die Wirkung verschiedener Drogen abzugeben, ganz vergessend, daß man diese in jedem einschlägigen Buch nachlesen kann. Sie gaben ihr intellektuelles Wissen zum Besten, sie wollten zeigen, was sie alles wissen. Jeder sprach, als ob er rezitieren würde.

Keiner erklärte, was Jugendliche dazu veranlaßt, durch Drogen dem Leben zu entflüchten, durch welche Hölle sie gehen, welche Gefühle sie dazu treiben, sich ihr Leben und oft das anderer zu Grunde zu richten. Keiner der Zuhörer hatte Informationen erhalten, um diese Menschen besser zu verstehen und wie sich ihnen gegenüber zu verhalten haben.

Eine so nutzlose, die Menschen noch mehr verunsichernde, um nicht zu sagen, lächerliche Übertragung, kann nur durch eine totale Kopflastigkeit zustandekommen und Menschen, die auf diese Art und Weise „helfen", sind Unmenschen.

Durch die Sozialisierung und letztlich, um den Leistungsforderungen zu genügen, übernehmen viele Menschen formale Rollen. Ein „öffentliches" Ich, um den sozialen Ansprüchen gerecht zu werden und ein „privates" Ich, das meist unterdrückt und verleugnet wird, weil es den eigenen Wert in der Leistungswelt mindern könnte.

Viele Menschen identifizieren sich mit ihrem Status, mit ihrer sozialen Stellung, während sie sich mit dem, was in ihrem Inneren vorgeht, gar nicht auseinandersetzen. Sie tun, was „man" tut. Ihres Rollenspiels sind sie sich nicht mehr bewußt, sie sind auf diese eine Rolle fixiert, sie ist zur Gewohnheit geworden. Sie spielen sich selbst und anderen etwas vor. Das eigene Ich ist irgendwo verborgen und muß es auch bleiben, da es der formal übernommenen Rolle nicht entspricht.

Die Angst, von anderen so gesehen zu werden, wie man wirklich ist, seine Gefühle zu zeigen oder Schwächen zuzugeben, ist zu groß. Was würde „man" sagen, wenn. ...

Ein weiterer wichtiger Umstand im Zusammenhang mit der Sozialisierung ist des Menschen natürliche Aggression. *Friedrich Hacker*[44] dazu:

„Die gewaltsame Erziehung zur Gewaltlosigkeit gewöhnt die Erziehungsmethode, nicht die Erziehungsabsicht ein und verewigt die Gewalt, die sie verhindern will."

Durch eine „hinterlistige" Erziehung ist es möglich, Menschen darauf zu konditionieren, sich eines ihrer wichtigsten Gefühle „abzugewöhnen", letzten Endes werden aber nur immer katastrophale Nebenerscheinungen erzeugt.

Die ausgedehnte überlange Pflegebedürftigkeit des menschlichen Kleinkindes begründet gleichzeitig die biologische Hilflosigkeit, die an der Basis jedes Erziehungsprozesses steht. Die damit zusammenhängende totale Abhängigkeit des Kindes erreicht, daß kindlich unschuldige Aggression zum Respekt und Gehorsam verwandelt werden kann. Es muß gehorsam sein, denn sonst wird es nicht geliebt!

Eltern wollen „brave" Kinder. Erstens, weil sie ihnen weniger auf die Nerven fallen und zweitens, weil sie dann stolz auf sie sein können. Die Kinder wollen wiederum nur brave Kinder, weil auch sie „brav" erzogen wurden und weil auch ihre ureigensten Bedürfnisse und Gefühle in Vergessenheit geraten sind. Sie wurden verdrängt.

Schon Säuglinge lernen, nicht lauthals zu protestieren, falls sie dadurch entweder ignoriert oder bestraft werden. Kleinkinder lernen, um sich vor Liebesverlust zu schützen, sich nicht aufzulehnen und nehmen das an, was nach der Meinung ihrer Eltern für sie gut und richtig ist. So werden die Bedürfnisse des Kindes außer Acht gelassen und seine Gefühlsausdrucksfähigkeit stark gehemmt.

Je weniger man Kleinkinder mit Aggressionsäußerungen experimentieren läßt, vor allem, je weniger man ihnen die Berechtigung einräumt, ihrerseits zuweilen Reizbarkeit und Auflehnung, Haß und Zerstörungsfreude zu äußern, desto gründlicher werden sie ihre Aggressionsimpulse unterdrücken und verdrängen.

Der Verlust der Fähigkeit, natürliche Aggression zu zeigen, hat weitschweifendste Folgen. Je „besser" erzogen, je kontrollierter und angepaßter Menschen sind, desto weniger werden sie sich spontan verhalten können. Sie sind zusehr damit beschäftigt (unbewußt), „das Pulverfaß nicht explodieren" zu lassen. Da Kreativität in engem Zusammenhang mit Spontanität steht, wird auch sie nicht zum Ausdruck kommen.

Unterdrückte Aggression führt zur Stauung derer und macht sich als sekundäre Aggression (Aggressivität; Bezeichnung für habituell gewordene aggressive Haltung = Sadismus) bemerkbar. Wie kommt es, daß durch und durch anständige Menschen unter bestimmten Umständen zu grausamen Schlächtern ihrer Mitmenschen werden?

Montagu bringt dies auch in Zusammenhang mit der, durch wenig warme Zuneigung, vermischt mit körperlicher Züchtigung, hervorgerufenen Gefühlsarmut. Hierzu schreibt er:

„Die Nazis waren besonders geschickt darin, und es kann kein Zweifel daran bestehen, daß ihre gefühllose Unmenschlichkeit zum großen Teil ihrer frühkindlichen Erziehung, bei der taktiles Erleben weitgehend vernachlässigt oder als Medium der Strafe angewandt wurde, zuzuschreiben war. Das ist wohl die schlimmste Formung, die ein Kind erfahren kann."

Die durch Züchtigung ausgelösten Aggressionen müssen Kinder aber gezwungenermaßen unterdrücken, denn nur das Zurückschlagen würde sie „erlösen". „Gute" Soldaten ergeben solche Menschen einerseits, weil sie mit sich selber kein „pardon" kennen und andererseits, weil in ihnen jener unterdrückte Aggressionsstau schlummert, der nur darauf wartet, explodieren zu können (in diesem Fall mit der Entschuldigung des Krieges).

Wie sehr Aggressivität auch unser tägliches Leben vergiften kann, ist schon an den vielen Worten ersichtlich, die unsere Sprache dafür bereitstellt: Haß, Selbstvernichtung oder Vernichtung anderer, Sarkasmus, Gereiztheit, Grausamkeit, Hartherzigkeit, Rohheit, Herzlosigkeit, Groll, Unwille, Trotz, Rache, Verachtung, Geringschätzung, passive oder aktive Sabotage, Bitterkeit, Ärger, Verdruß, Gram, Jähzorn, Reizbarkeit, Mißgunst, Zwietracht, Wut, Unmut, Tobsucht, Verstimmtheit, Übellaunigkeit, Unzufriedenheit, Feindseligkeit, Ablehnung, Vergeltung und Depression.

Der gesunde Mensch kann diese negativen Gefühle durch seine Fähigkeit, Aggression zu zeigen, wütend zu sein, größtenteils ausschalten. Er wird wissen, wenn die äußere Situation danach verlangt, wann und wie er seinen Ärger oder Wut ausdrückt und wie er sie kontrolliert oder sublimiert.

Ob der Mensch nun seine unterdrückte Aggression gegen sich selber richtet (Depression) oder in Aktionen nach außen (Kriminalität), der dadurch angerichtete Schaden ist immer groß und wirkt sich im psycho-sozialen Bereich in unzähligen Leiden und Nöten aus. Aggressivität tritt in allen Lebensbereichen auf direkte oder indirekte, auf verfeinerte oder auf primitive Art und Weise auf.

Im sozial-polititschen Bereich wirkt sich die Bereitschaft zur sekundären Aggression in einem „Sich-andauernden-Bekämpfen" aus, infolgedessen immer bessere und immer mehr Waffen erfunden und erzeugt werden müssen. Als Grund dafür wird die Uneinsichtigkeit und Bösartigkeit des politischen Gegners, seine unberechenbare Aggressivität angegeben. So wird Angst vor der Unberechenbarkeit und Uneinsichtigkeit des ideologischen oder politischen Widersachers im Volk erzeugt. Auf die so erzeugte Angst berufen sich dann die Politiker, wenn sie ihre Entscheidungen treffen, um ihr Volk zu „verteidigen“ und jeder bekundet dabei stets seine Friedensliebe.

Ob in den USA, in der früheren Sowjetunion, China oder sonstwo, das Volk scheint stets die gleiche Angst vor politischen Widersachern zu haben. Die Russen auf den Straßen von Moskau sahen den westlichen Menschen als „Unmensch“, in den USA hatte man Angst vor den „Unmenschen“, die die Russen sein sollten.

Daß immer nur die anderen als aggressiv angesehen werden, bewahrt und schützt die eigene Unschuld und Unbefangenheit, obwohl diese Bestätigung der Selbstgerechtigkeit jeden Konflikt eskaliert, da auch der Opponent sich dank desselben Mechanismus von jeder Aggressivität freispricht.

Diese wechselseitige Zuschreibung von Aggressivität bei eigener Reinwaschung erzeugt dann jene komplexe Situation auf persönlicher, kollektiver, nationaler und internationaler Ebene, die Konflikte zum unentwirrbaren Knäuel werden läßt.

Freud sah die Aggression des Menschen als eine im Biologischen wurzelnde einheitliche Triebquelle, den Todestrieb. Adler dagegen sieht die einheitliche Antriebsquelle der Aggression im Willen zur Macht. Andere Autoren, z.B. *Kunz* und *Horney*, bestreiten dies und sind der Auffassung, daß aus mehreren Elementartrieben ein Antriebsganzes entsteht, und zwar jeweils als Reaktion auf die spezifische äußere Hemmung und Bedrohung. Für andere wiederum ist Aggression eine Reaktion auf die Frustrierung instinktoider Grundbedürfnisse.

Wie dem auch sei, sicher ist heutzutage, daß die gesunde Aggression nur dann zum Problem werden kann, wenn sie unterdrückt wird und nur dadurch tritt sie in verzerrter Form in Erscheinung. Die Wut eines gesunden Menschen ist mehr reaktiv auf eine gegenwärtige Situation bezogen, als ein charakterologisches Reservoir aus der Vergangenheit. Sie ist eine realistische Antwort auf etwas Reales, z.B. auf Ungerechtigkeit, Ausbeutung oder Angriff. Im neurotischen Menschen ist Wut ein Überfließen fehlgerichteter und unwirksamer Rache auf unschuldige Zuschauer für Sünden, die jemand anderer lange Zeit vorher begangen hat. Im psychisch gesunden Menschen nimmt Wut die Form von Entschlossenheit, des Selbstschutzes, der gerechtfertigten Empörung und des Kampfes gegen das Böse etc. an. Gesunde Aggression hat die Form persönlicher Stärke, im neurotischen Menschen kommt sie eher in

Form von Bösartigkeiten, Sadismus, blinder Destruktivität, Beherrschung und Grausamkeit vor.

Unsere Gesellschaft besteht aus vielen Normen, die vom humanistischen Standpunkt gesehen einfacher Unsinn sind, weil sie gegen die Natur des Menschen gerichtet sind.

Die Möglichkeit zur Aufrechterhaltung vieler lebensfeindlicher Normen ist dadurch gegeben, daß die Charakterstruktur des Menschen den Anforderungen seiner Natur nicht entspricht und diese strukturale Charakterverzerrung von Eltern und Erziehern automatisch von einer Generation zur nächsten vermittelt wird.

Die Unterdrückung unserer Sexualität, in einer auch heute noch immer sexualfeindlichen Gesellschaft, ist die Ursache vieler Nöte und Leiden. Sexuelle Probleme, Erkrankungen oder auch Verbrechen haben nichts dazu beigetragen, die Menschen aufmerksam werden zu lassen, wie wichtig gerade diese menschliche Funktion für ein gesundes Leben ist. Vielmehr werden die Dinge verschwiegen und redet man darüber, so sind die meisten Menschen so gehemmt, daß nicht viel in ihr Bewußtsein dringen kann.

Unsere moralistische Erziehung bewirkt im Grunde nichts anderes, als daß wir uns mit unserer eigenen Natur (so wie uns Gott erschaffen hat) nicht wohl fühlen, daß sie uns sogar Angst bereiten kann und uns krank machen kann. Gänzlich natürliche, zur reifen gesunden Sexualentwicklung beitragende Funktionen (z.B. die Masturbation), werden immer noch als etwas Schmutziges, als etwas, über das man besser nicht spricht, betrachtet. Obwohl der krankmachende Effekt unserer Sexualerziehung schon seit geraumer Zeit wissenschaftlich nachweisbar ist, kommt es zu keinen Verbesserungen der Situation.

Die Beeinflußbarkeit des sexualbehinderten Menschen kann man mit einer eiternden Wunde vergleichen. Der, der sie hat, wird wahrscheinlich davor zurückschrecken, daß man diese Wunde säubert, denn es bereitet zu große Schmerzen. Die Heilung wird der illusionären Hoffnung überlassen, daß sich keine weiteren Komplikationen dazugesellen. Die Wunde aber, die gesäubert wird, heilt und sichert ein weiteres gesundes Überleben.

Automatisch sind sexualbehinderte Menschen auch körperfeindlich. Jener, der seine Sexualität nicht akzeptiert und erlebt, akzeptiert seinen Körper nicht und hier wirft sich die Frage auf, ob nicht gerade solche Menschen vor dem körperlichen Kontakt zurückscheuen. Unterdrückte Sexualität heißt ja nicht, daß sie dadurch nicht mehr existiert, es heißt vielmehr, daß sie dadurch erst die Gelegenheit bekommt, sich in den Gedanken und Handlungen eines Individuums verzerrt auszudrücken (z. B. Perversionen).

Im gesunden Menschen kommt körperlicher Kontakt frei und gelöst zustande, im „gepanzerten" (Muskelverspannungen – siehe Kapitel IV: Der Körper und Psychosomatik) aber impliziert körperlicher Kontakt in jedem Fall auch Sexualität.

Der gesunde Mensch erlebt seine Sexualität frei und mit voller Orgasmusfähigkeit. Er fühlt seinen Körper, der entspannt und weich ist durch volle Befriedigung. Er ist ruhig. Durch seine Fähigkeit zur Hingabe wird sich seine Sexualität nicht in Perversität verzerren können und ist fähig, andere Menschen mit Wärme und Wohlwollen zu berühren, ohne sich sogleich durch sexuell gefärbte Gedanken verwirren und hemmen zu lassen.

Durch den Sozialisierungsprozeß sind uns Menschen viele Fähigkeiten abhanden gekommen und eigentlich sind wir viel ärmer daran als Tiere. Wir waren nicht fähig und sind es vielfach auch heute noch nicht, unsere natürliche Umwelt so zu lieben, daß wir auf sie achten. Wir haben das, was für unser Überleben das Wichtigste wäre, die Natur, in größte Gefahr gebracht. So sehr, daß sie begonnen hat, sich an uns zu rächen. Würde jemand sein eigenes Haus anzünden, so würde er für verrückt erklärt werden, obwohl es sich um nichts anderes handelt als das, was wir mit unserer Umwelt tun.

Allzuviele Menschen reagieren auch heute noch auf die Umweltverschmutzung auf eine Art, als ob sie nicht zum Rest der Menschheit gehören würden, obwohl auch ihr Überleben oder das Überleben ihrer Kinder in Frage gestellt ist. Dies kann nur die Folge einer Gefühls- und Lieblosigkeit sein, die sich allem Lebenden gleichgültig oder sogar haßvoll entgegenstellt.

Erst die katastrophalen Meldungen der letzten Jahre haben bei einem bis jetzt viel zu kleinen Teil der Menschen dazu geführt, auf die „guten Werte" des Lebens zu drängen. Auf das Natürliche, die Wahrheit, auf Verständnis, Kreativität und Spontanität und auch darauf, „Voll-Mensch" zu sein. Die Gefahr des eben Gesagten besteht aber darin, daß man sich vorstellen könnte, Voll-Mensch zu sein, würde brav, gut und vollkommen heißen.

Das Streben nach Vollkommenheit vermindert die Menschlichkeit eines Individuums und wirkt selbstzerstörerisch. Menschen sind nicht perfekt und können es auch nicht werden. Vollkommen sein zu wollen kann sich nur so auswirken, daß man andere als weniger vollkommen betrachtet, was immer Verachtung nach sich ziehen würde.

Voll-Mensch sein heißt, das Leben in seiner natürlichsten Form zu leben. Dazu fähig zu sein, benötigt einen Prozeß des Wachsens und des Reifens, der das ganze Leben über andauert und dieser Prozeß findet dann statt, wenn der nächste Schritt vorwärts subjektiv erfreulicher, genußvoller und innerlich befriedigender erlebt wird als der vorherige. Die neue Erfahrung bestätigt sich so selbst und nicht durch ein äußeres Kriterium. Sie ist selbstbestätigend und selbstrechtfertigend.

Das heißt, man tut nichts, weil es gesund oder logisch ist, weil jemand es für richtig hält oder weil wir von außen Lob erhalten. Man tut es, weil man merkt, daß es subjektiv gut und richtig ist. Der erwachsene, sich selbst verwirklichende Mensch wird, um voll Mensch sein zu können, sich an die Normen der Gesellschaft nur so viel wie unbedingt nötig anpassen, ansonsten aber nach seinen eigenen inneren Bedürfnissen leben.

Es braucht nicht allesbestimmend zu sein, ob ein Mensch aus einer zerbrochenen Familie stammt, ein unerwünschtes und ungeliebtes Kind war, das vernachlässigt und/oder mißhandelt wurde; ob er verwöhnt und verhätschelt wurde, sodaß er dem Leben ängstlich und mißtrauisch entgegentritt und auch er damit einen Teil seiner „Lebensfähigkeit" eingebüßt hat. Daß diese Tatsachen nicht allesbestimmend sein müssen, zeigen viele Menschen, die die Zügel ihres Lebens selber in die Hände nehmen – „ihre Weichen selber stellen" indem sie lernen, welche Fehlhaltungen die oben erwähnten Mißstände in ihnen erzeugt haben. Sind sie sich dessen erst einmal bewußt, werden sie auch nicht mehr die Schuld für ihre Probleme außerhalb suchen, sondern den Weg des gesunden Wachsens und Reifens gehen.

2. Die Rolle sozialer Kontexte für die Streßverarbeitung

Die Rolle sozialer Kontexte sowohl im privaten als auch im beruflichen Bereich bei der Verarbeitung von arbeitsbedingtem Streß und die daraus resultierenden Auswirkungen auf das körperliche und psychische Wohlsein sind in der Fachliteratur der letzten Jahrzehnte hinreichend berücksichtigt worden. Gegenwärtig genießt das Thema wieder wachsendes Interesse, da hieraus recht interessante und erfolgversprechende Ansätze entwickelt werden können. Es sollen hier einige aktuelle Studien berücksichtigt werden, die sich mit der Beziehung von der Qualität des sozialen Kontextes und der Qualität des subjektiven und meßbaren Wohlbefindens und Gesundheitsempfindens auseinandersetzen.

Diese Frage ist von besonderem Interesse, weil sie einige der Hauptvoraussetzungen untersucht, auf denen die ganzheitliche „Streßmedizin" und „Streßpsychologie" basieren. Seit einigen Jahren besteht ein wachsender Einfluß integrativer Therapietheorien und -ansätze auf die Behandlung chronischer, traumatischer und lebensbedrohlicher Krankheiten im Rahmen der Gesundheitsversorgung. Die Integration beinhaltet in der Regel die medizinische Versorgung, psychologische Beratung sowie Therapie und Sozialarbeit, um die sozialen Kontexte Familie, Arbeitswelt und Freunde für den Patienten zu stärken. Angesichts der Tatsache, daß ganzheitliche Ansätze mittlerweile in der allgemeinen Behandlung bereits erkrankter Patienten zunehmende Berücksichtigung finden, und auch entsprechende Erfolge nachgewiesen wurden (*Berkman* und *Syme*, 1979), ist die Frage zu untersuchen, inwieweit ganzheitliche Ansätze für die Prävention empfehlenswert sind (*Seeman* u.a., 1985).

Die Schwierigkeit der genauen Definition sozial unterstützender Kontexte bzw. Netzwerke wurde von den Autoren der o. a. Untersuchungen anerkannt. Einige der impliziten Probleme beim Versuch einer Definition dieser unterstützenden Kontexte beinhalten die fließenden Übergänge bei der Ermittlung von qualitiativen und quantitativen Wirkungen (*Reis* u.a., 1985) sowie Unbeständigkeiten und Ungleichheiten definierter Gruppen (*Seeman* u.a., 1985). Die Studien gelangen übereinstimmend zu der Definition, daß ein soziales Unterstützungsnetzwerk regelmäßig aus denjenigen Personen besteht, mit denen das Individuum

- häufig sozialen Kontakt,
- Interaktionen auf einer 1:1-Basis und
- daraus resultierende beratende oder konkrete Unterstützung erfährt (*Ganellen* und *Blaney*, 1984).

Die Qualität des sozialen Unterstützungsnetzwerkes, obgleich charakterisiert durch die Eigenschaften des Individuums, werden von *Crandall* (1984) sowie *Ganellen* und *Blaney (1984) hypothetisch als signifikante Variablen bei der Modifikation von Streß bezeichnet. Crandell* definiert soziale Anteilnahme als das Gegenteil von Egozentrik, als „das Interesse an Dingen, die über das Selbst hinausgehen".[47] *Ganellen* und *Blaney* definieren soziale Ausdauer bzw. Widerstandsfähigkeit als eine Mischung aus Kontrolle, Engagement und Herausforderung. Ihr Konzept von sozialer Ausdauer und Widerstandsfähigkeit deckt sich teilweise mit *Crandells* Konzept des „sozialen Interesses" in den Konstrukten von Verpflichtung gegenüber sozialer Anteilnahme (sozialer Involvierung) und dem Gefühl von Herausforderung gegenüber neuen Erfahrungen.

Streß, die abhängige Variable in jeder Studie, wurde von drei Untersuchungen (*Reis* u.a., 1985; *Seeman* u.a., 1985 sowie *Ganellen* und *Blaney*, 1984) als physiologisch manifestierte Variable gemessen. Hier wurden die Anzahl der Kranheitserscheinungen sowie die verschiedenen Krankheitsbilder als verwendete Indikatoren von Streß betrachtet. *Crandall* benutzte die Skala der Einschätzung von sozialer Anpassung (Social Readjustment Rating Scale), die von *Holmes* und *Rahe* 1967 entwickelt wurde, um Streß zu messen. Die Meßskala schreibt bestimmten Lebensvorkommnissen bestimmte Werte zu. Die Summe der Stressoren über einen Zeitraum von 12 Monaten gibt Hinweise auf die Häufigkeit des Auftretens von Krankheiten.

Crandall (1984) stellte die Hypothese auf, daß Individuen, die im Bereich „soziales Interesse" hoch einzuordnen waren und daher weniger mit sich selbst beschäftigt waren, gegenüber stress-induzierten Problemen innerhalb menschlicher Beziehungen weniger anfällig waren. Die Wechselbeziehungen und Zusammenhänge zwischen Stress, Ängsten, Depressionen und Feindseligkeiten wären nach seiner Ansicht weniger stark ausgeprägt bei Individuen mit hohem sozialen Interesse als bei Individuen, die im Bereich des „niedrigen" sozialen Interesses einzuordnen waren. Um diese Hypothese zu testen, setzte er verschiedene Meßsysteme für soziales Interesse, psychologisches Wohlbefinden und Einstufung von sozialer Anpassung bei Studenten psychologischer Grundkurse ein.

Die Resultate unterstützen seine Theorie einer negativen Beziehung zwischen signifikanten Stressoren und hohen Werten für soziales Interesse. Jedoch war es notwendig, jene Faktoren auf der Skala der unbeeinflußbaren sozialen Vorkommnisse wie z.B. Tod einer nahestehenden Person, widrige Einflüsse im beruflichen Bereich besonders zu berücksichtigen.

Seine Schlußfolgerungen waren, daß Menschen mit hohem sozialen Interesse (sozialer Kompetenz) belastenden, streßreichen Lebenssituationen offenbar seltener begegnen bzw. diese leichter verarbeiten können, und daß soziales Interesse die physiologischen Auswirkungen von Streß deutlich abschwächt.[46]

Ganellen und *Blaney* (1984) studierten eingehend die Beziehungen zwischen sozialer Unterstützung, Widerstandsfähigkeit der Persönlichkeit, Streßsituationen in verschiedenen Lebenslagen und Depressionen sowie die Frage, ob die widerstandsfähige Persönlichkeitsstruktur und soziale Unterstützung miteinander in Beziehung stehen und ob diese beiden Konstrukte unterschiedliche und austauschbare Rollen bei der Milderung von Streßeffekten im Leben spielen. Als Testpersonen für diese Studie wurden weibliche Studenten der Psychologie aus Anfangssemestern ausgewählt. Die verwendeten Meßverfahren beinhalteten z.B. den Lebenserfahrungs-Überblick, Fragebogen über soziale Wahrnehmung, den Entfremdungstest u.a.m. Die Ergebnisse der Studie zeigen an, daß die Konstrukte der widerstandsfähigen Persönlichkeit unterschiedlich zur sozialen Unterstützung korrelierten.

Versuchspersonen, die hohe Werte in Bezug auf Engagement und Belastungsbereitschaft aufwiesen, erzielten ebenso hohe Werte im Bereich soziales Unterstützungsverhalten; jedoch konnte kein Zusammenhang zwischen Kontrolle und sozialer Unterstützung festgestellt werden. Übereinstimmend folgerten die Wissenschaftler, daß soziale Unterstützung und Widerstandsfähigkeit beim Abbau von Streßeffekten unterschiedlich wirkten. Jedoch liegt nahe, daß dort eine bisher noch unerklärte Interaktion stattfindet. Auch wurde ermittelt, daß soziale Unterstützung nicht als angemessener Puffer gegen Streß anzusehen ist.

Seeman u.a. (1985) berichteten über die Ergebnisse einer Langzeitstudie über das Auftreten von Krankheiten und zwei Formen sozialer Unterstützung: tatkräftige (tatsächliche physische) Hilfe und beratende Unterstützung. Ihre Hypothese untersuchte die Rolle unterschiedlicher Konstrukte sozialer Unterstützung und des Gefühls persönlicher Kontrolle, welche diese bei der Verarbeitung von Streßeffekten spielen. Im Wesentlichen, postulierten sie, stehen niedriges soziales Unterstützungsniveau und ein schwach ausgepräges Gefühl von Kontrolle eindeutig in Wechselbeziehung mit dem vermehrten Auftreten und der längeren Dauer von physischen Krankheiten.

Um diese Hypothese zu testen, benutzten die Forscher eine Kombination von Einzelinterviews mit nachfolgenden Telefonanalysen über den Zeitraum von einem Jahr, um die Versuchspersonen nachhaltig bewerten zu können.

Ergebnisse dieser Studie zeigten auf, daß Versuchspersonen mit einer hohen Interaktionsfrequenz bei niedriger Interaktionsqualität sich für bestimmte Krankheitsbilder als anfällig erwiesen, wohingegen Beziehungen, charakterisiert von Qualität (Befriedigung, Intimität, Stabilität), unterschiedliche Muster von gesundheitlichen Problemen aufwiesen. Demzufolge ist Beziehungsqualität mehr als Beziehungsquantität der Gesundheit förderlich.

Die Studien befaßten sich auch mit der Möglichkeit, daß Persönlichkeitsvariabeln mit Systemen sozialer Unterstützung interagieren, um Streßeffekte für das Individuum zu mildern.

Deren Ergebnisse wiesen darauf hin, daß bestimmte Varianten sozialen Unterstützungsverhaltens in Kombination mit bestimmten Persönlichkeitsmerkmalen wirksam als Puffer gegen Streß fungieren können. Die herausragenden Charakteristika des Individuums scheinen ein persönliches Gefühl von Kontrolle, ähnlich einem inneren Ort der Kontrolle (*Seeman* u. a., 1985), eine generelle Belastungsbereitschaft sowie ausgeprägtes soziales Interesse (*Crandall*, 1984) zu sein. Weitere wichtige Aspekte dieses Unterstützungssystems sollen die Qualität der Interaktionen (Befriedigung, Intimität, Stabilität) und die Art der Interaktion (*Reis* u. a., 1985) sein. Tatkräftige Unterstützung wurde als positiv auf den Gesundheitszustand wirkend eingestuft, während beratende (theoretische) Unterstützung diese Wirkung nicht ergab (*Seeman* u. a., 1985). Es scheint gesichert, daß die Autonomie im Individuum ein höheres Maß an Unabhängigkeit innerhalb des sozialen Unterstützungssystems bewirkt bzw. von ihr begleitet wird.

Diese zwei Faktoren wirken zusammen, um das Individuum gegenüber den psychologischen und physiologischen Effekten von Streß zu schützen.

Bei jedem Versuch, ganzheitliche Konzepte bei präventiven Gesundheitsprogrammen anzuwenden muß demzufolge die Qualität der sozialen Unterstützungssysteme in Betracht gezogen werden, ebenso wie die Persönlichkeitsvariablen des Individuums.

3. Das psychosoziale Phänomen Erfolg

Der Mensch ist von Natur aus ein zielstrebig angelegtes Wesen. Weil er so ist, wird er nicht glücklich, ehe er so reagiert, wie er strukturiert ist, nämlich zielsuchend und zielerreichend. So gehören das Glücksempfinden und der Erfolg nicht nur eng zusammen, sondern das eine kann ohne das andere nicht sein.

Der gesunde Mensch strebt immer nach Befriedigung seiner Bedürfnisse und jedes Erreichen eines Ziels, jedes Befriedigen eines noch so kleinen Bedürfnisses kann ihm Erfahrungen bringen, von denen jede ein absoluter Genuß ist. Lustgefühle, die das Leben bestätigen.

Das Erfolgsstreben des gesunden Menschen ist sein Streben nach Selbstbestimmung, Selbstbehauptung, Unabhängigkeit und Selbstsicherheit; in anderen Worten, er strebt nach dem Voll-Mensch-Sein, das sich im Rahmen der eigenen Bedürfnisse und Talente hält.

Was bedeutet eigentlich Erfolg? Der Begriff Erfolg, wie man ihn psychologisch auffassen kann, hat nichts mit Geltung, Macht, Ansehen, Besitz und Prestige zu tun. Menschen können nur erfolgreich sein, indem sie Wachstum und somit Selbstverwirklichung anstreben. Glückt ihnen dies, werden sie automatisch erfolgreich sein.

Nicht die Erfüllung jener Ziele, die Herr Meier von nebenan von uns erwartet, führt zu Glück und Erfolg, sondern das schöpferische Streben als Ausdruck einer innerlich empfundenen Notwendigkeit. Seine Talente und Fähigkeiten voll zur Erreichung seiner Ziele einzusetzten, schützt Menschen auch vor der Übernahme anormaler Rollen.

Nach Erfolg zu streben ist allen gesunden Menschen gegeben. Den „Drang“ nach vorne, nach Expansion und nach Wachstum ist der gesunden menschlichen Natur eigen. Warum aber der Mensch nach Geltung, Besitz und Ansehen strebt, hat das Interesse vieler großer Denker geweckt. *Freud* war der Ansicht, daß es durch narzißtische Tendenzen im Menschen ausgelöst wird. Im heutigen Fachjargon, aber im Sinne Freuds, ist ein narzißtischer Charakter nur ungenau etwa mit Eigenliebe und Selbstbezogenheit übersetzbar und mit der Unfähigkeit, mitmenschliche Wärme zu geben und zu fühlen sowie der Unfähigkeit, sich in andere Menschen hineinzuversetzen.

Alfred Adler war der Überzeugung, daß das Leben ein Sollen ist und durch Annahme einer Zielsetzung der Mensch der Wirklichkeit besser gerecht werden kann. Adler sah nicht im „Lustgewinn" (wie Freud) die Triebziele der psychischen Entwicklung, sondern in Geltung, Macht und Sicherheit. Er betrachtete das Verhalten des Menschen hinsichtlich zweier gegensätzlicher Triebe; dem Gemeinschaftsgefühl und dem Überlegenheitsstreben.

Adler unterschied den Neurotiker vom Gesunden, indem er dem Nervösen eine verstärkte Sicherungstendenz zuschrieb; und daß seine Zielsetzung und deren angepaßter Lebensplan immer auf der unnützlichen Seite des Lebens liegt. Die Beschreibung des zur Überlegenheit tendierenden Menschen wird aus Adlers Werk zitiert[47]:

„Ob einer ein Künstler, der erste in seinem Fach oder ein Haustyrann sein will, ob er Zwiesprache mit seinem Gotte hält oder die anderen herabsetzt, ob er sein Leid als das größte ansieht, dem sich alle beugen müssen, ob er nach unerreichbaren Idealen jagt oder alte Götter, alte Grenzen und Normen zerbricht – auf jedem Teil seines Weges leitet und führt ihn seine Sehnsucht nach Überlegenheit, sein Gottähnlichkeitsgedanke, sein Glaube an seine Besonderheit. In der Liebe will er gleichzeitig seine Macht über den Partner empfinden, bei freiwilliger Berufswahl dringt das vorschwebende Ziel in übertriebenen Erwartungen und Befürchtungen durch, und noch im Selbstmord empfindet er rachedürstig den Sieg über alle Hindernisse. Um sich einer Sache, einer Person zu bemächtigen, kann er auf geraden Linien wandeln, kann stolz, herrschsüchtig, trotzig, grausam, mutig zu Werke gehen; oder er zieht es vor, durch Erfahrungen auf Abwege und Umwege gedrängt, seine Sache zum Siege zu führen durch Gehorsam, Unterwerfung, Sanftmut und Bescheidenheit. Auch diese Charakterzüge haben kein selbständiges Dasein, auch sie passen immer zu dem individuellen Lebensplan, dessen wichtigste Kampfbereitschaften sie vorstellen. Dieses Ziel der Überlegenheit ist nicht von dieser Welt. Für sich betrachtet müssen wir es unter die „Fiktionen" einreihen. Die Schattenseite dieser Haltung: sie bringt leicht eine feindliche kämpferische Tendenz in unser Leben, beraubt uns der Unbefangeheit des Empfindens und versucht es stets, uns der Wirklichkeit zu entfremden, indem sie deren Vergewaltigung nahelegt. (...)

Eine offene Andeutung dieses übergroßen Zieles findet sich wohl bei allen Menschen. Manchmal sticht es aus der Haltung hervor, zuweilen verrät es sich nur in den Forderungen und Erwartungen. (...)

Eine solche körperliche oder geistige Attitüde spricht deutlich ihre Abstammung vom Streben nach Macht aus und trägt das Ideal irgendeiner Art von Vollkommenheit und Fehlerlosigkeit in sich. Immer wird in jenen Fällen, die sich der Neurose nähern, ein verstärktes Messen an der Umgebung auffällig.

Die Probe auf die Richtigkeit dieses Befundes ist leicht anzustellen. In denjenigen, die das Ideal der Überlegenheit in sich tragen, sind oft Erscheinungen zu finden, die auf eine Unterdrückung, auf Verkleinerung, auf Entwertung der anderen hinzielen. Charakterzüge wie Unduldsamkeit, Rechthaberei, Mißtrauen, Geiz – kurz alle Stellungen, die der Voraussetzung des Kampfes entsprechen, müssen zum Durchbruch kommen, in weitaus höherem Maße, als es etwa die Selbsterhaltung gebietet und das Gemeinschaftsgefühl verlangt. (...) Und schließlich liegen, insbesondere bei Nervösen, die feindlichen Züge so versteckt, daß der Träger dieser Eigenschaften mit Recht erstaunt und unwillig wird, sobald ihn einer darauf hinweist."

Heute in unserer hochzivilisierten Gesellschaft ist nun ein großer Teil des Distress die Folge der spezifischen wirtschaftlichen Wettbewerbsbedingungen, deren Entwicklung nur durch die ungesunde Haltung des „genug ist nie genug" zustandekommen konnte. Wo das Prinzip des individuellen Wettbewerbes hochgehalten wird, muß mit Distress gerechnet werden und wo das Prinzip des Habens dominiert, dort muß das Prinzip des Seins verkümmern.

Obwohl solch eine Fehlhaltung die mannigfaltigsten Ursachen hat, ist sicher einer der Hauptgründe eine gestörte Frühkindheit, die nicht nur auf allen Ebenen handikapt, sondern auch zur Suche nach Sicherheit, Geborgenheit und Selbstbestätigung führt. Die Suche nach diesen Werten in der Umwelt führt lediglich zur Kompensation, denn wirkliche Geborgenheit und Sicherheit finden Menschen nur in sich selbst.

Seien es nun narzißtische Tendenzen, Überlegenheitsstreben oder Unsicherheit, die Folgen „fehlgeleiteten" Erfolgsstrebens sind immer dieselben.

Es führt zur Selbstüberforderung (Distress) und letzten Endes zu einer Anhäufung materieller Güter, die den persönlichen Bedürfnissen nicht mehr entsprechen. Dazu gesellt sich noch ein weiterer Faktor. Angst, und zwar Angst, all diese Güter je zu verlieren, denn verlieren solche Menschen ihre materiellen Güter, verlieren sie ihren eigenen Wert und ihr Ansehen. Seelische, körperliche Störungen oder Selbstmord sind die Folgen einer solchen Situation.

Im alltäglichen Leben durchdringt das Erfolgsstreben des Neurotikers sämtliche menschlichen Beziehungen und ist potentiell gut dazu geeignet, Angst zu erzeugen. Angst vor Mißerfolg – gleichzusetzen mit persönlicher Unsicherheit, Angst vor der Wirkung auf das eigene Selbstbewußtsein, denn ohne es zu wollen, folgt bei Versagen beim nervösen Menschen eine überstarke Selbstbewertung.

Das Erfolgsstreben des Neurotikers stört die Beziehungen in Familien, die Beziehung zwischen Männern und Frauen, zwischen Männern und Männern und Frauen und Frauen.

4. Umwelteinflüsse

In neuester Zeit hat man in der Psychologie begonnen, mehr von den menschlichen „Krisen“ als von Neurosen zu sprechen.

Welche Umstände tragen dazu bei, daß so viele Menschen ihren Distress nicht mehr bewältigen können und von einer Krise in die nächste schlittern?

Wir leben in einer Konsum- und Überflußgesellschaft, in der wohl die meisten Menschen genug davon haben, wovon sie leben können (meist haben sie zuviel), aber viele wissen nicht wofür sie leben.

Viele Menschen sind sicherheitssuchende Wesen und daher anfällig sich einzubilden, Sicherheit und Geborgenheit wären von außen kommende Faktoren. Sie suchen sie außerhalb ihrer selbst und meinen, „Versprechungen“ irgendwelcher Art führen zu größerem Wohlbefinden oder zu mehr Lustgewinn.

Die einen kompensieren ihren Mangel durch Drogenkonsum oder Leistungsverweigerung, die anderen wiederum durch Streben nach Besitz und Ansehen. Oder man kompensiert durch Flucht in eine Krankheit und dann ist man jegliche Verantwortung los.

Zu den oben erwähnten Versprechungen gehört die Werbung. Aus sozio-ökonomischen Gründen werden Bedürfnisse des Menschen dauernd künstlich hervorgerufen. Durch ausgeklügelte Werbung wird zum Ankauf profitreicher, aber zum Leben nutzloser Produkte überredet. Es wird zum Konsum und dem Ideal, es anderen gleichzutun, gezüchtet.

Das ununterbrochen auf die Menschen einströmende Reizangebot bewirkt, daß viele nicht mehr fähig sind, diese Fülle von Anreizen in ihre Persönlichkeit einzuordnen. Das heißt, sie können zwischen ihrer eigenen Realität, dem, was sie wirklich wollen und brauchen und der Illusion, die ihnen aufgedrängt wird, nicht mehr klar unterscheiden.

So werden die clever programmierten, den Menschen überflutenden illusionären Angebote zu Verführungen, die ihn in der kindlichen Vorstellung bestärken, eine Befriedigung aller möglichen Lustbedürfnisse sei das Äquivalent zu den Forderungen der Leistungsideologie, die ihm ständig Verzichte abfordert.

Einerseits durch unsere Erziehung und andererseits durch die ständige Berieselung beeinflussender Informationen, kennen Menschen oft nicht ihre ureigensten Bedürfnisse. Man handelt und fühlt gemäß dem, was man von irgendwo gelernt hat und nicht gemäß dem, was man selber fühlt. Wenn der Mensch nicht weiß, was er will, weshalb und wofür er etwas tut, dann wird er wahrscheinlich auch nicht wissen wo der Sinn seines Lebens liegt. *Frankl*[48] hat das Fehlen des Lebenssinns vor ca. 40 Jahren so beschrieben:

„Im Gegensatz zum Tier sagen dem Menschen keine Instinkte, was er muß, und im Gegensatz zum Menschen von gestern sagen dem Menschen heute keine Traditionen mehr, was er soll. Nun weder wissend, was er muß, noch wissend, was er soll, scheint er nicht mehr recht zu wissen, was er will. So will er denn nur das, was die anderen tun – Konformismus! Oder aber er tut nur das, was die anderen wollen – Totalitarismus!“

Durch das heutige Verständnis der Auswirkungen des Sozialisierungsprozesses weiß man, daß der heutige Mensch oft nicht weiß was er will, weil ihm zu oft gesagt wird, was er soll. Er ist sich auch nicht bewußt, daß das, was er nach außen zur Schau trägt, nicht seinem Inneren entspricht.

Es sind die unbewußten Rollen, die Menschen „spielen“, die sie davon abhalten zu wissen, weshalb sie unzufrieden, unsicher, unlustig oder depremiert sind. Sie haben zu wenig Zugang zu sich selbst und wissen so nicht, was in Ihnen wirklich vorgeht, was sie wirklich fühlen. So eine Maske abzulegen, von der man glaubt, sie sei Teil des Selbst, kann ein zutiefst beunruhigendes Erlebnis sein. Sie abzulegen, dazu gehört die Freiheit zu denken, zu fühlen und zu sein.

Das Fernsehen ist ein bedeutsamer Faktor, der dazu beiträgt, daß Menschen in Krisen geraten (Mütter identifizieren sich mit den „perfekten" Müttern, die sie im Fernsehen beobachten; im Fernsehen gibt es fast nur schöne Menschen, also muß man schön sein, um erfolgreich zu sein, etc.).

Als *Cicero* 80 v. Chr. schrieb: „wenn wir zu allen Stunden grausige Geschehnisse mitansehen oder mitanhören müssen, so verlieren schließlich selbst die von Natur Zartesten unter uns, durch die ständige Folge quälender Eindrücke, jegliches Empfinden für Menschlichkeit", hat er sicher nicht das Fernsehen oder Videofilme gemeint, sondern grausame und brutale Spiele, die zu seiner Zeit als Unterhaltung bezeichnet wurden. Seine Worte aber treffen auf unseren heutigen stundenlangen, wahllosen Fernsehkonsum zu, der zur psychischen Verwahrlosung führt.

Damit kann man speziell Kinder in Verbindung bringen, da sie, in ihrem Charakter naoch nicht strukturiert, am meisten unter dieser Verwahrlosung leiden. So manchen Eltern scheint es nicht in den Sinn zu kommen, daß Kinder keine Erwachsenen sind. Der Unterschied zwischen Kind und Erwachsenem liegt nicht nur an der Größe, sondern auch in der Psyche. Er liegt im Ich-Bild und im Welt-Bild, also ein qualitativer Unterschied.

Der berühmte Kinderpsychologe *Jean Piaget*, hat durch seine Testverfahren mit Kindern die Erfahrung gemacht, daß sie einige primitive Denkmuster offenbaren. Sie neigen beispielsweise dazu, Naturerscheinungen für genauso lebendig wie Menschen zu halten (Animismus). Als er ihre Fähigkeit zu Schlußfolgerungen untersuchte, fand er, daß das Denken des Kindes dadurch gekennzeichnet wird, verschiedene, offensichtlich beziehungslose Dinge oder Ereignisse zu einem Ganzen zusammenzufassen.

Das Kind vermag nicht wahrzunehmen, wodurch mehrere Dinge und Ereignisse tatsächlich verbunden sind und kann auch die Beziehung eines Teils zum Ganzen nicht verstehen. Alle diese Tendenzen zeigen ein gemeinsames Denkmuster; die Unfähigkeit, verschiedene Aspekte einer Situation gleichzeitig zu berücksichtigen.

Da das Kind in einer animistischen Welt lebt, haben alle Dinge ein Eigenleben. Für den Erwachsenen ist ein Verbrecher im Film eben ein Verbrecher in einem Film. Für das Kind ist er aber ein Verbrecher im Haus. Ein Kind ist mit den Horrorbildern und Monstern alleine, es kann sie nicht verarbeiten.

Das Fernsehen mutet dem Kind jede Menge Begriffe und Sachverhalte zu, die es nicht verstehen kann. Immer mehr Kinder werden zu Tagträumern und ziehen sich vor der Realität in eine Scheinwelt zurück. Sie „schalten" ab.

So erhält das Kind durch die Scheinwelt des Fernsehens ein entstelltes Bild der Welt, denn es vermittelt ihm zum größten Teil nur eine bunte und absurde Folge von Seichtigkeiten, die es in seiner Innenwelt ablagert.

Wie sehr die Interaktion der Familie durch das viele Fernsehen gestört wird, braucht man nicht zu beschreiben. Die Zeit für Gespräche und Spiele fehlt und die Eltern werden zu Randfiguren.

Viele Kinder benützen den Fernseher sicher als Ersatz für den ihnen mangelnden zwischenmenschlichen Kontakt. Nicht überraschend sind Statistiken, die zeigen, daß in den USA z.B. Kinder im Durchschnitt nur 8 Minuten am Tag mit ihren Eltern sprechen und daß 6% der befragten Kinder lieber auf die Eltern verzichten, als auf den Fernseher. Diese emotionale Verstümmelung der Kinder wird sich wiederum von einer Generation zur nächsten übertragen.

Kürzlich durchgeführte Statistiken haben ergeben, daß Kleinkinder und Jugendliche sowohl in den USA als auch in europäischen Ländern fünf bis sechs Stunden täglich vor ihrem „elektronischen Babysitter" sitzen. In Italien gucken 66 von 100 Kindern auch während des Essens Fernsehen. Dadurch wird jedes Gespräch unmöglich, das im Rahmen der Familie während einer Mahlzeit zustande kommen könnte.

Wie groß die Verwahrlosung ist merkt man auch daran, daß es Kinder gibt, die vor dem Schlafengehen den Fernseher küssen, anstatt die Eltern. Dies klingt wie ein Scherz, es ist aber keiner. Der Fernseher wäre in Realität ein perfektes edukatives Instrument. Solange es aber als Babysitter verwendet wird, sind seine Auswirkungen immer nur negativ.

Für Erwachsene ist das Fernsehen in dem Sinne schädlich, daß es durch die weltweite Verbreitung von Nachrichten (die zum großen Teil aus Brutalitäten bestehen, wie z.B. das Erschlagen eines am Boden liegenden, die Hände am Rücken gefesselten Menschen) in Bild und Ton Gefühle im Menschen erzeugt, die er durch ihre Intensität oder Fülle unterdrücken muß.

Es ist das Prärogativ des Fernsehens, zur „Verbrutalisierung" der Menschen beizutragen. Die Brutalisierung ist unvermutet und unbemerkt vor sich gegangen. Viele Menschen sind schon so abgestumpft, daß es bedeutender Gewalteskalation oder besonders dramatischer Brutalitätsakte bedarf, um Menschen aus ihrer dumpfen Gleichgültigkeit aufzuschrecken.

Rapid hinaufschnellende Kriminalität, Folter, Geiselentführung und mitleidlose Erpressung, brutales Morden werden als vom Zuschauer hingenommen, als wären sie Naturkatastrophen, wie Überschwemmung oder Erdbeben.

In der Kenntnis und gleichzeitigen Nichtzurkenntnisnahme welterschütternder, apokalyptischer Ereignisse, die nicht eben nur so geschehen, sondern herbeigeführt und gesteuert werden, drückt sich die Ungeheuerlichkeit der alten und doch zeitgenössischen Weigerung aus, Gefühle ins Bewußtsein treten zu lassen.

Diejenigen Menschen, denen das Fernsehen nicht genug Horrorstories bringt, decken sich mit Videofilmen ein, bei deren Betrachtung sich der halbwegs gesunde Mensch fragen muß, ob die Macher von dieser Welt sind oder nicht. Tierisch kann man sie nicht nennen, da Tiere solcher Greuel nicht fähig sind.

Die Macht des Fernsehens besteht auch darin, daß dem Menschen suggeriert wird, welche politischen, moralischen, wirtschaftlichen und gesellschaftlichen Ideale er „konsumieren" soll. Daß wir beeinflußbar sind, hat die Kommunikationsforschung erwiesen. Ein simples Beispiel: der Einfluß eines Filmes (etwas Erfundenes und Unwirkliches) kann in uns Tränen, Furcht und Ärger (Stressoren) erzeugen. Wieviel größer ist die Wirkung, wenn wir das Gesehene und Gehörte auch glauben? Und wer hat nicht schon von der „somatischen Rhetorik" gehört? Von der körperlichen Beredsamkeit. Es sind auch die optischen und nicht nur die akustischen Mittel des Redenden, deren genaue Kenntnis seine Überzeugungskraft erhöht. Menschen, die hauptberuflich im Fernsehen auftreten, werden speziell auf diese Dinge geschult.

Sicher hat das Fernsehen nicht nur negative Seiten, da es auch manche gute Sendungen gibt und es kann auch Unterhaltung für alte oder kranke Menschen sein. Obwohl es bei alten Menschen wiederum eine negative Wirkung haben kann, denn sie verlassen sich als Kommunikationsmittel auf den Fernseher, anstatt sich anzustrengen, mit Menschen Kontakt aufzunehmen.

Ganzheitlich gesehen, führt dieser extreme Konsum, sei es das Fernsehen oder der Konsum von Gütern, zur Umweltverschmutzung, zur Zerstörung der Natur und nicht zuletzt zur „Verunmenschlichung" des Menschen. Im privaten Bereich des Einzelnen führt es unweigerlich dazu, daß die zwischenmenschlichen Beziehungen in Mitleidenschaft gezogen werden. Es bleibt kein Raum zur Kommunikation mit sich selbst und mit anderen und die wirklichen Werte eines jeden Menschen werden vernachlässigt.

Wenn Menschen hoffnungsvoll und doch hoffnungslos vor dem Fernseher sitzen und sich sagen: „ich habe anscheinend alles und doch fehlt mir etwas", dann ist es an der Zeit, ihn abzustellen und in sich selbst hineinhören, um festzustellen, „wer bin ich wirklich und was will ich wirklich". Zu dieser Frage kommen die meisten Menschen leider erst nach einem traumatischen Erlebnis, wie einer schweren Krankheit oder einem Unfall. Das wird dann sozusagen die Stunde der Wahrheit. Erst dann wird ihnen klar, wie sie sich selbst verleugnet haben, mitreißen haben lassen von den Normen der Gesellschaft, die alle keine für sie realen Werte aufweisen.

V. Ich-Stärke und Selbstverwirklichung

1. Unterschiede zwischen einem starken und einem schwachen Ich

Jeder Mensch ist mit einer Einzigartigkeit, mit etwas Neuem geboren, das noch nie vorher existiert hat und jeder bekommt Fähigkeiten mit auf den Weg, im Leben zu gewinnen. Jeder hat seine ganz eigenen Potentiale und auch seine Grenzen.

Wenige Menschen sind nur stark oder nur schwach. Die meisten sind in manchen Lebensgebieten stark und in manchen schwach. Ob das Ich stark oder schwach ist, hängt von der Charakterstruktur des Individuums ab und davon, auf welche Art seine Sozialisierung vorgenommen wurde, d. h., wie der Mensch seine innere und äußere Realität wahrgenommen hat, wie er sie erlebt hat und was dadurch aus ihm geworden ist.

Ich-starke Menschen sind echt und bringen ihre beispiellose Einzigartigkeit voll zur Geltung, schätzen und respektieren die der anderen. Sie widmen nicht ihr ganzes Leben einem „Was-sie-sein-sollen-Konzept", sondern sind sich selbst, ohne Energien auf eine abnorme Rolle zu verschwenden, Scheinbilder aufrechtzuerhalten und andere zu manipulieren.

Sie sind fähig, unreale Selbstbilder von Minderwertigkeit oder Selbstüberbewertung abzustreifen. Sie haben die Fähigkeit, ihre Selbständigkeit zu bewahren. Verlieren sie sich doch (z. B. durch Krankheit), behalten sie trotzdem ihr grundsätzliches Selbstvertrauen.

Ich-starke Menschen denken für sich selbst, verwenden ihr eigenes Wissen, können zwischen Fakten und Meinungen unterscheiden und geben nicht vor, alle Antworten auf alles zu haben. Sie hören anderen zu, beurteilen was sie hören, werden aber ihre eigenen Schlußfolgerungen ziehen . Sie können andere bewundern und respektieren, sind aber keine Schwärmer.

Anstatt Spiele der Hilflosigkeit oder des Schuldsuchens zu spielen, nehmen sie die Verantwortung für ihr eigenes Leben in die Hände. Sie geben anderen keine Macht über sie, sie sind ihre eigenen Chefs und sind sich dessen bewußt. Ihre Reaktionen sind der

Realität angepaßt und in ihrer Interaktion mit anderen bewahren sie deren Würde und Wert.

Zeit ist für sie wertvoll. Sie verschwenden sie nicht und leben im Hier und Jetzt. Das heißt aber nicht, daß sie ihre Vergangenheit ignorieren und nicht in die Zukunft blicken. Sie wissen über ihre Vergangenheit, leben die Gegenwart bewußt und lebendig und sehen der Zukunft gelassen entgegen.

Ich-starke Menschen kennen ihre Gefühle und lassen sie zu. Sie lassen sich durch die eigenen Widersprüche und Ambivalenz nicht stören. Sie bleiben echt, werden wütend wenn nötig und hören zu, wenn andere mit ihnen wütend sind. Sie geben und nehmen Zuneigung, sind fähig zu lieben und geliebt zu werden.

Ich-starke Individuen sind spontan, reagieren nicht auf vorprogrammierte steife Art und Weise und ändern ihre Pläne, falls die Situation es erfordert. Sie genießen das Leben, die Arbeit, das Spiel, das Essen, andere Menschen, die Sexualität und die Natur.

Ihre Erfolge erleben sie ohne Schuldgefühle und freuen sich ohne Neid für den der anderen. So sehr sie fähig sind, das Leben in Freiheit und vollen Zügen zu genießen, so sehr sind sie aber auch fähig, sich zu disziplinieren.

Ohne Hemmung gehen sie Dingen nach, die sie wollen. Sie tun es auf eine angemessene Art und Weise. Sie gehen nicht über „Leichen“. Ihre Sicherheit basiert nicht auf Kontrolle anderer. Sie achten auf ihre Umwelt und kümmern sich darum.

Von den Problemen der Welt isolieren sie sich nicht, sie fühlen sich davon betroffen. Sie fühlen für andere und wollen zur Verbesserung der Lebensqualität beitragen.

Den „Schwachen“ ist in der Kindheit oder Jugend soviel Gegenteiliges geschehen, daß sie den Weg zur Selbstverwirklichung und zur Selbständigkeit nur schwer oder gar nicht finden. Obwohl der Mensch mit großen Potentialen geboren ist, ist er anfangs total hilflos und abhängig. Dem Ich-starken Menschen gelingt der Übergang zur Autonomie, dem „Schwachen“ scheint es irgendwie nicht zu gelingen und er beginnt, die Übernahme von Verantwortung zu vermeiden. Um mit negativen Erfahrungen fertig zu werden, lernen Kinder sich selbst und die Umwelt zu manipulieren. Den Schwachen gelingt es nicht, diese Angewohnheiten als Erwachsener abzustreifen.

Ich-schwache Menschen erleben sich vielleicht als erfolgreich, aber ängstlich; erfolgreich, aber sie haben das Gefühl, in einer Falle zu sitzen; erfolgreich, aber unglücklich. Andere wiederum fühlen sich erschöpft, ohne Ziele, außerstande sich zu bewegen, halb tot, zu Tode betrübt oder gelangweilt.

Diesen Menschen wird nicht bewußt, daß sie sich größten Teils ihre eigenen Käfige konstruieren, ihre eigenen Gräber schaufeln, ihre eigenen ärgsten Feinde sind und sie sich selbst am meisten langweilen.

Menschen dieser Art leben selten die Gegenwart, sie zerstören sie sogar noch, indem sie sich konstant auf vergangene Miseren oder auf künftige Erwartungen konzentrieren. Der Vergangenheit nachhängend, erinnern sie sich an die „guten alten Zeiten" oder aber an vergangene Mißgeschicke. Wehmütig hängen sie sich an Dinge, wie sie früher waren und beklagen ihr Unglück. Sie sind voller Selbstmitleid und verlagern die Verantwortung für ein nichtzufriedenstellendes Leben auf andere.

Das Spiel des Schwachen ist, daß er tadellos und schuldlos ist, für sich selbst jede Entschuldigung parat hat und immer nur die Umwelt an allem die Schuld trägt.

Redewendungen wie: „Wenn ich nur hätte ..." (Vergangenheit), „Wenn das oder jenes passiert, dann ..." (Zukunft) oder „Was wenn ..." (ängstliche Katastrophenerwartung) sind ihnen zu eigen.

Eine Fixierung auf die Zukunft trägt dazu bei, daß die Gegenwart ihnen Angst bereitet. Ihre ängstliche Erwartungshaltung behindert sie, Schritte nach vorwärts zu tun. Sie sind so voller ängstlicher Vorstellungen, daß sie aktuelle Möglichkeiten der Gegenwart ungenützt vorübergehen lassen.

Ihr Verstand ist so voller irrelevanter, nicht der Gegenwart zugehöriger Gedanken, daß die Realität ausgeschaltet wird. So sind ihre Wahrnehmungen unkorrekt oder unvollständig. Sie sehen sich selbst und andere in einem verzerrten Licht, wodurch ihre Fähigkeit, sich mit der Umwelt zu befassen, gehemmt wird.

Zu direkten, intimen, echten und ehrlichen Beziehungen sind sie mehr oder weniger unfähig. Sie versuchen zu manipulieren, zu kontrollieren und wollen, daß die anderen ihren Erwartungen entsprechen. Sie selbst verwenden viel Energie so zu leben, wie man es von ihnen erwartet.

Sie rationalisieren, projizieren und intellektualisieren. Ihre Gefühlswelt ist blockiert, ihr Organismus funktioniert auf Sparflamme. Sie leben gestresst.

2. Selbstverwirklichung

Viele Menschen leben ihr Leben im Sinne des „Wellenreitens", sie gehen nie „Tauchen". Die Selbstverwirklichung ist ohne „Tauchen" nicht möglich.

Die Selbstverwirklichung ist ein Reifungs- und Wachstumsprozeß, der die Implikation beinhaltet, wahr und echt zu werden, sich selbst zu werden, das was man wirklich ist. Dies bedeutet jedoch nicht, ohne Frustration, Schmerz, Angst und Aggression zu leben. Um stark zu werden, muß der Mensch sich Frustrationstoleranz erwerben, sich die Fähigkeit aneignen, die Natur anderer Menschen, der Tiere und seiner Umwelt zu verstehen und sich ihrer Unnachgiebigkeit, Unabänderlichkeit und ihrer Realität bewußt zu werden.

Dadurch lernen wir Wünsche von Tatsachen zu unterscheiden; dadurch wissen wir, welche Dinge erfüllbar sind und welche in totaler Mißachtung unserer Wünsche und Vorstellungen weiterschreiten. Durch das Verstehen und Akzeptieren gewisser Tatsachen werden wir fähig, in unserer Welt so angenehm wie möglich zu leben und sich ihr nur so weit wie nötig anzupassen.

Weshalb sind so viele Menschen geneigt, sich dem Rest der Menschheit anzupassen? Nur das zu tun und sich so zu verhalten, wie es allgemein als richtig gilt, obwohl das allgemein Akzeptierte unserer eigenen Natur nicht entspricht? Es ist die Angst vor dem Alleinsein, vor dem Nicht-akzeptiert-sein.

Anders zu sein als die anderen und dadurch abgelehnt zu werden erzeugt Angst. Diese Angst rührt zunächst einmal vom Elternhaus her. Viele Eltern vermitteln dem Kind das Gefühl es werde abgelehnt, wenn es die Vorschriften der Eltern nicht akzeptiert. Aus dieser Angst vor Ablehnung, vor dem Alleinsein, verraten später viele Menschen ihre Individualität und aus der irrigen Annahme, daß derjenige, der es wagt, ein echtes Individuum zu sein, ausgestossen werden würde. So wird das „Massenwesen" begünstigt, welches sich auch in der größten Menge alleine fühlt.

Wachstum bedeutet nicht Transzendenz aller menschlichen Probleme, denn auch der gesunde Mensch kann reale Angst, Schmerz, Trauer, Frustration oder Schuldgefühle empfinden.

Reale Gefühle sind wirklichen Situationen angepaßte Gefühle. Beispielsweise Schuldgefühle, entfacht durch unser Gewissen.

Echte Schuldgefühle sind die Folgen des Verrats an der eigenen Natur; sie sind im wesentlichen gerechtfertigte Selbstmißbilligung. Diese Schuldgefühle tragen zum Wachstum des Menschen bei, da sie zur Bildung innerer „Wegweiser" förderlich sind.

Selbstverwirklichung heißt, sich selbst auszudrücken, sich durch und über seinen Körper auszudrücken; ihn nicht gefangen halten in einem Muskelpanzer, in dem er wohl existiert, aber nicht lebt. Das Leben muß pulsieren können.

Wir haben einen Körper, um ihn funktionieren zu lassen, ihn zu gebrauchen und alle seine Kapazitäten kennenzulernen. Nichtgebrauch wirkt irritierend und deprimierend. Wir fühlen uns nur dann wohl, wenn wir alles benützen, was wir besitzen.

Beim Gebrauch unserer Fähigkeiten lernen wir unsere Stärken, Schwächen und unsere Grenzen kennen. Wir lernen Schwierigkeiten zu überwinden, indem wir uns bis zum Äußersten anstrengen und Herausforderungen begegnen. Auch ein Versagen lehrt uns etwas. Um etwas zu kämpfen bereitet Spaß und dadurch wird jede Angst vertrieben. Dies ist der beste Weg zur gesunden Selbsteinschätzung. Eine Selbsteinschätzung, die nicht auf der Billigung anderer beruht, sondern aus tatsächlichem Sich-Kennen, aus Errungenschaften und Erfolgen, sowie aus dem daraus resultierenden Selbstvertrauen.

Fast alle Psychologen und Psychiater der letzten fünfzig Jahre haben ihre Forschungen an und über psychisch kranke Menschen vorgenommen. *Abraham Maslow* und andere aber haben sich mit den „allgemeinen Zielen und Aufgaben" des nicht neurotischen Menschen befaßt. In den Vordergrund wird der Wachstums- und Reifungsprozeß gerückt, den der Mensch durchmachen muß, um ein sinnvolles und somit erfolgreiches Leben zu erlangen. Es wird betont, daß Menschen seelische und geistige Befriedigung benötigen und diese wichtiger sein kann, als das bloße Überleben; daß das Nur-Überleben ein Existieren und nicht ein Leben ist.

Maslow ging von der ganzheitlichen Natur des Menschen aus. Bedürfnisse sah er als Motive des Handelns und die Selbstverwirklichung als eine in jedem Menschen angelegte geistige Zielsetzung, deren Streben darin besteht, auch höhere Bedürfnisse zu befriedigen, seiner eigenen Natur treu zu bleiben und seine Möglichkeiten zu aktualisieren. Ein Mißlingen bedeutet Krankheit.

In den späten sechziger Jahren hat *Maslow* ein Konzept über die Natur und die Bedürfnisse des Menschen erarbeitet. Er befaßte sich mit den Problemen der Liebe, der Kreativität, der Werte, der Schönheit, der Imagination, der Ethik und Freude. Dieses Konzept stellt die Selbstverwirklichung als das höchste Ziel des Menschen dar, welche aber nur unter gewissen Voraussetzungen möglich wird. *(Abb. 8)*

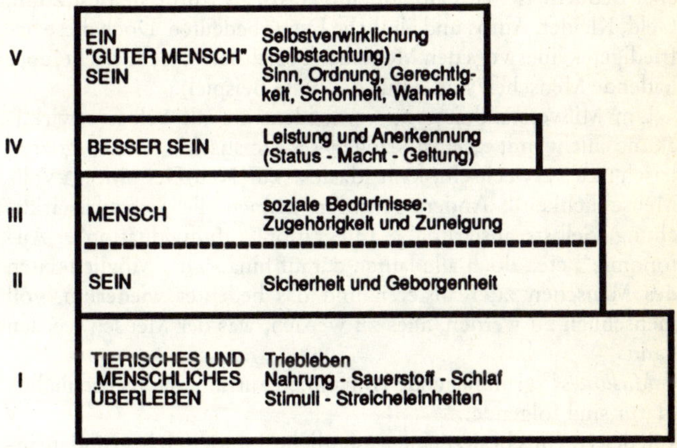

Abb. 8: Bedürfnispyramide nach *Maslow*

Beim Turm der *Maslow*schen Bedürfnisse des Menschen handelt es sich um eine echte Hierarchie, denn die Bedürfnisse der oberen Stufen können erst dann befriedigt werden, wenn bei den unteren eine relativ sichere Basis vorhanden ist. Ein Mensch, der nicht genug zu essen hat, ist mit Sicherheit nicht daran interessiert, anerkannt zu sein.

Je mehr Unsicherheit bezüglich des „Mensch-Seins" besteht, desto wichtiger wird das „Besser-sein" als Kompensation, desto größer wird der Anspruch auf Status, Macht, Geltung und Anerkennung. Hinsichtlich der Entstehung der Neurose hat *Maslow* die Deprivation gewisser Bedürfnisse genannt. Für ihn war die Neurose eine Defizit-Krankheit und besteht – gemeinsam mit anderen komplexen Determinanten –aus unerfülltem Verlangen nach Sicherheit, Zugehörigkeit, nach engen Liebesbeziehungen, Respekt und Zuneigung.

Alle Grundbedürfnisse müssen optimal befriedigt werden, damit Krankheit und subjektives Unwohlsein vermieden werden können. Die Befriedigung aller Grundbedürfnisse ist ein Schritt auf dem Weg zur Selbstverwirklichung, deren Grundlage ein entwicklungsorientiertes System von Werten ist.

Bedauerlicherweise wird der Begriff „Selbstverwirklichung" von vielen Menschen mißverstanden. Die Befriedigung menschlicher Bedürfnisse wird allzuoft aufgefasst, als würde sie Besitztum, Geld, Kleider, Autos und ähnliche Dinge bedeuten. Doch diese befriedigen keineswegs den Menschen in sich selbst (sehr reiche, aber leidende Menschen sind dafür das beste Beispiel).

Um Mißverständnisse zu vermeiden, um die Selbstverwirklichung nicht mit „selbstbezogen", „egoistisch" oder „egozentrisch" zu verwechseln, kam Maslow zur Neu-Definition „Voll-Menschlichkeit". Andere Autoren nennen die Selbstverwirklichung „Selbstrealisierung", „Integration", „Individuation", „Autonomie", etc., doch alle laufen darauf hinaus, die Möglichkeiten des Menschen zu realisieren und das bedeutet wiederum, voll menschlich zu werden, alles zu werden, was der Mensch werden kann.

Maslow's[49] grundlegende Annahmen zur inneren menschlichen Natur sind folgende:

- Jeder von uns besitzt eine wesentliche, biologisch begründete innere Natur, die bis zu einem gewissen Grad „natürlich", wirklich gegeben und – in einem beschränkten Sinne – unabänderlich oder zumindest unverändert ist.
- Man kann diese Natur wissenschaftlich untersuchen und ihre Beschaffenheit entdecken.
- Diese innere Natur, soweit wir über sie Bescheid wissen, scheint an sich nicht primär oder notwendig böse zu sein. Die Grundbedürfnisse (nach Leben, Sicherheit und Geborgenheit, Zugehörigkeit und Zuneigung, Achtung und Selbstachtung und Selbstverwirklichung), die grundlegenden menschlichen Emotionen und die grundlegenden menschlichen Fähigkeiten sind offenbar entweder neutral, prämoralisch oder positiv „gut". Destruktivität, Sadismus, Grausamkeit, Bosheit, usw., scheinen nicht inhärent zu sein, sondern eher heftige Reaktionen auf Frustration unserer inhärenten Bedürfnisse. Ärger an sich ist nicht böse, auch nicht Furcht, Faulheit oder gar Unwissenheit. Selbstverständlich können sie zu bösem Verhalten führen und tun es auch, doch es muß nicht so sein. Die menschliche Natur ist bei weitem nicht so schlecht wie man gedacht hat.

- Da diese Natur gut oder eher neutral als schlecht ist, ist es besser, sie zu fördern und zu ermuntern, anstatt sie zu unterdrücken.
- Unterdrückt oder verneint man diesen wesentlichen Kern der Person, so wird er krank, manchmal offenkundig, manchmal subtil, zuweilen sofort, zuweilen später.
- Diese innere Natur ist nicht stark, übermächtig und unverkennbar wie die Instinkte der Tiere. Sie ist schwach, delikat, subtil und durch Gewohnheit, kulturellen Druck und falsche Haltung ihr gegenüber leicht zu überwältigen.
- Auch wenn sie schwach ist, verschwindet sie nur selten in einer normalen Person – vielleicht nicht einmal in einer kranken Person. Auch wenn sie negiert wird, besteht sie im Verborgenen weiter und drängt nach Verwirklichung.
- Irgendwie müssen diese Folgerungen alle im Hinblick auf die Notwendigkeit von Disziplin, Deprivation, Frustration, Schmerz und Tragödie artikuliert werden. Je mehr diese Erfahrungen unsere innere Natur offenbaren, stärken und erfüllen, desto wünschenswerter sind diese Erfahrungen.

Diese Erfahrungen hängen mit dem Sinn für Leistung zusammen und deshalb auch mit Selbstachtung und gesundem Selbstvertrauen. Ein Mensch, der nichts gemeistert, ertragen und überwunden hat, zweifelt auch weiterhin, daß er dazu fähig wäre.

Obwohl Selbstverwirklichung im Prinzip leicht ist, wird sie praktisch sehr selten erreicht. Dafür gibt es viele Gründe auf verschiedenen Ebenen. Alle Determinanten der Psychopathologie sind darin eingeschlossen, aber auch kulturelle und gesellschaftliche.

Selbstverwirklichung ist ein gutklingendes Wort, das nichts darüber aussagt, wieviel Schmerzen und wieviele angsterregende Veränderungen dieser Prozeß mit sich bringen kann.

Die positiven Folgen der Selbstverwirklichung sind eine Vermehrung der Fähigkeiten, mit komplexen zwischenmenschlichen Situationen und Belastungen adäquat fertigzuwerden, d.h., eine verringerte soziale Stressempfindlichkeit zu erzielen.

VI. Der Körper und Psychosomatik

1. Sexualität – „emotionale Pest" – Panzerung

Leben pulsiert, Leben bewegt sich. Lebendig sein bedeutet Expansion und Kontraktion. Nur der Tod kann diese Bewegung beenden. Je mehr das Lebendige pulsiert, desto mehr wird es leben, desto mehr Energie kann es aufnehmen. Je energiegeladener das Lebendige ist, desto lebhafter regt es sich, desto beweglicher ist es.

Unsere Emotionen sind im wahrsten Sinne des Wortes „Herausbewegungen" und dieses „Sich-heraus-bewegen" ist gleichzeitig Ausdrucksbewegung. Die Bewegung unseres Körpers drückt unsere Emotionen aus; damit ist jeder Ausdruck oder jede Emotion an Bewegung geknüpft. Wird der Fluß der Energien unseres Organismus gestört, entsteht dadurch Unfähigkeit zur Ausdrucksbewegung. Die Vitaltität des gesamten Organismus ist gehemmt und er ist weder fähig sich optimal aufzuladen, noch fähig, sich völlig zu entladen.

Der wichtigste Vorgang des Körpers zur Aufladung ist die Bewegung des „In-sich-Hineinnehmens" – die Atmung. Ist sie durch Angst gehemmt, so schwächt sich der Körper. Die Folge ist immer mehr Angst, die vom Ich unterdrückt werden muß. Beispiel: sexuelle Hemmung – Angst – gehemmter Atem um die Angst zu unterdrücken – das Ich und der Organismus schwächen sich durch die Angstunterdrückung – mehr Angst – auf die Dauer verhärtet sich das Ich und auch der Körper.

Die Entladung ist die Bewegung des „Aus-sich Herausbewegens", des sich „Hingebens". Die elementarste Bewegung des sich Hingebens ist die orgastische Funktion als unmittelbarer Ausdruck der vegetativen Beweglichkeit. Im Orgasmus drückt sich die Grundfunktion des menschlichen Organismus in reinster Form aus: Spannung und Entspannung, Ladung und Entladung[6]. Die orgastische Entspannung erzeugt Lust, ihre Verhinderung dagegen Angst. Die Hemmung eines sexuellen Impulses erzeugt ohne Ausnahme Angst, die körperlich in der Herz- und Zwerchfellgegend lokalisiert empfunden wird. Wird die Wahrnehmung sexueller Errregung zugelassen, so verschwindet die ängstliche Beklemmung.

Zur Modalität „Hin-zur-Welt" (Ausbreitung – Angstlösung) sind in unserer Gesellschaft – die sich einer sexualfeindlichen Erziehungsmethode bedient – nur die wenigsten Menschen fähig. Zu jener „Weg-von-der-Welt" (Abkugelung –Angstbildung) schon viel mehr (auch die Schnecke und der Igel ziehen sich bei Angst in sich selbst zurück). Wie wenig wir dazu fähig sind, unsere organismischen Bedürfnisse zu beachten und zu erfüllen, sieht man daran, wie wichtig es in unserer Gesellschaft ist, unsere sozialen Bedürfnisse zu erfüllen. Wir sind nicht stolz auf unsere Gesundheit oder Harmonie, in der wir leben, aber wir sind stolz auf das, was wir haben, auf die Rollen, die wir in der Gruppe bekleiden – auf unseren sozialen Status.

Unsere Sexualität zu erleben und uns auszudrücken (uns damit zu vergegenwärtigen), wäre genauso natürlich wie das Keimen von Samen oder das Blühen von Blumen, wenn es nicht eine Tatsache wäre, daß wir sehr früh in unserem Leben begonnen haben unsere eigene Natur zu unterdrücken, Angst und Schmerz erfuhren und mit „Strategien" zu manipulieren lernten, anstatt zu riskieren, uns selbst und der Welt gegenüber offen zu sein. Bis zu einem gewissen Punkt hat uns das gedient. Die Summe unserer Strategien wurde jedoch in der Form eines „Charakters" mehr oder weniger zu einem Endpunkt in sich selbst. Sie wurde zu einer „Identität", an der wir uns festklammern, die wir rechtfertigen und verteidigen, während wir uns vor dem, was wir wirklich sind, entfremden und uns versagen, unsere Natur zum Ausdruck zu bringen.

Unser Charakter entscheidet über das Wie und Was wir ausdrükken. Entscheidend sind die Reaktionsweisen von den Erlebens- und Erledigungsarten, die sich unser Charakter gewählt hat. Ihr Sinn ist der Schutz des Ichs vor einer angstbedingden Außenwelt und inneren Gefahren. „Nach der sexual-ökonomischen Auffassung erfährt das Ich des Menschen im Verlauf der Konflikte zwischen Trieb (wesentlich libidinösem Bedürfnis) und Strafangst an sich selbst eine bestimmte Gestaltung. Um die von der Welt geforderte Triebbeschränkung durchzuführen, muß es sich selbst verhärten." (*W. Reich*) Durch diese „Verhärtung" erwirbt sich das Ich seine chronische, automatisch funktionierende Reaktionsweise. Als chronische Schutzformation kann sie auch als „Panzerung" bezeichnet werden, die letztlich nichts anderes als unsere Persönlichkeit (persona = Maske) ist.

Der Begriff „Panzerung“ erfasst die dynamisch-ökonomischen Grundfunktionen unseres Charakters. Um sich in unserem Körper fest zu verankern, benützt sie die Muskulatur des Körpers, die, wenn sie sich in fixierte Muskelverspannungen entwickeln, den natürlichen Prozeß der Spannung und Entspannung, der Ladung und Entladung be- oder verhindern. Ersichtlich wird unsere Charakterpanzerung in unserer Körperhaltung und -bewegung, im Ausdruck unserer Augen, im Modus der Stimme, in der Gestik, in der Art und Weise wie wir uns kleiden und schmücken und im Grad der Disponibilität, Sitten und Bräuche nachzuahmen. Die Panzerung ist unser kulturbezogenes Verhalten.

„Der gepanzerte Mensch fühlt die Haltung der Panzerung nicht. Versucht man sie ihm mit Worten zu beschreiben, so versteht er meist nicht, worüber man spricht. Er spürt nicht die Panzerung selbst, sondern nur die Verzerrung seiner inneren Lebensempfindungen. Er beschreibt sich als uninteressiert, steif, eingeengt, leer, oder er klagt über Herzpalpilation, Stuhlverstopfung, Schlaflosigkeit, innere nervöse Unruhe, Übelkeit etc.. Hat die Panzerung sehr lange bestanden und auch die Gewebe der Organe beeinflußt, so kommt der Kranke zu uns wegen Magenulcus, Rheumatismus, Arthritis, Krebs oder Angina pectoris.“ (*W. Reich*)

Reichs Grundzüge verschiedener Persönlichkeitstypen (Reaktionstypen) – z.B. weich oder hart, kühl oder warm, vornehm oder heißblütig, stolz oder erniedrigend- werden von ihm als die Art und Weise oder Form empfunden, wie dieser oder der andere seine Angst erledigt oder zu erledigen versucht.

Die Panzerung ist als neurotisch und daher als lebensbeeinträchtigend zu betrachten, wenn sich die affektive Persönlichkeit sowohl gegen Anstöße der Außenwelt, als auch gegen die Anforderungen der inneren (organismischen) Bedürfnisse abstumpft und abschwächt. Sie macht unempfindlich gegen Unlust, vermindert aber auch die Lust- und Leistungsfähigkeit.

Gesund ist die Panzerung, solange sie beweglich ist. Da ihre Reaktionsweise immer nach dem Lust-Unlust-Prinzip verläuft, nimmt sie beim gesunden Menschen in unlustvollen Situationen zu und lockert sich in lustvollen. So liegt der Unterschied zwischen realitätstüchtiger und neurotischer Panzerung im Grad der charakterlichen Beweglichkeit, in der Fähigkeit, sich einer Situation entsprechend der Außenwelt zu öffnen oder sich gegen sie abzuschließen.

Eine pathologisch starre Panzerung führt unweigerlich zu psychischen oder somatischen Störungen. Wichtig dabei ist, daß die charakterliche und muskuläre Panzerung funktionell identisch sind. Unterdrückt ein Mensch z.B. seine Sexualität, so „erstarrt“ sein Becken, es wird „still“ und unbeweglich und die verdrängten Triebkräfte können keine energetische Entlastung mehr erfahren.

Grundbedingung zu Störungen ist die Unfähigkeit zur Herstellung eines sexual-ökonomischen Haushalts. Inhalt dieser Unfähigkeit sind nicht die kindlichen Sexualkonflikte als solche, sondern die Art und Weise, wie sie erledigt wurden und dies wird weitgehend vom Charakter der Eltern bestimmt, von der Intensität der Strafangst, der Reaktion der Eltern auf die Sexualität des Kindes etc.. In anderen Worten: inwieweit die Eltern von der emotionalen Pest befallen sind.

Der Begriff „emotionale Pest“ stammt von Reich und ist keine diffamierende Anklage an die Menschheit. Der Begriff hat mit bewußter Böswilligkeit oder Immoralität nichts zu tun. Die emotionale Pest ist in jenem unserem Handeln beinhaltet, das sich mit unseren wirklichen Motiven nicht deckt und in unserem Nichtbewußtsein, daß wir wie Hampelmänner auf Schnürchen hängen und uns alle von denselben Vorschriften, Normen und Forderungen der Gesellschaft und/oder Moral leiten und manipulieren lassen, die größtenteils nicht unseren eigenen Bedürfnissen entsprechen. Die „emotionale Pest“ beschreibt unser gehemmtes und verzerrtes Dasein des Massenwesens. Sämtliche Bedingungen zur „emotionalen Pest“ finden sich in den einer Gesellschaft eigenen Erziehungsansichten, Moral und Bedürfnisbefriedigung.

Je größer die Beeinflußung des Staates in einer Gesellschaft, desto umfangreicher sind die Tabus, die Gesetze und Vorschriften, aber auch umso geringer die Freiheit des Ichs, seine primären Bedürfnisse zu befriedigen. Die Folge des Kontrastes zwischen den Bedürfnissen des Einzelnen und den Anforderungen durch die Gesellschaft ist unsere „muskuläre Abwehr“ (Ich-Ideal), durch die wir Lust wie durch einen Filter gedämpft erleben. Die Funktionen des Idealen-Ichs hängen direkt mit der Autorität des Staates zusammen. *(Abb. 9)*

Es ist die „emotionale Pest“ die erzielt hat, daß der größte Teil der Menschen existiert und nicht voll lebt, d.h., daß wir durchs Leben hinken und konstant auf der Suche nach irgendwelchen Krükken sind. Dies sind natürlich keine Tatsachen nur unseres Jahrhunderts, die Menschheit wird von der „emotionalen Pest" schon seit Jahrtausenden gepeinigt.

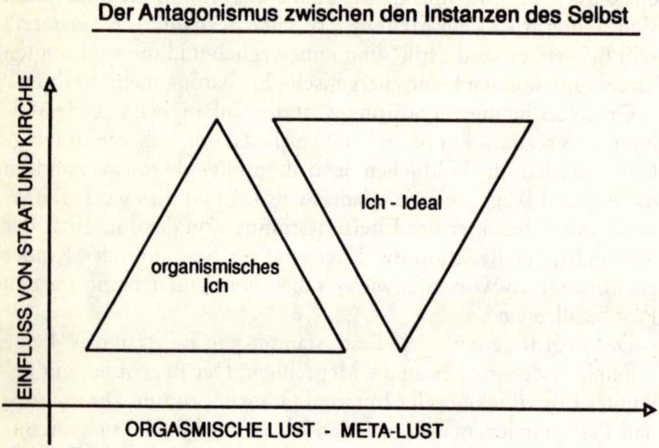

Abb. 9: Der Antagonismus zwischen den Instanzen des Selbst

Erst durch die massenmäßige Unterdrückung des genitalen Liebeslebens konnte sie in Erscheinung treten und wo sie in vergangenen Zeiten ihr Gesicht durch die katholische Inquisition zeigte, so zeigte sie es immer wieder durch andere apokalyptische Ereignisse später. Wie sie sich in unserer heutigen Gesellschaft auswirkt, ist an anderer Stelle erläutert.

Ihre Auswirkungen sind im Organismus, im sozialen Leben und in unserer gepeinigten Natur zu finden und doch gibt es auf größerem Niveau keine Veränderungen. Daß die „emotionale Pest" zur zweiten Natur des Menschen geworden ist und dadurch ihre Daseinsberechtigung im absoluten Sinn fordern kann, ist auf die Uneinsichtigkeit der Menschen zurückzuführen.

Schon 1934 hat Reich wissenschaftlich bewiesen, daß sie auf die Dauer zu Krebs und Herzkrankheiten führt, oder besser gesagt, daß sie die Ursache psychosomatischer Störungen und Krankheiten ist, aber nur ganz wenige Wissenschaftler (zu wenige, um Veränderungen hervorzurufen) hatten den Mut oder die Fähigkeit (durch ihre gesunde Charakterstruktur), seine Arbeit weiterzuführen. Ganz zu schweigen davon, daß Reich selbst an den Aversionen gegen ihn – gegen die Wahrheit – zugrunde ging. Er selbst hat gesagt: „Sobald an die Wurzeln oder Methoden der pestkranken Reaktion gerührt wird, tritt unweigerlich Angst oder Wut auf."

Des Gesunden Lebenshaltung, die Motive seiner Lebensführung sind mit seinen eigenen Bedürfnissen und Lebenseinstellungen verbunden und nicht mit denen anderer. Der Gesunde hat für seine Sexualhandlungen keine andere Begründung, als die seines natürlichen Liebesbedürfnisses und dessen Befriedigung. Der emotional Pestkranke jedoch verwendet seine Energien darauf (Energien, die von regelmäßig unbefriedigbarem Lusthunger entstammen), seine Lebenshaltung anderen aufzudrängen. Er kasteit sich selbst, automatisch aber auch seine Umwelt.

An der Naturgesetzlichkeit des Orgasmusreflexes wird nicht gezweifelt, an der Natürlichkeit unserer Sexualität aber schon. Aus demjenigen, das Menschen höchste Lust bereiten könnte, wurde etwas Verzerrtes und Angsteinflößendes. Der Spezies „Menschentier" ist es gelungen, die mächtige Naturgewalt seiner Sexualität zu verleugnen, sie ganz auszuschalten gelang ihm nicht. Obwohl die gesamte Lebewelt dem Geschlechtsdrang unterworfen ist und es ja nur die Kopulation ist, die zu neuem Leben führt, war es möglich, die Menschheit dahingehend zu beeinflußen, einem Teilen ihrer Natürlichkeit zu entsagen. Angst ist die Folge davon.

Die Energien, die im menschlichen Körper fließen, hat *Freud* „Libido" genannt. Nach ihm ist die Libido alle der Sexualität zugrundeliegenden Äußerungen und die auf Lustgewinn aus den erogenen Zonen gerichtete sexuelle Energie. Er hielt die sexuelle Erregung für eine physiologische oder chemische Reaktion des Körpers, die im psychischen Apparat irgendwie in eine Libido-Reaktion umgewandelt wird.

Schon *Freud* kam der Wechselbeziehung zwischen Psyche und Körper sehr nahe, dies geht aus einem in der Freud-Biographie[50] abgedruckten Brief hervor: „Angst ist die Empfindung der Anhäufung eines anderen endogenen Reizes, des Reizes zur Atmung, der keine psychische Verarbeitung sonst kennt, könnte also für angehäufte physische Spannung überhaupt in Verwendung kommen."

Der Grundgedanke *Freuds* war, daß sexuelle Störungen die Basis vieler Schwierigkeiten waren, nämlich der Neurasthenie, der Angstneurose und der hysterischen Reaktion. Er war überzeugt, daß die Unfähigkeit oder die Unterlassung, sexuelle Energie abzuführen, diese Energie in Angst umwandle. Wie dies geschehe, hat er nie beantworten können.

Die ursprüngliche Hypothese *Freuds* übernehmend, blieb es Reich vorbehalten, die direkten Zusammenhänge zwischen eingeschränkter Atmung, sexueller Hemmung und Angst aufzuzeigen. Freud und andere Psychoanalytiker sahen in der Angst wohl eine somatische Erscheinung, meinten aber, sie sei allein auf psychische Störungen zurückzuführen und die körperliche Reaktion wurde als eine sekundäre Erscheinung abgetan.

Reich kam zur Überzeugung, daß Angst ein somatisches Symptom ist, das nur durch eine physische Funktionsstörung, also durch Störung der Sexualfunktion auf körperlicher Ebene, zustandekommen kann und daß in jeder Neurose, in der Angst vorhanden ist, auch eine sexuelle Störung existiert. Jede nicht vollständig abgeführte sexuelle Erregung, sei es aus psychischen oder anderen Gründen, führt zu Spannungszuständen und der Mensch empfindet Angst.

Seine Hypothese fand *Reich* in seiner Arbeit bestätigt. Individuen, die eine volle orgastische Befriedigung erlebten, zeigten keine Anzeichen neurotischen Verhaltens. Menschen, die durch Therapie zur Orgasmusfähigkeit gelangten, verloren alle Merkmale einer neurotischen Erkrankung. Durch die Orgasmus-Funktion wird alle überschüssige Energie und Erregung abgeführt und so eine Ansammlung von Spannung verhindert.

Reichs Theorie ist, daß jede sexuelle Erregung auf somatischer Ebene sich in nichts von der gleichen Erregung auf psychischem Gebiet unterscheidet. Jeder psychische Konflikt hat sein Gegenstück in einer entsprechenden körperlichen Störung und jede körperliche Störung hat ihr Gegenstück in einem psychischen Konflikt. Leib und Seele sind eine Einheit.

Für *Reich* bedeutet Libido eine in allem Lebendigen enthaltene Lebensenergie, eine wirklich physische Kraft und Energie. Im erweiterten Sinne bezeichnet Libido die Kraft, die hinter jedem Luststreben steckt. *Carl Gustav Jung* hat sie als Kraft oder als das Streben bezeichnet, das sich aus dem urtümlichen und allesumfassenden Lebensdrang herleitet. Als physische Energie läßt sich Libido nicht auf Sexualität beschränken. Sie kann als Lebensenergie im allgemeinen aufgefasst werden, da sie dem Menschen für alle Bedürfnisse des Organismus zur Verfügung steht, seien sie libidinöser, aggressiver, motorischer oder sensorischer Art.

2. Taktile Berührung und „Erdung“

Das Gebiet der „emotionalen Pest“ deckt sich mit dem weiten Gebiet der sozialen Übel. Sind wir nicht in der Lage, unsere eigene Sexualität zu akzeptieren, unsere eigenen Bedürfnisse zu befriedigen, wie sollen wir die Sexualität unserer Kinder akzeptieren können und deren Bedürfnisse befriedigen?

Der sexuelle Akt ist ein Akt der Liebe im gesunden Menschen, wobei psychische und physische Funktionen identisch sind. Er ist ein Akt des Sich-Öffnens, des Sich-Hingebens. Die Fähigkeit zur Hingabe ist zugleich die Fähigkeit des sich selber Akzeptierens und des Akzeptierens des anderen. Hingabe ist auch die Fähigkeit des Sich-Hinwendens, des Berührens und des Berührtwerdens. Hemmt man sich selbst, so hemmt man sich mit anderen. Sexualgehemmte Menschen sind der echten Zuwendung und Hingabe nicht fähig (sie müssen Kontrolle behalten) und dies bezieht ihre Kinder mit ein.

Unser Körper benötigt einen ständigen Strom von Reizen, die von den Sinnesorganen zum Gehirn geleitet werden. Diese Stimuli sind unsere Wahrnehmung des eigenen Körpergefühls, mit dem wir uns in Bezug auf Zeit und Raum orientieren. Für Kleinkinder aber besitzt die taktile Berührung reinen Überlebenswert, da sie bewiesenermaßen aus ihr Empfindungen schöpfen, die für ihre gesunde Entwicklung von größter Wichtigkeit sind.

Es ist nicht anzunehmen, daß die „emotionale Pest“ hereditär von Mutter auf Kind übergreift. Sie wird im Kinde von den ersten Lebenstagen an „eingepflanzt“. Da auch die Reaktionsweise des Kindes nach dem Lust-Unlust-Prinzip verläuft, „blüht“ es durch Lustgefühle auf und es fühlt sich aktzeptiert, sicher und geborgen. Unlustgefühle jedoch beginnen den Aufbau seiner Panzerung und durch des Kindes Verletzlichkeit, da es noch keine strukturierten Verteidigungssysteme zur Verfügung hat, kann sich im Extremfall sein Organismus so sehr schwächen, daß es erkrankt oder stirbt.

Welche Wichtigkeit der lustvollen Berührung für Mensch und Tier zufällt, ist aus dem Folgenden zu ersehen:

Harlows Versuche mit Affenbabys zeigten, daß sie, wenn mit zwei künstlichen Affenmüttern – eine aus nur Maschendraht mit an ihr befestigter Nahrung und eine aus Maschendraht, aber mit Frotteestoff bekleidet und ohne Nahrung –konfrontiert, sie wohl zur einen ihren Hunger stillen gehen, die Frotteemutter aber bevorzugen um sich anzukuscheln.

Andere Affenbabys, die nur eine Drahtmutter (ohne Stoffverkleidung) zur Verfügung hatten, wurden mit der Zeit ängstlich und es zeigten sich schwerwiegende Folgen in ihrem sozialen und sexuellen Verhalten. Isolierte man sie gänzlich, auch von den Versuchspersonen, so starben sie, obwohl sie Nahrung erhielten.

Harlows Kommentar zu den Testergebnissen ist folgender: „Wir waren nicht überrascht, daß das Berührungsbehagen eine so große Rolle bei der Entwicklung von Zuneigung und Liebe spielt. Wir hatten allerdings nicht erwartet, daß es das Element des Säugens so vollkommen in den Schatten stelle. Der Unterschied war sogar so groß, daß man in Erwägung ziehen mußte, ob die primäre Funktion des Säugens nicht die ist, eine häufige, innige körperliche Nähe von Mutter und Kind zu sichern. Gewiß ist das eine: der Mensch lebt nicht von Milch alleine. Liebe ist ein Gefühl, das nicht mit dem Löffel oder der Flasche genährt werden kann."

Noch horrender sind die Folgen durch Mangel an körperlichem Kontakt natürlich bei Menschenkindern. Kinder, die ihre ersten Lebensjahre nicht im Beisein einer einfühlsamen Betreuungsperson verbringen, erleiden noch gravierendere Konsequenzen für ihre Verhaltensentwicklung, für ihre sexuelle und psycho-physische Gesundheit als Tiere, da der Mensch durch seine psychische Struktur viel verletzbarer ist.

Von *Spitz*[51] durchgeführte Studien an Säuglingen und Kleinkindern haben ergeben, daß, wenn Kindern mütterliche Fürsorge, also lebenswichtige affektive Zufuhr –teilweise oder gänzlich entzogen wird, schwerste Mangelerkrankungen die Folge sind. Da die krankheitserzeugenden Faktoren quantitativer Art sind, entspricht dem Grad der Schädigung die Dauer und Intensität des Entzugs (wodurch sich diese Studie nicht nur auf Säuglingsheime oder Findelheime beziehen läßt, sondern auch auf Familien). Spitz hat deshalb zwei Kategorien von Entzug unterschieden: den partiellen und den totalen.

Die erste Studie in einem Säuglingsheim, wo die Kinder bis zu einem gewissen Grad noch „bemuttert" wurden, hat gezeigt, daß partieller Entzug (Vernachlässigung, Desinteresse etc.) zu einer Depression, zu weinerlichem Verhalten, Gewichtsverlust, Schlaflosigkeit und schließlich zur Kontaktverweigerung führt. Alle Kinder zeigten eine wachsende Anfälligkeit auf Erkältungen. Nach ca.

drei Monaten hörte die Weinerlichkeit auf und machte einer gefrorenen Starre des Gesichtsausdruckes Platz. Weitgeöffnete ausdruckslose Augen, unbewegliches Gesicht und abwesender Ausdruck, verbunden mit großen Schwierigkeiten, mit diesen Kindern in Kontakt zu treten. Der Entwicklungsquotient blieb bei diesen Kindern stagnant und begann mit länger andauerndem Entzug zu sinken.

Die zweite Studie in einem Findelheim erbrachte, daß der totale Entzug noch katastrophalere Auswirkungen hatte. Die Kinder durchliefen die depressiven Symptome rasch und die Verlangsamung der Motorik kam nach ca. 3 Monaten voll zum Ausdruck. Der Gesichtsausdruck wurde leer und stumpf wie bei schwachsinnigen Kindern.

Am Ende des zweiten Lebenjahres betrug ihr Entwicklungsquotient durchschnittlich 45% der Norm. Das entspricht der Stufe des Idioten. Die Beobachtungen wurden in Abständen bis zum vierten Lebensjahr fortgeführt. Zu diesem Zeitpunkt konnten die meisten Kinder weder sitzen, stehen, laufen noch sprechen!

Spitz setzte das Fehlen mütterlicher Fürsorge einem „emotionalen Verhungern“ gleich. Er schreibt:

„Der Verfall des Kindes manifestiert sich zuerst in einer Stokkung der psychischen Entwicklung; dann setzen physische Funktionsstörungen ein, mit denen somatische Veränderungen einhergehen. Im nächsten Stadium führt dies zu gesteigerter Infektionsanfälligkeit und schließlich, wenn der Mangel an affektiver Zufuhr bis ins zweite Lebensjahr hinein dauert, zu einer auffallenden Erhöhung der Sterblichkeitsquote.“

Angehörige verschiedener Kulturbereiche äußern ihr Bedürfnis nach Berührung anders und auch die Art, in der sie es befriedigen, ist verschieden. Das Verlangen aber ist *universell* und überall dasselbe. Verschiedene Versuchsreihen in der ganzen Welt haben bewiesen, daß kein Organismus ohne äußere kutane Stimulierung lange leben kann.

Die Berührung ist für jeden Menschen bewiesenermaßen von einer sehr viel wesentlicheren Bedeutung, als oft angenommen wird – die meisten Menschen sind sich dieser Bedeutung nicht bewußt.

Unsere Haut ist das aufnehmende Sinnesorgan, das auf eine positive Berührung mit Lust reagiert, die aber Kindern emotional „pestkranker“ Eltern großteils vorenthalten bleibt. Spitz hat seine Versuchskinder als Erwachsene nicht mehr überprüfen können, unsere Logik allein aber genügt, um zu wissen, daß diese Kinder nur mit größtem Glück überlebensfähige Erwachsene wurden.

Die taktile Erfahrung ist weitgehend auch eine Sache des seinerselbst- bewußt-zu sein, des eigenen Körpers bewußt zu sein, und darüber die Umwelt bewußt zu erfahren. Darüber hinaus ist die Berührung ein wichtiger Faktor, um das Gefühl der Sicherheit, des Vertrauens, der Geborgenheit und der Entspannung erfahren zu können.

Erst durch die Lust des Gehaltenwerdens, durch das Berühren und Versorgen erlangt das Kind das Gefühl seines Körpers und seine Identifikation mit ihm. Ohne Zuneigung, Liebe und Zärtlichkeit ist dies nicht möglich und der Körper wird Quelle der Unlust. Das Kind lehnt seinen Körper ab, so wie ihn andere abgelehnt haben. So wird das Bedürfnis zu einem quälenden Verlangen und je quälender, desto mehr muß es unterdrückt werden.

Entbehrung körperlicher Stimulation oder körperliche Züchtigung, bei der die Haut zum Ziel schmerzlicher Erfahrung wird, wird speziell vom jungen Menschen immer mit Unlust, Angst, Schrecken und Unsicherheit erlebt. In diesem Zusammenhang wird Kontakt im späteren Leben mit anderen auch mit Unlust verbunden sein. Das sind dann unter anderem jene Menschen, die man sagen hört: „Faß mich nicht an! Ich mag das nicht!" Selber fassen sie auch niemand an und wirklichen Kontakt haben sie weder mit anderen noch mit sich selbst.

So wichtig das Berührtweden auch ist, die Fähigkeit, selber zu berühren ist es ebenso. Etwas oder jemand berühren heißt „Fühlung aufnehmen", es heißt auch, daß wir durch das Berühren wissen, wer und was jemand oder etwas ist. Durch Berührung wissen wir, wer wir sind (Identität), denn es ist ein mit sich selbst -aus dem Inneren unseres Wesens heraus- in Fühlung kommen. Mit sich selbst in Fühlung sein, also sich seines Körpers und dessen Bedürfnisse bewußt zu sein, die eigenen Gefühle zu kennen, sie auszudrücken und auszuleben, kurz, sich selbst bewußt zu erleben, ist nicht nur die Voraussetzung für Verantwortungsgefühl, sondern bedeutet das Wesen der Verantwortlichkeit.

Im Gegensatz zu Kindern sind Erwachsene für ihr eigenes Wohlergehen verantwortlich. Eine Verantwortung, die einem eigentlich von niemand auferlegt werden müßte, sondern zur Natur des erwachsenen Individuums gehören sollte. Es ist aber allgemein bekannt, daß viele Menschen, besonders aber die Depressiven, diese

Verantwortung nicht übernehmen können (wollen). Sie werden von Gefühlen der Entbehrung geplagt, denn oft wurden ihre primären Bedürfnisse in der frühesten Kindheit nicht erfüllt oder im Keime erstickt und so suchen sie im erwachsenen Alter immer noch Anerkennung und Unterstützung. Sie erwarten sich so viel von ihrer Umwelt. Die nicht zu vermeidenden Enttäuschungen führen zu Depression und Isolation. Ihr Verhalten ist gehemmt, unreif, verängstigt und ihre Lebenslust ist stark vermindert.

Beobachtet man die Füße unreifer, hilfloser, ängstlicher oder depremierter Menschen, so fällt auf, daß sie keinen guten Halt am Boden haben. Ihr ganzer Körper drückt aus, daß sie nicht „fest“ im Leben stehen. Sie sind schlecht „geerdet“. Der Prozeß der Erdung eines Individuums ist eine Methode, die dem Menschen hilft zu reifen, Fuß zu fassen und auf eigenen Füßen zu stehen.

Dem ungeerdeten Menschen fehlt das Grundvertrauen, daß er für diese Welt geschaffen ist und diese Welt für ihn. Die Erdung (*grounding*) ist ein bioenergetisches Konzept (*Alexander Lowen*). Erdet man einen elektrischen Stromkreis, sorgt man für eine Möglichkeit der Enrgieentladung. Auch im menschlichen Körper fließt Energie: das Fühlen bewegt sich aufwärts zum Kopf, wenn wir Energie oder Erregung brauchen (Einatmung); und abwärts – zum unteren Teil -, wenn Entladung notwendig ist (Ausatmung). Beim Menschen dient die Erdung zur Freisetzung oder Abfuhr der Erregung.

Die Überschußenergie des lebendigen Organismus wird ständig durch Bewegung oder durch den Sexualapparat entladen, also durch die untere Körperhälfte. Die obere Körperhälfte ist hauptsächlich mit der Aufnahme von Energie beschäftigt, sei es in Form von Nahrung, Sauerstoff oder sensorischer Reizung und Erregung. Diese beiden Grundprozesse sind im gesunden Menschen im Gleichgewicht.

Kann ein Mensch sich nicht angemessen aufladen, ist er schwach und es fehlt ihm an Spannkraft und Vitalität, er kann sich nicht genügend entladen, und „bleibt hängen“. Er ist nicht oder zu wenig geerdet, er steht nicht am Boden der Realität. Dieses nicht auf eigenen Füßen stehen erzeugt Unlust, das Leben bereitet keinen Spaß. Er hat keine Lust am Lebendigsein, schränkt seinen Atem ein, verliert den Appetit und sein Interesse am Dasein ist gering.

Auf „eigenen Füßen stehen“, heißt Verantwortung übernehmen und selbständig sein, für das eigene Wohl sorgen. Es will aber auch heißen, sich nicht an alles von außen kommende anzupassen, sondern selber zu entscheiden, was gut und richtig ist für einen selbst. Um dies zu entscheiden, muß man sich selber kennen, das, was man ist verstehen und akzeptieren und auch danach handeln, in anderen Worten: unsere Motive und unser Handeln müssen identisch sein. Wirkliche Selbständigkeit heißt alleine sein. Unreife Menschen leben aber mit der irrealen Sehnsucht, außerhalb das zu finden, was sie nur in sich selbst finden können.

3. Körpergefühle

Körpergefühl ist ein Begriff, der mit den Konstrukten „Bewußtsein" und „Emotion" in engster Verbindung steht.

Emotionen sind in unserem Körper und werden uns durch körperliche sowie physiologische Prozesse bewußt (Herzklopfen, Schweißausbruch, Zittern, weiche Knie, Muskelspannungen etc.). Die Grundlage unserer Emotionen, unseres Verhaltens und unserer Sprache ist unser Körper. Alles, was der Körper ausdrückt, sind emotionale Einstellungen. Der Körper drückt nach außen das aus, was im Inneren (Psyche) ist.

Der Körper vermittelt Botschaften und Informationen über den jeweiligen Menschen, er „redet". Sagt man: „Sie steht mit festen Beinen im Leben" oder „Sie ist ein wahrer Sonnenschein", so hängt dies mit der Wahrnehmung des Körperausdrucks und des Verhaltens zusammen. Sagen wir: „Mit schwerem Herzen trenne ich mich von ..." oder „Mir wird ganz heiß vor Aufregung", dann geben wir einer propriozeptiven Empfindung Ausdruck, einem tatsächlich empfundenen Zustand.

Emotional „pestkranke" Menschen sind sich ihres Körpers nur vermindert bewußt oder sind ihm gegenüber gleichgültig. Ihre unterdrückten Gefühlen führen zu einer Starrheit jener Körperteile, die den Gefühlen entsprechen: (Augen und Stirn: Emotionen des Weinens und des Verlangens; Kinn, Kehle, Nacken und Halsmuskulatur: Wutaffekt, Beißimpuls, Saugen, Brüllen und Weinen; Brustkorb: Emotionen jeder Art, im wesentlichen aber „herzhaftes Weinen", „Sehnsucht" und brüllende Wut"; Schultern: Angst und Wut; Arme: Verlangen, Umarmen und nach Dingen und Personen greifen; Zwerchfell: Lust und Angst; Becken: Sexualität und Hingabe).

Die Starrheit verschiedener Segmente des Körpers schwächt den Erregungszustand (Spannkraft), die Pulsationsfähigkeit des Körpers und mindert damit natürlich auch seine Ausdrucksfähigkeit. Der gesamte Organismus wird dadurch beeinflußt und auch unser Verstand verliert durch die Starrheit des Körpers seine Flexibilität und seine Konzentrationsfähigkeit.

In der gepanzerten Charakterstruktur wirken die psychische und somatische Funktionsebene gegeneinander (Motiv und Handlung sind nicht identisch). Ein Konflikt sperrt automatisch den ungehinderten Ausdruck von Impulsen und Emotionen. Gemeint sind damit unbewußte Ausdruckshemmungen, die der bewußten Steuerung nicht unterliegen.

Erst der Ausdruck unserer Gefühle macht es möglich, daß das Leben fließt. Wird der Ausdruck gehemmt, setzt dies das Energieniveau des Organismus herab, schwächt zur gleichen Zeit indirekt jede Impulsbildung und führt zur weiteren Unterdrückung von Gefühlen, was schließlich lebendiger Tod bedeutet.

4. Psychologisch-physiologische Aspekte und die seelisch-körperliche Wechselwirkung

Die Psychosomatik ist die Lehre von den seelisch-körperlichen Wechselwirkungen. Sie beschäftigt sich damit, wie Psychisches auf den Körper wirkt oder sich durch den Körper ausdrückt und wie Körperliches seelisch erlebt wird, d. h., wie der Körper auf die Psyche wirkt.

Was als „seelisch“ bezeichnet wird, kann man mit „Erleben und Verhalten“ ersetzen. Die Psychosomatik ist somit die Lehre von den Wechselwirkungen zwischen Erleben, Verhalten und körperlichen Vorgängen. Psychosomatische Symptome sind ein Produkt einer unlösbaren Verflechtung zwischen objektiven Vorgängen –„Geschehnissen“ und subjektivem Wahrnehmen und Erleben. Zugang zu diesen Symptomen findet man nur durch das Verstehen des subjektiven Erlebens, also davon, wie ein bestimmter Mensch seine Lebenssituation wahrnimmt und erlebt.

Verschiedene Wissenschaften (Biologie, Verhaltensforschung, etc.) haben sich in den vergangenen Jahren bemüht, mehr über die Ursachen und psychosomatischen Auswirkungen des Streß zu ergründen. Mit Sicherheit weiß man heute, daß die Intensität der Streßreaktion des Menschen in konstantem und engem Zusammenhang mit seinem Gefühlsleben, seiner Erregbarkeit und Empfindsamkeit steht.

Die Auswirkungen der Stressreaktion in der biologischen Natur des menschlichen Organismus sind durch die moderne Forschung relativ gut bekannt. Relativ, weil man noch lange nicht alle Dimensionen des menschlichen Körpers erfassen konnte und vielleicht nie können wird.

Der menschliche Organismus ist unerhört komplex und kompliziert, dessen Beschreibung im Folgenden sich deshalb auf eine sehr vereinfachte Form beschränken wird.

In unserem Organismus existiert ein vom Zentralen Nervensystem relativ getrenntes System; das sogenannte Autonome oder auch Vegetative Nervensystem (VNS), welches fast ausschließlich der Kreation und Transmission emotionaler Impulse dient (auch der Aufrechterhaltung genereller körperlicher Funktionen). Es ist jener Teil des Nervensystems, der die autonomen (unwillkürlichen) sowie die semiautonomen Funktionen der verschiedenen Organe und Gewebe garantiert.

Das VNS hat die Kontrolle über eine immense Anzahl von organischen Aktivitäten, deren wir uns unter normalen Umständen nicht bewußt sind. Es reguliert z.B. den Herzschlag, das Atmen während des Schlafens und Wachens; es verändert die Größe der Pupillen; es regelt den Verdauungsprozeß sowie die Sekretion des Speichels; und es reguliert die Größe der Arterien und Venen. Das VNS bewirkt vieles, das der Mensch weitgehend ignoriert. Zum Beispiel besitzt unsere Haut eine gewisse Resistenz zu elektrischem Strom. Sind wir erregt, verringert sich diese augenblicklich, denn durch die Erregung kommt es zu erhöhter Schweißabsonderung, welche eine gute elektrolytische Substanz darstellt und somit die Resistenz herabsetzt.

Im wesentlichen besteht das VNS aus zwei gegensätzlichen Teilen; dem Sympathikus und dem Parasympathikus. Der Parasympathikus ist mehr ein vegetatives oder „Instandhaltungs-System", denn er tendiert dazu, den Funktionen des Sympathikus entgegenzuwirken. Er überwacht Ruhe, Verdauung und andere autonome Vorgänge; d.h., er verlangsamt den Herzschlag und die Atemfrequenz; er veranlaßt, daß die Verdauung ohne Behinderung vor sich geht; er ist sozusagen ein stilles, energiekonservierendes System, welches dem Organismus erlaubt, seine Funktionen ohne Unterbrechungen und Behinderungen ablaufen zu lassen.

Der Sympathikus hingegen wird bei Alarm sofort aktiviert und blockiert alle Vorgänge des Parasympathikus, bis die Gefahr vorüber ist. Aus den Forschungen der Medizin, der Biochemie und der Neurophysiologie hat sich ganz klar gezeigt, daß, wenn unser Überleben oder die eigene Sicherheit bedroht wird, alle Menschen gleich reagieren. Wir begeben uns in einen Zustand des Kampfes oder der Flucht, um der Gefahr zu entrinnen. Jedes Signal einer Gefahr löst automatisch eine Stressreaktion im Körper aus. Eine Gefahr kann die physische Existenzbedrohung bedeuten, die sexuelle Integrität, das Selbstbild (Demütigung), die Weltanschauung (existenzielle Verwirrung), die Sicherheit (ökonomische Krise) oder viele andere Dinge mehr.

Die Wahrnehmung (Vorgang und Ergebnis der Reizverarbeitung) eines Stress-Reizes aktiviert über bestimmte Gehirnbahnen das VNS, vor allem den Sympathikus, den Hypothalamus und die Hypophyse. Der Sympathikus schießt seine Impulse in das Mark der Nebenniere, die Adrenalin und Noradrenalin in den Blutstrom ausschüttet. Die Hypophyse produziert selbst ein Hormon, das ACTH (Adreno-Cortico-Tropes-Hormon), welches etwas später über die Blutbahn ebenfalls bei der Nebenniere landet und dort aber nicht im Mark sondern in der Rinde zur Ausschüttung von kortikoiden Hormonen führt, z.B. von Hydrokortison. In kurzer Zeit befinden sich diese Hormone überall im Körper, wo sie die verschiedensten Wirkungen erzeugen: für eine vermehrte Sauerstoffzufuhr erhöht sich die Atemfrequenz; zur erhöhten Durchblutung wird der Herzschlag beschleunigt; der Pulsschlag verstärkt sich; die Pupillen erweitern sich; die Hände beginnen zu schwitzen; die Muskeln sind besser durchblutet; Fettreserven und Zucker werden mobilisiert; die Geschwindigkeit der Muskelreaktion wird erhöht; die Blutgerinnung steigt an. Alle für den Moment der Gefahr nicht nötigen Vorgänge werden gleichzeitig gedrosselt. Eingeweide und Haut werden schlechter mit Blut versorgt; die Verdauung wird sich selbst überlassen; der Aufbau hochwertiger Stoffe, wie der Proteine, wird verhindert; die Sexualfunktionen werden gehemmt; und das Denken wird beeinträchtigt, damit keine unnötigen Überlegungen angestellt werden. Die, um einige wenige Reaktionen zu erwähnen.

Aus einer evolutiven Perspektive gesehen, besteht unser Gehirn aus drei Sphären, die in konstanter wechselseitiger Zusammenwirkung funktionieren. Im innersten des Gehirnes befinden sich unsere Grundbedürfnisse zum Überleben; wie Essen, Trinken, Schlafen und unser sexuelles Verhalten.

Das Zentrum unserer emotionalen und vegetativen Aktivität ist das limbische System in der Mitte des Gehirns. In ihm entwickelt sich unser soziales Verhalten, d. h., hier werden von außen kommende Stimuli verarbeitet; hier entstehen die Gefühle und deren Kontrolle, um das Überleben zu sichern. Alle Grundverhalten und Gefühle, wie Lust – Unlust, Aggression – Depression, Dominanz – Unterwürfigkeit, sexuelle Errregung – sexuelle Entspannung, Kampf – Flucht, Hunger – Sattheit, Freude – Trauer, etc. entstehen im limbischen System.

Die dritte Sphäre, typisch in ihrer Funktion nur für den Menschen, ist der Kortex oder auch Großhirnrinde. Der Kortex ist unser Denkhirn, das zu assoziativem und abstraktem Denken und zur Versinnbildlichung fähig ist. Diese Fähigkeiten bilden die Grundlage der Sprache. Unser Denkhirn verbindet die Nervenwege, die die Erfahrungen der Vergangenheit in sich tragen, das Erinnerungsvermögen für eine immense Quantität von Informationen und die Fähigkeit ihrer Abberufung sowie die Konfrontation mit den schon bestehenden Informationen.

Durch das Erinnern an die Vergangenheit und dem Wahrnehmen der Gegenwart kreieren wir unsere Vorstellungsbilder, unsere Ich-Bilder und unser Welt-Bild. Durch die Fähigkeit des abstrakten Denkens ist der Mensch auch imstande zu phantasieren, insbesondere aber verleiht es uns die Fähigkeit zur kognitiven Bewertung von äußeren oder inneren Stimuli, die auf uns einwirken.

Das limbische System oder auch das „emotionale Gehirn" genannt, ist die Grundlage des affektiven Verhaltens und der Gefühle. Der biologische Nährboden der Emotionen ist der Hypothalamus. Der Hypothalamus, Teil des neuroendokrinologischen Systems, das limbische System und andere kortikale Zonen sind die zentralen Strukturen, die für die Regulierung viszeraler Reaktionen (übermittelt durch das VNS) sowie für die Aktivierung von Emotionen verantwortlich sind. Sie sind funktionell mit den neuroendokrinen Strukturen verbunden, die den Hormonhaushalt regulieren.

Außer der Regulation des VNS hat der Hypothalamus noch andere wichtige Funktionen; Thermoregulator, Hunger, Durst, sexuelles Verhalten, etc.. Psychosomatisch gesehen ist er von fundamentaler Wichtigkeit, weil er die emotionalen Reaktionen in physiologische Modifikationen umwandelt.

Das Immunsystem ist ein weiteres wichtiges Glied in der psychosomatischen Funktionskette. Durch diffenrenzierte Forschungen am Immunabwehrsystem im Zusammenspiel mit stressinduzierten Hormonen der Nebenniere, Schilddrüse, usw. hat man beweisen können, daß die infektiöse Reaktionsweise, Allergien, Autoimmunkrankheiten sowie Krebserkrankungen von Erlebnisfaktoren abhängig sind!

Die Funktions- und Reaktionsfähigkeit der drei Systeme (zentrales- und vegetatives Nervensystem, sowie die semiautonomen Funktionen der verschiedenen Organe und Gewebe) werden von einer Reihe – unter sich wechselseitig zusammenwirkender Faktoren – kontrolliert: von der genetisch-konstitutionellen Struktur, dem psycho-biologischen Imprinting, der Umwelt, und letztlich von emotionalen und psychosozialen Determinanten *(Abb. 10).*

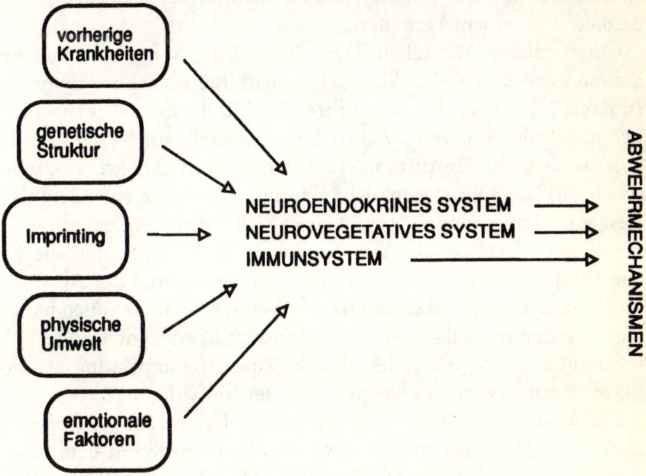

Abb. 10: Funktions- und Reaktionsfähigkeit

Zweifelsohne existiert in jedem Menschen ein Schema fundamentaler Reaktionen –überwiegend psychischer oder überwiegend somatischer Natur. Dieses Schema soll aber nicht als unbeweglich und unveränderlich angesehen werden, denn es kann durch eine Reihe von Eingriffen verändert werden. z.B. durch Psychotherapie sowie auch durch das ganze Netz von sozialen und interpersonalen Beziehungen, in denen sich ein Individuum befindet.

Funktionelle Syndrome (Herzbeschwerden, Hyperventilation, Tachykardie, Ober- und Unterbauchbeschwerden, Kopfschmerzen, Migräne, Schwindelgefühl, Blutdrucksteigerung sowie -senkung, Veränderung der Magen- Darmsekretion und -motilität, u. v. a.) sowie psychosomatische Krankheiten (Ulcus pepticum, Hypertonie, Asthma bronchiale, Colits ulcerosa, Polyarthritis, Basedowsche Krankheit, rezidivierende Ekzeme, u. v. a.) sind die somatische Reaktion oder der Ausdruck eines Defekts, nämlich einer Unfähigkeit, mit gewissen Problemen auf psychischer Ebene fertig zu werden.

Ein anderer Weg, mit Problemen und Konflikten umzugehen, ist, sie durch eine neurotische Störung – mit ausschließlich seelischen Symptomen – zu verarbeiten.

Beide Reaktionsarten stehen in engem Zusammenhang mit der Lebenssituation des jeweiligen Menschen, seinen Gefühlen, Gedanken und seinem Verhalten.

Oft tendieren Menschen dazu, körperliche Symptome nur als äußere Realitäten zu schildern, aber nicht ihren Nachhall in ihrem Inneren. Man entdeckt, daß sie ihre Gefühle, ihr seelisches Innenleben nicht oder nur wenig wahrnehmen. Irgendwann haben sie sich von ihren Gefühlen distanziert. Sie versuchen Affekte auszulöschen, sind aber deswegen nicht gefühllos. Sie haben eine Gefühlswelt von umwerfender Heftigkeit in sich verborgen, gerade weil sie sie unterdrücken. Die Umwandlung von Affekten in körperliche Symptome ist eine besonders wirkungsvolle Art der Abwehr, die das Ich dann benutzt, wenn der Zugang zu den Gefühlen blokkiert werden muß, da sie in ihrer Intensität unerträglich sind.

Summarisch ist die Affektabwehr eine Überanpassung an die Umwelt auf Kosten des Körpers und der Individualität.

Die Ausdruckshemmung ist ein weiterer Faktor, der die Stressreaktion des Menschen stark beeinflußt. Wenn Streß mit dem Ausdruck von Gefühlen verbunden ist, wird mehr Adrenalin produziert. Bewegung und Ausdruck werden gefördert. Geht Streß aber mit längerer Hemmung des Ausdrucks einher, so wird der Ausdruck durch die Ausschüttung von Noradrenalin und von Kortikoiden (auf die subkortikalen Zentren im limbischen System wirkend – als Feedback Effekt) immer mehr gehemmt.

Ist der menschliche Organismus durch diese fixierte Bereitstellung dieser Hormone einmal behindert, ist es ihm nicht mehr möglich, spontan zu einem physiologischen Gleichgewicht zurückzukehren. Das sympathische Nervensystem ist in diesem Zustand auf konstanter „Alarmstellung“, die früher oder später eine somatische oder psychische Störung auslösen wird.

Folgendes Beispiel einer Situation mit entsprechendem Verhalten beinhaltet den Teufelskreis der Selbstverstärkung zwischen Hemmung und Ausdruck: Ein Mensch zögert, etwas zu tun (nach Gehaltserhöhung zu fragen, einen fremden interessanten Menschen anzusprechen; die eigene Meinung vor einer Versammlung auszudrücken,) und mit jedem Moment der Zögerung („Soll ich“, „Soll ich nicht“) erhöht sich die Schwierigkeit, den Schritt doch zu tun. Mit jedem Moment verstärkt sich die Hemmung und schreitet stetig weiter, bis zur Unmöglichkeit, das „Eis zu brechen“. Dieses „Hängenbleiben“, die Unfähigkeit zur „Attacke“ oder „Flucht“ birgt in diesem Falle den krankmachenden Faktor.

Der Schlüssel zur Ausdruckshemmung ist die Wirkungsunterscheidung zwischen den zwei Stresshormonarten: Adrenalin, das den Ausdruck fördert und Noradrenalin und Kortikoiden, die die Hemmung begünstigen.

Die psychosomatische Diagnose muß so erstellt werden, daß sie etwas über die seelische Situation des Klienten aussagt, d. h. über die Konflikte, in denen er steht, über seine Art, zwischenmenschliche Beziehungen zu gestalten, seine Wünsche, seine Ängste und Hemmungen, die Art seiner Abwehrmechanismen und die Beziehung der seelischen Situation zum somatischen Zustand.

Zur Diagnose gehört auch ein Hinweis auf ätiologische oder wenigstens pathogene Zusammenhänge, also z. B. auf die Lebenssituation, auf die ein Klient mit Herzbeschwerden reagiert und wenn möglich, auch auf die Struktur des Konfliktes, in dem das Symptom seine Funktion hat.

Um eine Diagnose entwerfen zu können, müssen faktische Mitteilungen und Beobachtungen in Erwägung gezogen werden: somatische Befunde, anamnestische Daten usw. sowie die bewußte und unbewußte Darstellung des Klienten in seinen Aussagen und seinem Verhalten dem Therapeuten gegenüber. Von Bedeutung ist auch das Echo dieser Darstellung im Therapeuten, seine Gefühlsreaktion auf den Klienten.

Manche somatischen Symptome psychischer Konflikte sind rein psychologisch zu verstehen. Hierbei handelt es sich um den

Ausdruck eines Konfliktes in einer Art unbewußter Pantomime. Unser Körper drückt das aus, was wir empfinden, was wir abweisen oder wünschen usw.. Hebt man die Faust, möchte man zuschlagen, spuckt man aus, ekelt es einem, schließt man die Augen, will man nicht sehen usw..

Wo unsere Wünsche auf einen inneren Widerstand stoßen, wir also in einem inneren Konflikt stehen, kann aus diesem Ausdrucksgeschehen ein Symptom werden. Mit anderen Worten: der pantomimische Ausdruck des Erlebens wird dem Erlebenden selber unverständlich, weil ein Teil des Erlebens seiner Wahrnehung entzogen bzw. abgewehrt ist.

Damit ist natürlich nicht gesagt, daß alle Konflikte, die sich im Unbewußten abspielen, zwangsläufig zu Konversionssymptomen führen. Die gleichen Konflikte können mit Hilfe anderer Abwehrmechansimen zu rein seelischen Symptomen Anlaß geben. Der abgewehrte Wunsch zu schlagen z.B., kann sich durch Reaktionsbildung in zwanghafte Zärtlichkeit verwandeln, die sexuelle Abweisung einer Frau kann statt Brechreiz oder Unterbauchbeschwerden zu Frigidität führen.

VII. Streßmanagement in der Praxis

1. Allgemeine Betrachtungen zum Thema Streßabbau

Wir wissen, daß die beste Methode des Streßmanagements diejenige ist, den Streß durch geschickte Organisation der Arbeitsvorgänge sowie durch den bewußten Umgang mit belastenden Faktoren erst gar nicht in seiner negativen Wirkung zuzulassen. Doch was ist, wenn sich dennoch die Belastungen aufbauen und wir immer wieder Situationen ausgesetzt sind, in denen gezielte Organisation und bewußter Umgang nicht helfen und wir unter dem Streßsyndrom leiden?

In diesem Fall erscheint es wichtig, Strategien für den Umgang mit und den Abbau von Streß zu erlernen.

In den folgenden Abschnitten werden Verfahren konkret beschrieben, mit denen es möglich ist, Streßbelastungen wirksam und in vielen Fällen auch kurzfristig abzubauen. Diese Informationen sollen Ihnen einen ersten Eindruck über die verschiedenen Möglichkeiten dieser „Arbeit an sich selbst" vermitteln. Vielleicht können Sie auf diese Art und Weise Anregungen erhalten, die eine oder andere Methode in der Alltagspraxis aktiv für sich zu nutzen. Diese praktische Arbeit ist eine wesentliche Voraussetzung dafür, eine Methode zu „entdecken", die in Ihrer speziellen Situation hilfreich ist. Lassen Sie sich ermutigen, einen ersten Schritt zu unternehmen und ein oder mehrere Verfahren für sich auszuprobieren.

Eine private Einzelanwendung zu Hause ist ebenso möglich wie die Teilnahme an besonderen Seminaren zum Abbau von berufsbedingten Stressen. Diese Seminare werden vielfach von Unternehmen für ihre Mitarbeiter genutzt, können jedoch auch firmenextern gebucht werden. Um Ihnen einen Überblick in den Ablauf eines solchen professionellen Seminars zu verschaffen, wird an anderer Stelle dieses Kapitels ein dreitägiges Seminar zum Thema Streßabbau beschrieben, zum einen hinsichtlich seiner theoretischen Konzeption und zum anderen in seinem praktischen Ablauf.

Ob „natürliche" oder „technische" Hilfsmittel zur Streßtherapie eingesetzt werden, hängt einerseits von den jeweiligen Zielsetzungen der Betroffenen und andererseits von den persönlichen

Einstellungen und Neigungen dieser Personen ab. Beide Ansätze bieten jedoch zahlreiche Möglichkeiten, dem Streß wirksam zu begegnen. Wichtig ist, den ersten Schritt in die Praxis zu unternehmen und aktiv wie konsequent die schädlichen Einflüsse zu erkennen und belastenden Distress in konstruktiven Eustreß zu transformieren.

Die dargestellten Verfahren können lediglich als Übersicht einen ersten Eindruck von den verschiedenen Bewältigungsstrategien zur Streßreduzierung vermitteln, um bei der Entscheidungsfindung fehlende Informationen auszugleichen. Sie sollen aber darüber hinaus den entscheidenden Anstoß geben, etwaige Unsicherheiten zu klären, den Zustand des passiven, unbefriedigenden Abwartens zu beenden, um in klarer und entschlossener Verantwortung für sich selbst Stresseinflüsse gleich welcher Art zu reduzieren und Gesundheit zu kultivieren.

Der Zweck dieses Abschnittes ist es, unter Hinzuziehung grundsätzlicher Betrachtungsweisen die verschiedenen Wege zur Minimierung arbeitsbezogenen Stresses zu diskutieren. Dabei sollen menschliche Beziehungen und umweltbezogene Ansätze betont werden.

Menschliche Beziehungen untereinander spielen für das soziale Leben eine entscheidende Rolle. Im Privatleben sind es die Beziehungen zu unseren Lebenspartnern, den Kindern, Freunden und Verwandten, im Berufsleben unsere Beziehungen zu den Kollegen, Kunden und Vorgesetzten. Wie wichtig und zufriedenstellend funktionierende Beziehungen sind, können wir unschwer daran erkennen, wie stark unser Gefühl der subjektiven Lebensqualität darunter leidet, wenn wir z. B. Dissonanzen oder Auseinandersetzungen innerhalb unserer Ehe oder Liebesbeziehung erfahren. Teilweise resultieren aus solchen Beziehungsproblemen handfeste psychosomatische Erkrankungen, psychische Belastungen und in seltenen Fällen steigt die Gefahr als Kurzschlußreaktion sich selbst oder anderen Schaden zuzufügen, wenn die Schwierigkeiten unüberwindbar erscheinen.

So wichtig wie die Beziehungen im Privatleben sind, sind sie es auch am Arbeitsplatz. Da wir auch einen beträchtlichen Teil unseres Lebens am Arbeitsplatz verbringen, sollten wir darauf achten, daß unsere Beziehungen dort für uns relativ belastungsfrei funktionieren. Auch dies ist ein wichtiger Beitrag zu unserem subjektiven Gefühl für Lebensqualität. Darüberhinaus ist es selbstverständlich im Interesse des Unternehmens, daß die Beziehungen der Mitarbeiter untereinander und mit den Vorgesetzten möglichst reibungslos ablaufen. Die Leistungsfähigkeit der Einzelnen und der Firma als Gemeinschaft basiert sehr wesentlich auf guter Zusammenarbeit. Schlecht funktionierende Beziehungen und mangelhafte Kommunikation sind verantwortlich für Umsatzverluste in Milliardenhöhe und vermeidbaren innerbetrieblichen Streß. In zunehmenden Maße wird diese Problematik von den Führungskräften erkannt und bewußt in die betrieblichen Problemlösungsstrategien einbezogen. Der Bad Tölzer Unternehmensberater *Wilfried Zaremba* hat den Begriff „Beziehungsmanagement" entwickelt und das Beziehungsmanagement als Instrument der Leistungs- und Produktivitätssteigerung sowie der Steigerung der Lebensqualität am Arbeitsplatz als Schwerpunkt seiner Arbeit eingeführt. Er betont, daß dabei für ihn nicht nur die Beziehungs- und Kommunikations*strukturen*, sondern in besonderem Maße die Beziehungs*qualität* und deren Inhalt von entscheidender Wichtigkeit sind.

Unter Inhalt und Qualitätsmerkmal versteht er im dargestellten Zusammenhang Vertrauen, menschliche Wärme, Zuverlässigkeit, gegenseitige Achtung, aufrichtige Kommunikation und die Bereitschaft, Fehler nicht nur beim anderen zu suchen, sondern auch die Entwicklung eigener Fähigkeit zur selbstkritischen Betrachtung. Die Einbeziehung dieser Elemente ermöglicht eine ganzheitliche Vorgehensweise im Sinne einer erfolgreichen Optimierung der Beziehungsstrukturen in Unternehmen und Behörden.

Auch *Gerd Gerken*, Unternehmensberater aus Worpswede, äußert sich zu diesem Thema und beschreibt „die Entdeckung des Faktors Sozialenergie": „Im Grunde genommen bedeutet das die Überwindung des kartesianischen Weltbildes, das in der Wirtschaft noch sehr verbreitet ist. Allgemein werden die Menschen dabei als kleine Rädchen in einem großen Uhrwerk aufgefaßt. Das spezifisch Menschliche (also etwa die Selbstentfaltung der Mitarbeiter) wird grundsätzlich negiert. Der rein funktionale Aspekt bei Arbeit und Leistung dominiert (Taylorismus). Aber gerade hier hat es in den letzten Jahren eine deutliche Wende gegeben. Man hat –wie ich es in meinem Buch „Der neue Manager", beschrieben habe –die mentale und sanfte Seite des Management entdeckt. Zum Beispiel das *Führen ohne Befehl*, aber auch die Tatsache, daß Arbeit, die Spaß macht, produktiver ist. Inzwischen hat auch die *moderne* Naturwissenschaft den Faktor Liebe entdeckt" und an anderer Stelle, (...) „Management und Führung steuern nicht nur funktionale Prozesse, sondern auch neuronale Konditionierungen. Der oberste Ordner ist dabei die Erfahrung und Gewißheit von praktizierter Liebe innerhalb des Jobs, weil dadurch die mentalen und physiologischen Voraussetzungen für eine hohe Leistungs-Energie konditioniert werden. (...) Nur diejenigen Manager und Unternehmer, die über ein hohes Maß an Selbstentfaltung und Selbst-Liebe verfügen, sind in der Lage, persönliche Integrität und Liebe in die soziale Dynamik der Unternehmen einzubringen. (...) Man kann nur dann ein wirklich guter Führer sein, wenn man kein kleinliches Kleinlichkeits-Ich hat. Jedes Kleinlichkeits-Ich reduziert die Liebe zu sich selbst. Wer nur zur reduzierten Selbst-Liebe fähig ist, kann in dem sozialen Rahmen eines Unternehmens keine Liebe praktizieren. Wenn Liebe zum zentralen Management-Faktor wird, dann ist die Selbstentfaltung und das persönliche Liebes-Wachstum eine unverzichtbare Voraussetzung. Selbst-Liebe ist das Fundament für Management by Love."[52]

Angst war bisher eine der Kräfte in Unternehmen, die ordnenden und disziplinarischen Einfluß ausübten. Ganze Firmen werden mit Angst regiert. Angst ist wie dargelegt wurde allerdings als eindeutig belastender Faktor und Streßursache identifiziert.

Es geht also darum, die Ängste der Mitarbeiter im Arbeits- und Privatleben zu reduzieren, um die belastenden Einflüsse zu minimieren und die Lebensqualität zu optimieren. Rein logisch betrachtet sollte hier das Gegenteil von Angst angezeigt sein. Die folgende Überlegung mag dabei helfen, diesen Zusammenhang zu erhellen:

Das Wort „Angst" läßt sich zurückführen auf das lateinische Wort „angustiae", was soviel wie „Enge" bedeutet. Jeder, der Ängsten ausgesetzt war, kann bestätigen, daß diese in der Regel mit einem Gefühl der Enge, Einschränkung der Möglichkeiten und sogar eingeschränkter Atmung einhergehen.

Die Schlußfolgerung legt nahe, daß somit das Wort „Weite" den Gegenpol der Thematik angemessen beschreibt.

Für den Bezug auf die menschliche Dimension bedeutet dies „Ausdehnung", „Expansion" als positiv zu bewertende Faktoren. Bereits *Wilhelm Reich*[53] identifizierte zwei kontrastierende Grundfunktionen des Lebens von den psychologischen Bereichen der Persönlichkeit bis hinab in die Funktionen der Zellteilung: Expansion und Kontraktion. Dabei konstrastiert Expansion, Ausdehnung, Wachstum, Lust, Freude, und Liebe mit Kontraktion, Stagnation, Schmerz und Angst. Er betont, daß die Fähigkeit Lust, Freude und Liebe zu empfinden, außerordentlich wichtig für die körperliche und psychische Gesundheit des Menschen ist. Eingeschränkte Lust- und Liebesfähigkeit bezeichnet er als ursächlich für die „Biopathie Krebs" wie er es nannte.

Der kalifornische Arzt und Psychiater *Gerald G. Jampolsky* faßt seine Erfahrungen mit der Thematik in dem Satz „Liebe bedeutet Angst loslassen" zusammen.[54]

Durch beide Autoren wird *Gerd Gerkens* These belegt: „Management by Love" als grundlegende Perspektive und geistiges Fundament zur Reduzierung von psycho-sozialen und organisationsbedingten Streßeinflüssen.

Der Grad der Ausprägung der Sozialenergie – Gerd Gerken geht so weit und führt den Begriff Liebe ein – übt einen bestimmenden Einfluß auf die Art und Weise aus, mit der Belastungen, Problemen und dem Streß im Berufsleben verarbeitet werden. Das Konzept des „Beziehungsmanagement" nach *W. Zaremba* erfüllt hierbei eine zunehmend wichtige Funktion. Es bietet einen systematischen Ansatz, diese Thematik zu bearbeiten.

Yates[55] geht von anderen Überlegungen aus. Ein Individuum, ob Mitarbeiter oder Führungskraft hat drei Optionen, um auf starke Streßeinflüsse zu reagieren: den Stressor (Feind) zu tolerieren, zurückzukämpfen oder Rückzug. Im allgemeinen sind jedoch nur die ersten beiden Optionen realistisch, weil eine Kündigung oder Versetzung nicht jedesmal erfolgen kann, wenn Streßsituationen auftreten. Die Fähigkeit, aufgrund befriedigender und angenehmerer Freizeiterlebnisse streßerfüllende Situationen am Arbeitsplatz zu tolerieren, kann im Gegenteil die Situation am Arbeitsplatz verschlimmern. Um besser mit einem groben Kollegen oder Vorgesetzten zurecht zu kommen, kann ein Betroffener psychische Krankheitssymptome entwickeln, die auch seine private Lebensqualität negativ beeinflussen. Versetzung oder Kündigung können helfen, aber andererseits auch ein neues Verhaltensmuster begründen, künftig vor unangenehmen Situationen wegzulaufen anstelle diese erfolgreich zu bewältigen.

Eine konstruktive Weise mit Streß umzugehen, ist die Entwicklung eines stärkeren Selbstbildes und Selbstbewußtseins. *William Glasser*[56] identifiziert zwei psychologische Bedürfnisse, die mit der Schaffung eines positiven Selbstbildes eng verbunden sind: das

Bedürfnis, zu lieben und geliebt zu werden, sowie ein Gefühl des eigenen Wertes sich selbst und anderen gegenüber. Auch nach Erich Fromm ist es wichtig, eine liebevolle Beziehung zu mindestens einer anderen Person zu haben. Genauso wichtig ist es ein Selbstwertgefühl zu kultivieren, das beinhaltet, etwas zu tun, was dieses Gefühl rechtfertigt.

Thomas und *T. Stephenson Holmes*[57] haben gezeigt, daß zu viele Veränderungen im Leben in einem zu kurzen Zeitabschnitt ernste Streßsyndrome hervorrufen können, was insbesondere psychosomatische Krankheiten zur Folge hat. Daher ist es für sie wichtig „Stabilitätszonen" zu etablieren, die helfen können, das Streßvolumen deutlich zu verringern. Eine Stabilitätszone ist ein Lebensbereich, in dem sich keine oder nur sehr wenige Veränderungen ereignen. Indem nun in einigen Lebensbereichen eine hohe Stabilität bewahrt wird, können adaptive Anpassungskapazitäten für diejenigen Lebensbereiche reserviert werden, die in höherem Maße Veränderungen ausgesetzt sind. Diese Stabilitätszonen fungieren insofern als Anker für das persönliche Gleichgewicht.

Für manche Menschen sind primär Religion oder engere Familienbande Quellen der Stabilität sowie die Bewahrung von traditionellen Bräuchen und Werten. Anderen hingegen bietet die gleiche Art von Arbeit oder das Verbleiben bei einem Unternehmen diese Stabilität, ebenso wie einen bestimmten Wohnort, die gleichen Nachbarn und Freunde für lange Zeit beizubehalten. Sogar Rituale und Alltagsroutine können einen stabilisierenden Faktor darstellen. Eine Person, die in ihrem Leben Streß erfährt, sollte versuchen, ihre Stabilitätszonen zu betrachten und zu vermehren.

Ein weiterer Weg zur Streßreduktion ist die Erweiterung der beruflichen Fähigkeiten und Qualifikationen. Manager und andere Führungskräfte sollten sich bemühen, gutes Fachwissen zu praktizieren und weniger durchs Berufsleben schreiten, indem sie versuchen, ihre verständlichen Schwachstellen krampfhaft zu verdekken. Wenn z.B. jemand permanent öffentliche Vorträge halten muß, was ihm Streß und unverhältnismäßig hohe Belastungen beschert, dann sollte er Rhetorikkurse besuchen oder seine Fähigkeit mit Hilfe von speziellem Videotraining erweitern. Auch eine Führungskraft mit mangelnder Fähigkeit, Aufgaben zu delegieren, sollte sich weiterbilden oder mit geeigneten Kollegen diese Problematik diskutieren, anstatt sie weiter mit sich herumzutragen und als Stressor zu empfinden. Ein Beitritt in berufsorientierte Organisationen wie Gewerkschaften, Berufs- und Arbeitgeberverbände kann ein Weg sein, die eigene Situation besser zu begreifen, indem man sich mit anderen darüber austauscht, wie sie ähnlich gelagerte Probleme lösen. Sollte das Problem dann gelöst sein, ist die Streßquelle auch beseitigt.

Die Pflege der psychischen Stabilität ist ebenfalls ein wirksamer Weg, um Streß aufzufangen. Sie wird unterstützt durch eine starke physische Kondition, die vor allem auf guter Ernährung, regelmäßiger Bewegung und ausreichendem Schlaf basiert. Des weiteren wirken Selbstakzeptanz, die Einbeziehung vertrauter Personen, mit denen ein aufrichtiger Austausch stattfinden kann und die konkrete konstruktive Maßnahme, die Quelle der Belastung zu beseitigen, hilfreich und ergänzend. Auch Gespräche mit Personen, mit denen man beruflich nicht verbunden ist, sind wichtig, weil diese Personen in der Regel eine distanziertere Sicht der Dinge haben und u.U. die Lösungen für Probleme leichter erkennen, als die in die Problematik involvierten Personen. So sind für die Betroffenen auch häufig Veränderungen der gewohnten Lebensumgebung wie kurzfristige Urlaubsreisen oder der spontane Besuch bei Freunden und Verwandten nützlich, wenn sie auch nicht als Problemlösungsersatz fungieren. Aus der räumlichen und zeitlichen Distanz läßt sich oft ein Blickwinkel gewinnen, von dem aus Situationen realistischer eingeschätzt und konstruktive Problemlösungsansätze leichter gefunden werden können.

Die Pflege von sozialen Kontakten und Hobbys sowie die Ausübung anderer kreativer Neigungen ermöglichen ebenfalls einen guten Ausgleich, wie dies schon *Selye* 1974[58] feststellte.

In vielen Fällen ist beruflicher Streß weniger das Resultat von Schwierigkeiten mit Kollegen und Vorgesetzten, sondern eher das Ergebnis von mangelnder Beteiligung der Beschäftigten an firmeninternen Entscheidungsprozessen sowie fehlender Möglichkeiten, die eigene Kreativität selbstverwirklichend einzubringen und so Mitverantwortung zu übernehmen. Oft fühlen sich die Mitarbeiter zu wenig informiert, zu wenig ernstgenommen und zu wenig gelobt für ihre Leistungen. So stellt sich schnell eine innere Unzufriedenheit ein, die die allgemeine Streßanfälligkeit erhöht.

Auf der anderen Seite strebt ein Teil der Beschäftigten Angestellten im Rahmen ihrer beruflichen Entwicklung Führungspositionen an. Diese Menschen erfahren vielfältigen Streß, weil sie sehr hohe Erwartungen an sich selbst stellen, starken Veränderungen im Verhältnis zu anderen an ihrem Arbeitsplatz ausgesetzt sind und in einem harten Wettbewerb mit anderen Aspiranten stehen, die ähnliche Ziele wie sie anstreben. Wenn auch diese Führungspositionen Menschen anziehen, die gerade unter Streßeinflüssen „gedeihen", so sind doch insbesondere die bedeutend belastet, die nicht so erfolgreich sind; und das ist die Mehrheit. Dazwischen sind diejenigen angesiedelt, die ihre Tätigkeitsfelder mitgestalten können und deren Erwartungen im Hinblick auf den Aufstieg eher bescheiden zu beurteilen sind. Dazu zählen etwa Computerfachleute, Ingenieure, Abteilungsleiter, Außendienst-Verkäufer und Buchhalter, die oft genug Freiräume in ihrem Arbeitsbereich haben, auch aufgrund eines weniger konkurrenzorientierten firmeninternen Umfeldes. Oft identifizieren sie sich mehr mit ihrem Beruf als mit ihrer Firma und verringern so ihre Abhängigkeit von der Organisationsstruktur und damit zwangsläufig das mögliche Streßpotential. Die Führungsebene eines Unternehmens kann den organisationsbedingten Streß idealerweise realistisch einschätzen. Regelmäßige Karriereberatung der nach Aufstieg Strebenden kann helfen, die Effektivität ihres Verhaltens einzuschätzen und ebenso die Möglichkeiten zukünftiger Positionen.

Auf der unteren Ebene der Organisation sollten qualitative Verbesserungen der Arbeitsbereiche regelmäßig angestrebt werden, um unzeitgemäße Verkrustungen und Arbeitsbedingungen weiterzuentwickeln. Beschäftigten und Arbeitsgruppen sollte mehr Gelegenheit gegeben werden, ihre Arbeitsstrukturen zu beeinflussen, Arbeitsprozesse mitzusteuern und Mitverantwortung bei der Zuordnung von Aufgaben zu übernehmen. Partizipation von Mitarbeitern an Entscheidungsprozessen über die Gestaltung effektiver Arbeitsabläufe wird in der Regel ein deutliches Plus an Produktivität ergeben. *Perry Pascarella*, Herausgeber von „Industry Week", stellt in seinem Buch[59] eine neue Definition der Begriffe Karriere und Erfolg vor. Grundlage dafür ist die Abkehr vom Prinzip der Orientierung der Menschen an den Arbeitsstrukturen. Vielmehr sollte die Arbeitsstruktur an die Bedürfnisse der Beschäftigten angeglichen werden. Menschliche Befriedigung und wirtschaftlicher Erfolg stellen sich so gemeinsam ein. Das persönliche Wachstum wird integriert in die Unternehmenssphäre. Die Entfaltung der Fähigkeiten und Begabungen wird konsequent gefördert.

Ergänzend zu diesen Thesen gibt er eine Reihe von Empfehlungen, die bei der Erreichung der genannten Ziele helfen sollen:

- „Führe Mitarbeiter zum Teamwork, indem du ihnen hilfst, ihre gegenseitigen Abhängigkeiten zu erkennen;
- Schaffe Trainingsprogramme im Unternehmen, die den Angestellten helfen, ihr Potential für Wachstum zu erforschen und zu entwickeln (ganzheitliche Personal- und Fortbildungspolitik);
- Ermutige alle Arbeiter und Angestellten an Problemlösungen mitzuarbeiten und schaffe eine Organisation, die auch kreative Kritik nicht als Unbotmäßigkeit und karriereverhindernde ‚Frechheit' definiert„[60]

Das Ziel dieser Empfehlungen ist klar: Die Integration des ganzheitlichen Menschenbildes in die Firmenphilosophie, die Integration des ganzen Menschen in den beruflichen Alltag. Je fundierter dieser Prozeß sich abspielt, desto größer sind die Chancen der Mitarbeiter, ihr ureigenstes Potential zu erkennen und zu entfalten. Auf diese Weise werden Entfremdung der Arbeit und Bezugslosigkeit minimiert und die Produktivität entscheidend gefördert. Je weniger Entfremdung und je mehr Sinn und persönliche Zufriedenheit der Mitarbeiter bei der Arbeit empfindet, desto niedriger ist die Streßanfälligkeit und die physische und psychische Gesundheit der Belegschaft stabiler.

Wettbewerb und Konkurrenzverhalten am Arbeitsplatz, nicht nur auf der Führungsebene, sondern in allen betrieblichen Arbeitsbereichen kann zu schädlichem Streß führen. Um die Effekte dieser Belastung gering zu halten, muß der Grad des Konkurrenzverhaltens innerhalb der jeweiligen Arbeitsbereiche ermittelt werden. Aufgrund der wettbewerbsorientierten Elemente der menschlichen Psyche ist es möglich, daß Konkurrenz gesehen wird, wo tatsächlich keine vorhanden ist.[61] Zu viel Konkurrenzverhalten am Arbeitsplatz kann zu deutlichen Produktivitäts- und Effizienzeinbußen führen. Zu viel Energie wird für Sorge, Angst und Unzufriedenheit ver(sch)wendet. Es kann Streitigkeiten unter den Beschäftigten auslösen bzw. intensivieren, die Qualität der Teamarbeit verringern sowie die Arbeitsmoral erheblich reduzieren. Wenn die Arbeit nun aufgrund einer bestimmten Aufgabe konkurrenz- und wettbewerbsorientiert sein muß, sollten die Betroffenen den Konkurrenzfaktor in anderen Bereichen ihres Lebens auf jeden Fall reduzieren. Aktivität, die nicht diesen Bedingungen unterworfen ist, kann dann entspannend und regenerierend wirken. Auch dies kann Streßbelastungen senken und das Individuum stärken als Kontrast zur konkurrenzbestimmten Geschäftswelt. Betroffenen, die ständig starken Konkurrenzsituationen am Arbeitsplatz ausgesetzt sind, muß empfohlen werden, das Wettbewerbsverhalten aus dem Familien- und Freizeitleben sowie aus den Beziehungen mit Personen, die keinen Bezug zu ihrer Arbeitswelt haben, gänzlich auszuschließen.

Für diejenigen, denen dies außerordentlich schwerfällt, könnte eine wettbewerbsorientierte Sportart zum Streßabbau eine Lösung darstellen. Jedoch sollten sie darauf achten, daß sie sich dabei auch dann wohlfühlen, wenn sie nicht gewinnen. Zudem sollten sie wissen, daß der menschliche Körper allgemein nicht positiv auf Wettbewerb reagiert. Wettbewerbsorientierung ist eine der Charaktereigenschaften vom Typ A, die das Auftreten von Herzinfarkten begünstigt. Manchmal sterben sogar wettbewerbsdominierende Athleten an Herzanfällen.

Menschen, die Streß erfahren, sollten sich daran erinnern, daß Veränderung ein grundsätzlicher Bestandteil des Lebens ist, und daß das, was ihnen jetzt dabei hilft, ihren Streß zu reduzieren, u.U. nicht auch in der Zukunft wirksam sein wird. Unterschiedliche Streßfaktoren wie z.B. ein neuer Vorgesetzter, Ruhestand oder Wechsel der Arbeitsstelle verlangen in der Regel unterschiedliche Ansätze für ein erfolgreiches Streßmanagement.

Es ist wichtig zu wissen, daß die Streßverarbeitungsstrategien in problematischen Lebensabschnitten neu zu bewerten sind und an die jeweilige Lebenssituation angepaßt werden müssen. Es ist notwendig, für unterschiedliche Betrachtungsweisen und Methoden offen zu sein, um mit Streß in jeder Lebensphase konstruktiv und gesundheitsfördernd umzugehen.

2. Expertenseminare

Bei der Verarbeitung und Lösung betrieblich bedingter Streßprobleme nutzen Unternehmen und Behörden in zunehmenden Maße Expertenseminare zum Thema Streßabbau. Hierbei werden Streßaltlasten in gleicher Weise berücksichtigt wie aktueller Alltagsstreß. Des weiteren werden ebenso organisationsbedingter sowie psychosozialer Streß aufgearbeitet. Bei den betriebsinternen Seminaren arbeitet der Trainer ausschließlich mit bestimmten Gruppen von Betriebsangehörigen, wie z.B. mit der Vertriebsabteilung zur Reduzierung der Belastungen, die spezifisch durch die

Besonderheiten und Erschwernisse dieses Betriebsbereiches entstehen. Insbesondere im Vertrieb wirken sich effektiver Streßabbau und Herbeiführen von Synergieeffekten und -prozessen deutlich auf das Betriebsergebnis aus. Umsatzsteigerungen zwischen 10 und 20% sind nach derartigen Seminaren erstaunlich oft festzustellen, ebenso verbesserte Kooperation und Synergieeffekte. Bei den sogenannten „offenen" Seminaren arbeiten hingegen Teilnehmer aus verschiedenen Firmen an ihren Streßproblemen. Derartige Seminare werden gern von Firmen für einzelne Mitarbeiter gebucht und von kleineren Firmen in Anspruch genommen. Die Fachkompetenz des Trainers sowie die Situation des sozialen Lernens unterstützen die Teilnehmer bei ihren Bemühungen und bereichern die Seminarqualität außerordentlich.

Im Hinblick auf das Ausmaß der Verbreitung von streßbedingten Belastungen am Arbeitsplatz ist es für jedes Unternehmen ratsam, sich mit dem Thema zu befassen und firmenspezifische Lösungen zu erarbeiten. Es gibt eine beträchtliche Zahl von Beratungsfirmen, die mit professioneller Kompetenz dabei assistieren.

Wie eine solche Arbeit aussehen kann schildert das nachfolgende Beispiel eines dreitägigen Seminars zum Thema Streßabbau.[62]

Beispielhaft dargestellt und untersucht werden soll hier ein Seminar mit dem Thema „Streßabbau und Führungskompetenz". Gleich zu Beginn des Seminars werden den Teilnehmern 3 Fragen gestellt, um Themen zu verdeutlichen und die Weichen für den Seminarerfolg bewußt und auch im Unterbewußtsein zu stellen. Die Antworten auf diese Fragen werden an dieser Stelle ausführlich zitiert, um zum einen die Fülle an Thematik und Problematik zu illustrieren und zum anderen auf den außerordentlichen „Reichtum" an verarbeiteten Themen und Problemen sowie auf die Vielfalt von möglichen Impulsen für die Teilnehmer durch die Anwendung sozialer Trainings- und Lernsituationen hinzuweisen.

Zunächst wurden die Teilnehmer nach ihren Erwartungen an das dreitägige Seminar befragt: „Welche Erwartungen haben Sie bezüglich dieses Seminars ?"

Es wurde die nachfolgende Antworten im Rahmen des hierfür eingesetzten „brainstorming" gegeben:

- gezielter Streßabbau
- Stärkung der Leistungskraft
- Abbau der Streßaltlasten
- Lösung von Streß durch Beziehungsprobleme am Arbeitsplatz

- Verbesserung der persönlichen Zeitdisposition
- Erlernen von „cool bleiben, auch wenn's heiß hergeht"
- Entspannung
- Verbesserung der Führungskompetenz durch Befreiung von Altstreß
- lockere Atmosphäre
- mehr Ruhe für das Privatleben
- nachhaltige Bewahrung des Erlernten
- neue Ideen zur inneren Stärkung
- Entwicklung von mehr Ausdauer
- Verbesserung des Zeitmanagements
- Anregungen für die eigene Arbeit
- Offenheit
- „Aufwickeln und Glätten des Seelenlebens"
- Freiraumerlebnis
- Energetisierung für die Anforderungen des Alltags
- besserer Zugang zum eigenen Energiezentrum
- Steigerung der Lebensfreude
- intensiver und fundierter Austausch der Teilnehmer untereinander
- gegenseitige positive Impulse
- Steigerung der Kreativität
- Erlernen eines gezielten Einsatzes der Kreativität
- Erlernen eines bewußteren Umgangs mit belastenden Faktoren
- Kennenlernen der eigenen Grenzen und bewußter Umgang damit
- Stärkung der natürlichen Autorität
- Entwicklung eines persönlichen Erfolgskonzeptes
- Steigerung der Konzentrationsfähigkeit
- Entwicklung geistiger Wachheit
- Steigerung der Leistungsbereitschaft
- Steigerung der Leistungsfähigkeit
- Abschalten vom Alltagsrhythmus
- innere Ruhe und Gelassenheit
- die richtige Entspannung zum richtigen Zeitpunkt

Die zweite Frage an die Teilnehmer lautete: „Welche Befürchtungen haben Sie bezüglich dieses Seminars ?"
Dazu wurde geäußert:

- oberflächliche Arbeit
- langatmige Darstellungen
- ausschließlich Behandlung von Fachthemen
- zäher Ablauf des Trainings
- zu viel Theorie
- „endloses Gelaber"
- nur Worthülsen
- sich darstellen müssen und dann verbessert werden

- Friktionen in der Trainingsgruppe
- kein Nutzen aus dem Seminar zu ziehen
- Monologe von Teilnehmern und Dozenten
- drei Tage wie alle anderen
- Unehrlichkeit
- zu lange an einer Sache aufhalten
- schnelle Ermüdung

Die dritte Frage lautete: „Was bin ich bereit an positiver Veränderung in meinem Leben herbeizuführen und zu akzeptieren ?“ Die Seminarteilnehmer beantworteten diese Frage wie folgt:

- berufliche Klarheit
- lockerer werden
- mehr Fröhlichkeit für das Leben
- größere Leistungsbereitschaft
- größere Risikobereitschaft
- stärkere Ruhe, wannimmer sie gebraucht wird
- Abbau der rein materiellen Orientierung
- mehr Zeit für die Familie
- Erfolg, Geld, Wachstum
- die Meinung anderer noch mehr akzeptieren
- seine schöpferischen Begabungen anwenden
- gütiger werden
- egoistischer werden
- sich selber kritischer sehen
- Geduld für die Kollegen und Vorgesetzten
- einfach die Füße hochlegen
- mehr Kompromißbereitschaft
- weniger penibel sein
- Urvertrauen zulassen
- auch privat ein Profi werden
- wieder mehr lachen
- anderen mehr zutrauen
- sich mit seinen Fehlern annehmen können
- nicht alles so verbissen sehen
- gesünder leben
- Konflikte partnerschaftlich lösen
- mehr Urlaub und Freizeit
- größere Lebensgemeinschaft
- wieder aktiv Musik und Sport betreiben
- Kultivierung innerer Gelassenheit
- materielle Sicherheit
- mehr berufliche und private Selbstverwirklichung
- die innere Ruhe vertiefen und behalten

- die eigene Wichtigkeit in den Vordergrund bringen
- sich selbst nicht mehr so wichtig nehmen
- erfolgreiche Zusammenarbeit mit wichtigen Menschen
- Lebensfreude ausstrahlen

Wir sehen, dieser Prozeß fördert eine erstaunliche Menge von Gesichtspunkten, Erwartungen, Befürchtungen und Änderungswünschen zu tage. Aus dieser Vielfalt der gegebenen Antworten wird einmal mehr die Einzigartigkeit eines jeden Menschen in seiner jeweiligen Lebenssituation deutlich. Mit der Fülle dieses Materials kann nun die Problematik von mehreren Seiten betrachtet und bearbeitet werden. Kontrastierend zum theoretischen Teil wird in regelmäßigen Abständen gezielt praktische Arbeit geleistet, um sowohl alte als auch aktuelle Belastungen abzubauen.

Dabei werden Körperübungen wie Dehnungen, Lockerungen und andere Bewegungsübungen, die von spezieller Musik begleitet sind, vorgestellt und durchgeführt.

Körperliche Verspannungen sind, wenn sie sich nicht kurzfristig wieder nach dem Muster Spannung-Entspannung lösen, für die Gesundheit schädlich. Muskelverspannungen behindern die Gewebedurchblutung und führen in chronischen Fällen zur Verklebung der Muskelfasern und Faszien. Die Manipulation von Muskelgruppen durch den gezielten Einsatz von Bewegungs- und Lockerungsübungen, Massagen, Yogatechniken (Hatha Yoga) sind Techniken, die hier angezeigt sind.

Es ist darauf zu achten, daß die Übungen einfach und gut nachvollziehbar sind, damit die Teilnehmer sie im Alltag auch weiter anwenden können und somit der Erfolg nachhaltig gesichert ist.

Da Streß sich in der Regel psychisch und somatisch auswirkt, sind neben den theoretischen Prozessen insbesondere die körperorientierten Maßnahmen wichtig. Bereits in der prä- und postnatalen Lebensphase werden grundlegende Streßmuster geprägt, um sich dann in Kindheit und Jugend zu intensivieren und zu fixieren. Dabei führen Streßeinflüsse häufig zu Verhärtungen, die sich psychisch als rigider Charakter oder festgefahrene Verhaltensmuster und physisch als Muskelverspannungen darstellen. Psychoanalytisch betrachtet lassen sich den verschieden Spannungen in den einzelnen Körperteilen spezielle Bedeutungen beimessen.

So sind Nackenverspannungen oft als Angstspannung zu deuten (Angst im Nacken oder als Ausdruck von Hartnäckigkeit), Bauchraumverspannungen hingegen nicht selten als aggressionsbedingte Symptome (Wut im Bauch). Spannungen in den Beinen lassen sich mit dem Themenfeld „Standhaftigkeit" und „seinen Mann oder seine Frau stehen" verbinden. Bei Rückenverspannungen werden Bezüge zur Aufrichtigkeit, Haltung und Halt deutlich.

Ein kompetenter Trainer arbeitet also auf beiden Ebenen und vermittelt Wissen und Techniken in theoretischen als auch in praktischen Bereichen.

Da die Teilnehmer in der Regel erfolgreiche und „gestandene" Berufstätige, Unternehmer und Führungskräfte sind, die mit „beiden Beinen" fest im Berufleben stehen, haben sie klar umrissene Erwartungen (wie demonstriert) und wollen ihre Streßprobleme aktiv und tatkräftig sowie strategisch und energisch lösen.

Hier kann eine Diskrepanz zum allgemeinen Ablauf eines derartigen Seminars entstehen. Streßabbau heißt, zunächst einmal Aussteigen aus den bekannten belastenden Mustern geballter Aktivität. Der Ansatz, durch Tun ein Problem zu lösen wird durch den Ansatz innehalten, bewußt wahrnehmen, entspanntes Geschehenlassen des Seminarablaufes und Kultivierung des Nicht-Tun ersetzt. Dieses ist der erste entscheidende Schritt für den Trainierenden. Die an Aktion und Aktivität gewohnten Berufstätigen und Manager erleben diesen bewußten Freiraum, der hier entsteht u.U. als Leerstelle und empfinden diese als Irritation. Es ist unumgänglich, diese Leere zu durchqueren. Wenn wir beim Autofahren den Gang wechseln, also herauf- oder herunterschalten, müssen wir zwangsläufig den Leerlauf passieren. Streßabbau bedeutet ebenfalls eine oder mehrere Stufen herunterschalten, langsamer werden, um Kraft und Fülle für die beruflichen Aufgaben und Anforderungen zu gewinnen, um damit erst fähig zu werden, wieder gesunden Eustreß zu empfinden.

Nach der Ermittlung des Ist-Zustandes, der Formulierung der Erwartungen, Befürchtungen und Klärung der Veränderungsbereitschaft werden die Ergebnisse in der Gruppe kommuniziert und diskutiert. In der Regel erkennen die Teilnehmer die strukturellen Ähnlichkeiten der einzelnen Problembereiche und erleben so, daß sie nicht allein von Belastungen beeinflußt werden. Die „Fülle" der Trainingsgruppe mit ihren unterschiedlichen Teilnehmern beiderlei Geschlechts aus unterschiedlichen beruflichen Kontexten bildet einen Reichtum an Hintergrunderfahrung und inspirierenden Impulsen.

Streßabbau und Lösen von Anspannungen bedeuten also zunächst einmal den Schritt vom Tun zum Nicht-Tun, von Aktivität zu Rezeptivität und Kontemplation. Hier wird der entscheidende Prozeß initiiert, wenn sich den Trainierenden eine neue Art der Selbst-Erfahrung und des Umgangs mit den Belastungen des beruflichen Alltags eröffnet.

Besonderer Wert wird auch auf das Erlernen von „Entspannung in der Spannung" gelegt. Dabei wird eine Körperübung wie z.B. das Anheben der Beine aus der Rückenlage als Basis verwendet. Obwohl dies nun eine Anspannung im Bauchbereich bewirkt, wird durch gezielte Anleitung bewußt die Erfahrung vermittelt, in dieser Anspannung entspannt zu bleiben bzw. sich in diese Anspannung hinein zu entspannen und dabei ruhig weiterzuatmen. Wenn dieser Schritt durch eigene Erfahrung be-griffen und gemeistert ist, wird er auf andere körperliche Spannungszustände übertragen und die Teilnehmer lernen, daß Anspannung nicht automatisch den Ausschluß von Entspannung bedeutet. Auch während einer derartigen Körperübung können wir ruhig und entspannt weiteratmen und dafür Sorge tragen, daß andere Körperregionen wie Arme, Beine und Rücken sich nicht verspannen und das Gesicht klar und locker bleibt.

Der nächste Lernschritt ist die Übertragung dieser Erfahrungen auf psychische Spannungen. Es wird verdeutlicht, daß auch bei psychischem und psychosozialem Streß so wie im körperorientierten Beispiel die ruhige, abgeklärte und entspannte Geisteshaltung bewahrt werden kann. Auch hier ist die Entspannung in der Spannung möglich.

In feed-back-Kreisen und Austauschrunden erkennen auch die besonders streßgeplagten Teilnehmer, daß auf diese Weise tatsächliche Erleichterung erfahren und gelernt werden kann.

Die Methoden, die im Seminar verwendet werden, lassen sich nicht einfach kategorisieren, da sie in der Regel in sich selbst eine Vermischung verschiedener Ansätze darstellen.

Methoden aus den Bereichen Mentales Training, Beziehungsmanagement, Neurolinguistisches Programmieren, atembefreiende Verfahren, kreatives Visualisieren, Meditation, Hatha-Yoga, Bioenergetik, Biodynamik, Selbstbehauptungsstrategien, Psychodrama, Psychosynthese, konzentrative und integrative Bewegungsabläufe, Tanz, Suggestion, Focussing u.v.a.m. kommen zum Einsatz.

Der Kompetenz des Trainers bleibt es überlassen, sowohl auf die spezifische Zusammensetzung der Gruppe als auch auf die auftauchenden Bedürfnisse und Notwendigkeiten im jeweiligen Seminarverlauf mit *den* entsprechenden Methoden gezielt zu reagieren, die den Erfolg der Arbeit optimieren. Nicht selten beschließen die Teilnehmer eine Fortführung der Arbeit durch einen zweiten Seminartermin oder in lokal organisierten Trainingsgruppen.

In aller Regel wird den Teilnehmern nach der Vermittlung von Übungstechniken und Übungserfahrung nahegelegt, die für sie wirksamen Techniken konsequent und regelmäßig im Alltag weiterzuführen. Jahrelang aufgebauter, somatischer Streß läßt sich nicht in einem dreitägigen Seminar abbauen. Nur durch langfristig praktizierte und für den Teilnehmer gezielt wirksame Übungen ist der Erfolg gewährleistet.

Auch durch die Seminarunterlagen, Skripte, Notizen und nicht zuletzt durch die gewonnen sozialen Kontakte nimmt der Einzelne einen Fundus an Informationen mit in seinen Alltag, der ihm die nötige fachliche Dimension der Problematik vermittelt.

Im weiteren Verlauf des Seminars wird die inhaltliche Verbindung von Streßabbau und Führungskompetenz erarbeitet.

Führungskompetenz basiert auf fachlicher und persönlicher Kompetenz sowie wacher Anteilnahme am betrieblichen Geschehen und an den zwischenmenschlichen und technischen Kommunikationsprozessen. Vielfach ist in den konsultierten Unternehmen eine ausgeprägte Bewertung der fachlichen Kompetenz festzustellen, jedoch die persönliche und soziale Kompetenz unterbewertet bzw. vernachlässigt. Sie bedürfen jedoch erhöhter Aufmerksamkeit. Streß beeinflußt Führungsfähigkeiten und Führungskompetenz außerordentlich. Für die Führung von Mitarbeitern ist eine einwandfreie Kommunikationsfähigkeit und Kommunikationsbereitschaft unerläßlich. Streß mit seinen dargestellten Symptomen physischer und psychischer Verhärtungen deformiert demzufolge die Kommunikationsfähigkeit und Kommunikationsbereitschaft zwangsläufig. Der Abbau von Altstreß und aktuellem Tagesstreß ist somit besonders für Führungskräfte eine notwendige Aufgabe, die, wenn sie ernsthaft und konsequent durchgeführt wird, die Qualität der Führungskompetenz steigert, was sich wiederum als Produktivitätssteigerung des Unternehmens auswirkt.

Was aber bedeutet Führungskompetenz und wie wird sie wahrgenommen? Eine Umfrage unter Seminarteilnehmern führte zu den nachfolgenden Aussagen, die auf der Frage „Was verstehen Sie unter dem Begriff Führungskompetenz?“ basieren:

- Fähigkeit zur Delegation
- Förderung der Teamarbeit
- Begabungen erkennen und fördern
- Probleme im Team erkennen
- eigene Fehler eingestehen können
- Mitarbeitern wichtige Impulse geben können
- mit sich selbst im Reinen sein
- klare Kommunikation
- Sinn für Gerechtigkeit
- Ruhe ausstrahlen
- Stimmungen im Betrieb erkennen und darauf angemessen reagieren
- Stärken und Schwächen der Mitarbeiter erkennen und respektieren
- Vertrauen ausstrahlen
- Gefühle zeigen
- Spontanität
- Kreativität
- Stärke haben, Stärke vermitteln
- den Weg frei machen für andere
- innere Vertrauen haben
- Selbstakzeptanz
- Organisationsfähigkeit
- Pflege von Idealen
- Visionen haben
- sich selbst lieben
- Definition von sinnvollen Zielen
- Intuition
- Menschen akzeptieren wie sie sind
- Mitarbeiter in Unternehmensziele integrieren (integrative Mitarbeiterführung)
- Begeisterung fördern und zulassen
- Perspektiven aufzeigen

Aufgrund dieser Äußerungen wird deutlich, welch hohe Ansprüche an die Kompetenz von Führungskräften gestellt werden. Ein Mensch, der tatsächlich die beschriebenen Eigenschaften aufweist, könnte fast als Supermann oder Superfrau bezeichnet werden. Sicherlich sind nicht immer alle genannten Kriterien zu erfüllen, jedoch ist eine schrittweise und systematische Entwicklung von Führungskompetenz in Einklang mit den psychologischen Prozessen persönlichen Wachstums realistisch.

So können durch gezieltes Streßmanagement Freiräume und Entlastung von Altstreß und Tagesstreß herbeigeführt werden und somit der Weg für eine niedrig belastete flexible Persönlichkeitsstruktur freigemacht werden, die auf die beschriebenen Anforderungen leichter und wirksamer reagieren kann.

Zusammenfassend und abschließend ist festzustellen, daß die Teilnahme an einem derartigen Seminar einen ausgesprochen wichtigen Schritt aus einer mitunter ernsten Krise bedeuten kann. Ein derartiger Schritt ist zu begrüßen, weil er die Entschlossenheit zur Problemlösung dokumentiert. Dies ist sowohl aus betrieblicher als auch aus individueller Perspektive ein sinnvoller Schritt. Zweifelsfrei wird bei Krankheit der Schritt zum Arzt, bei organisationsbedingten Problemen der Schritt zum Unternehmensberater zu empfehlen sein. Beide sind Fachleute. Ebenso ist für den Bereich Streßmanagement die Konsultation von Fachkräften und Trainern angezeigt. Hier werden Impulse gewonnen und Fachinformationen sowie erste Erfahrungen für die Lösung streßbedingter Probleme vermittelt.

Dies ist für Betriebe und Individuen ein Schritt, der die Prozesse der Problemlösung initiiert, die sorgfältig beachtet und in der Verarbeitungsphase des Seminars in den beruflichen und privaten Alltag integriert werden müssen, um nachhaltige Verbesserungen zu erzielen. Hierbei verspricht diszipliniertes Vorgehen bei der Umsetzung der gewonnenen Erkenntnisse und beim aktiven Fortführen der praktischen Übungen den besten Erfolg. Eine in der Regel angebotene Nachbetreuung durch den Trainer unterstützt die Nachhaltigkeit der erarbeiteten Verbesserungen.

3. Autogenes Training

Das autogene Training wird zu den systematisierten Entspannungsverfahren gezählt. Es wurde in den zwanziger Jahren in Berlin von Professor *I. H. Schultz* entwickelt und erfreut sich seither zunehmender Beliebtheit und Bekanntheit. Im medizinischen Bereich hat es sich etabliert und wird in Praxen und Kliniken erfolgreich angewendet. Auch Volkshochschulen bieten regelmäßig autogenes Training in Kursen und Kleingruppen an.

Im autogenen Training soll der Trainierende die Fähigkeit entwickeln, den Entspannungszustand zunächst angeleitet und in der Folge mehr und mehr selbst herbeizuführen und auch unabhängig von seinem Arzt, Psychologen oder Trainer zu praktizieren.

Das autogene Training verbindet Erkenntnisse der Hypnoseforschung mit den Methoden der konzentrierten Selbstentspannung. Systematisch werden die verschiedenen Körperteile angesprochen und „durchentspannt". Die verschiedenen Übungen können sowohl im Liegen als auch im Sitzen und sogar im Stehen durchgeführt werden. Dabei wird nicht nur mit Anspannung und Entspannung von Körperregionen gearbeitet, sondern auch mit unterstützenden Suggestionen. Beispielsweise können die Arme und andere Körperteile angespannt, die Spannung für kurze Zeit gehalten und danach entspannt werden. Begleitende Suggestionen oder Selbstverbalisierungen wie „ich bin ganz ruhig", „meine Beine sind angenehm schwer" und „ich atme ruhig und gleichmäßig" sind hierfür beispielhaft anzuführen. Auch zielorientiere Formen der Suggestion wie „ich arbeite ruhig und konzentriert", „wenn ich von der Arbeit nach Hause komme, kann ich gut abschalten" und „ich vertraue auf meine innere Kraft" können außerordentlich hilfreich für einen Abbau von Streß sein. Zudem finden auch Suggestionen von Ruhe, Schwere und Wärme vorzugsweise Anwendung.

Ein entscheidender Vorteil des autogenen Trainings gegenüber anderen Entspannungsverfahren ist, daß es in vielen beruflichen und privaten Lebenssituationen ohne Vorbereitungen und Hilfsmittel unmittelbar durchgeführt werden kann, wie z. B. in Pausen, beim Zugfahren oder zu Hause im Sitzen oder Liegen. Der Zeitaufwand ist zudem gering. Bereits mit zweimal 10 Minuten pro Tag können beachtliche Erfolge erzielt werden: „Bei Trainierenden haben sich vier Monate vor Trainingsbeginn 70% und nach einem Jahr sogar 83% der beklagten Symptome stark oder zumindest deutlich gebessert. Beklagte Symptome waren u. a. Angstgefühle, Reizbarkeit, Nervösität, Zittrigkeit, Schweißausbrüche, Magenbeschwerden, Kopfschmerzen, Kreislauf- und Herzbeschwerden, Schlafstörungen und Muskelverspannungen."[63]

Die objektiv nachweisbaren physiologischen Effekte des autogenen Trainings wie z. B. Senkung der Muskelspannung. Beruhigung der Atmung, Senkung der Herzschlagfrequenz, Erweiterung der peripheren Blutgefäße u.v.a.m. weisen es als vorzügliches Instrument für den Abbau von alten oder aktuellen Belastungen beruflicher oder privater Art aus.

Das autogene Training gibt als konzentrative Selbstversenkung die Möglichkeit ohne Beeinflussung durch eine andere Person, einen wohltuenden schlafähnlichen Zustand zu erreichen und sich selbständig die Kräfte der Innenwelt fruchtbar zu machen (Selbstsuggestion).

Entspannung ist im autogenen Training Mittel und Weg zur „Versenkungsruhe" und damit Wert an sich. Alles gesunde Leben spannt sich zwischen den Polen Spannung und Entspannung. Die Entspannung aber findet in vielen Menschen nicht mehr statt, sie leben und sind „verkrampft". Infolgedessen können sogar körperliche Grundfunktionen wie Atmung, Verdauung und dergleichen negativ beeinflußt werden.

Im autogenen Training wird nicht der bewußte, mit aktiver Spannung arbeitende Wille benutzt, sondern eine innere Hingabe an bestimmte Übungs-Vorstellungen. So wie man abends nur einschlafen kann, wenn man sich dem Schlaf „hingibt", wenn man „losläßt" und nicht mit Gewalt schlafen „will", dadurch würde man gerade wach bleiben.

Diese konzentrative Selbstversenkung hat den Sinn, sich mit genau vorgeschriebenen Übungen immer mehr innerlich zu lösen, zu versenken und so für den gesamten Organismus eine von innen kommende Umschaltung zu erreichen, die es erlaubt, Gesundes zu stärken, Ungesundes zu mindern oder abzustellen. Wie der Mensch, der Lesen gelernt hat, nun lebenslänglich lesen „muß", wenn er Schriftzeichen sieht, so kann dem autogen Trainierenden und Trainierten eine entspannt-gelassene Haltung zur zweiten Natur werden. Wer es gelernt hat, im autogenen Training „sich-zu-lassen", wird durch regelmäßiges Trainieren „gelassen".

Selbstruhigstellung kann nicht durch krampfartiges „Zusammennehmen", sondern nur durch innere Lösung geschehen. Ärger, Heftigkeit oder Angst – genau wie andere Gemütsbewegungen auch – sind nur deshalb so mächtig, weil sie den ganzen Organismus erschüttern. Angstgefühle verlaufen mit Zittern, was Spannung bedeutet und es leuchtet ein, daß Angst schwächer wird, wenn man den Körper entspannt. Beherrscht ein Mensch das autogene Training, kann er im Augenblick von Angst (oder anderen störenden Emotionen) sich selbst innerlich lösen. Aus dem überwältigenden Sturm im Organismus wird dann ein bewußtes Wahrnehmen der Gefühle und die Identifikation mit ihnen kann nachlassen und somit, den Lösungsprozeß, „die Losgelöstheit" und Gelassenheit bewirken.

Die Selbstruhigstellung hat also eine „Resonanzdämpfung der

Affekte" zur Folge. Im gleichen Sinne ist das autogene Training der natürliche Weg zum Schlaf. Weitere Resultate gezielter Anwendung sind Erholung in kürzester Zeit, Leistungssteigerung und erhöhte Konzentrationsfähigkeit, Steigerung der psychischen und physischen Belastbarkeit, Verringerung der Schmerzwahrnehmung (durch den „Zerfall" des Schmerzerlebnisses), Selbstbestimmung durch positive Suggestionen, Selbstkritik durch „Innenschau" in der Versenkung.

4. Yoga

Seit dem zweiten Weltkrieg hat Yoga in Deutschland und auch international eine Steigerung der Bekanntheit und Beliebtheit erfahren. Heutzutage bietet fast jede Volkshochschule Yogakurse an, Privatinstitute sind entstanden, an denen Yoga gelehrt wird.

Die positiven Effekte von Yoga im Sinne eines wirksamen Streßabbaus sind als gesichert zu betrachten. Viele gesetzliche Krankenkassen erstatten die Kosten ihrer Mitglieder für Yoga-Kurse und Übungsstunden. Bereits 1967 wurde der *Berufsverband Deutscher Yogalehrer* gegründet, der seriöse und fundierte Rahmenbedingungen für die fachgerechte Aus- und Weiterbildung und Überprüfung von Yogadozenten entwickelt hat.

Darüberhinaus existiert eine Europäische Yoga Union mit ähnlichen Zielsetzungen und Arbeitsbereichen.

Das Fremdwörterbuch des Dudenverlages definiert Yoga als

- „indisches philosophisches System völliger Körperbeherrschung und Befreiung des Geistes,
- daraus entwickeltes Verfahren der körperlichen Übung und Konzentration."

Im zweiten Jahrhundert v. Chr. wurde Yoga erstmalig von Patanjali erwähnt. Man geht jedoch davon aus, daß Yoga bereits den Völkern bekannt war, die Indien eroberten. Im Industal fand man Steinsiegel, die Figuren in Yogapositionen darstellten. Ihr Alter wird auf ca. 4500 bis 5000 Jahre geschätzt. Auch in den vedischen Schriftsammlungen wurde eindeutige Hinweise auf Yoga gefunden.

Heutzutage kann Yoga als fester Bestandteil des Lamaismus, Hinduismus und teilweise des Buddhismus betrachtet werden.

Die Yogalehre ist ein Schulungssystem, das mit mehreren Methoden wie z.B. Karma-Yoga (Erziehung zur Pflichterfüllung), Hatha-Yoga (Steigerung des körperlichen Wohlbefindens), Raja-Yoga (Entwicklung esoterischer Seelenkräfte) arbeitet.

Für den Abbau berufsbezogener Belastungen und Stresse soll hier die Methode des Hatha-Yoga näher untersucht werden.

Hatha-Yoga strebt eine Steigerung der Körperbewußtheit sowie die Kontrolle des Muskel- und Nervensystems an. Physische Übungen und Atemschulung, allerdings auch der Einsatz systematischer mentaler Techniken und die Berücksichtigung psycho-hygienischer Ansätze, die im körperlichen Bereich der Optimierung neuro-physiologischer Funktionen dienlich sind, wirken präventiv und regenerieren und ertüchtigen den Körper.

Dabei basiert der Erfolg auf fünf grundlegenden Prinzipien:[64]

- Richtige Entspannung, Lösen der körperlichen und geistig-seelischen Anspannungen
- Richtige Atmung, Aufnahme von Sauerstoff und Energie, Aufladung des Körpers und Geistes
- Richtige Übungen, Systematische Dehnung und Streckung der Muskeln und Bänder sowie deren Kräftigung, Mobilisierung bzw. Wahrung der Mobilität von Wirbelsäule und Gelenken, Anregung des Kreislaufs
- Richtige Ernährung, ausgewogene und naturbelassene Nahrungsmittel, Einschränkung des Konsums von Drogen und Giften wie Zigaretten, Kaffee und Alkohol, Reduzierung belastender Nahrungsmittel wie Zucker, Salz u.a.m.
- Positives Denken und Meditation, Ablegen von negativen Gedanken, Besänftigung des Geistes.

Auch hier wird deutlich, daß Körper und Geist/Psyche in ihrer Verbindung gesehen werden und wie bei der Arbeit mit bereits dargestellten Methoden gemeinsam berücksichtigt werden. Diese Betrachtungsweise optimiert auch im Yoga den Erfolg.

Yoga ist nicht nur eine Technik für den Streßabbau, sondern darüber hinaus „eine vollständige Wissenschaft vom Leben (...). Es ist der Welt ältestes System zur persönlichen Entwicklung das Körper und Seele vereint (...). Die alten Yogis (...) betrachten den physischen Körper als Gefährt, den Geist als dessen Lenker und die Seele als des Menschen wahre Identität."[65]

Hier klingt der philosophisch-esoterische Kontext an, aus dem heraus Yoga sich entwickelt hat und der für viele Yoga Praktizierende eine überaus wichtige Bedeutung hat. Dieser sei hier ausdrücklich validiert, seine Darstellung würde den Rahmen dieser Ausführungen jedoch überschreiten. Auf entsprechende Fachliteratur wird verwiesen.

Zusammenfassend ist festzustellen, daß durch die Konkretheit der einzelnen Übungen und den daraus resultierenden Praxisbezug sowie das ganzheitliche Menschenbild des Yoga ein gezielter und wirksamer Abbau berufsbedingter Streßbelastungen, und zwar sowohl im Bezug auf Altstreß als auch aktuellen Tagesstreß geleistet werden kann. Eine flächendeckende Versorgung ist in der BRD vorhanden, die Yogalehrerinnen und -lehrer sind in der Regel gut geschult sowie durch eine hohes Maß an Engagement und persönlicher Kompetenz qualifiziert.

5. Meditationsverfahren

Eine zunehmend wichtige Rolle bei der Streßverarbeitung spielen Verfahren, die sich dem Bereich der Meditation zuordnen lassen. Die verschiedenen Meditations-und Kontemplationstechniken haben sich historisch aus verschiedenen religiösen Kontexten wie z.B. dem Zen-Buddhismus, Lamaismus, Hinduismus, Christentum u.a.m. heraus entwickelt. Der größtenteils religiöse Ursprung ist deshalb hervorzuheben, weil sich dadurch die Tradition in der Anwendung der Techniken verdeutlichen läßt.

Wenn in diesem Zusammenhang von Meditationsverfahren gesprochen wird, so sollen dabei psychologische und physiologische Wirkungsweisen von Meditationstechniken in den Mittelpunkt dieser Betrachtung gelangen, d.h. die Bedingungen und Auswirkungen dieser besonderen Techniken und Verfahren auf das „psycho-physiologische System Mensch“ im Berufs- und Privatleben.

Das Fremdwörterbuch des Dudenverlages definiert den Begriff der Meditation als „sinnende Betrachtung“ oder „geistige Übung zur Erfahrung des inneren Selbst“. Der Ursprung des Wortes liegt im lateinischen Wort „meditari“, was mit der Bedeutung „seine eigene Mitte finden“ oder „sich besinnen“ übersetzt werden kann.

Die generelle Ferne des Menschen zu sich selbst charakterisieren *Crisand/Lyon*[66] in besonders zutreffender Weise: „Da sich unsere Anstrengungen und Betriebsamkeiten ausschließlich im äußeren Rahmen des Lebens bewegen, bleibt ein wesentlicher Teil von uns brach liegen und verkümmert: (...) *unser Gefühls-und Geistes-*

leben. Diese Vernachlässigung rächt sich irgendwann, denn unsere Kraft beziehen wir nur in geringem Maße von außen – *die tragende Energie kommt von innen.* Wenn jedoch der Zugang zum "Innenleben„ unterbrochen ist, entstehen Haltlosigkeit und damit Angst. Angst kann durchaus ein Helfer sein, der uns auf Gefahren aufmerksam macht und uns vor Ihnen schützt. Wenn jedoch die Angst unser Leben durchzieht und uns Freude und Energie raubt, ist dies ein Zeichen, daß wir einerseits keine innere Ruhe haben und uns andererseits die innere Orientierung fehlt. Aus einer derartigen Gemütslage heraus kann ein Mensch nicht zufrieden sein – mag er noch so viele Güter und Erfolge vorweisen."

Diese Ausführungen machen deutlich, daß die subjektive Komponente für die Erbringung von beruflichen Leistungen der entscheidende Faktor ist. Je ganzheitlicher sich ein Mensch in sein betriebliches Umfeld einbringen kann, desto weniger ist er gegenüber belastenden Einflüssen anfällig. Diese Haltung bewirkt für ihn eine Position der Authentizität, die es ihm ermöglicht, mit innerer Stärke und Gelassenheit die auf ihn zuströmenden Belastungen zu verarbeiten.

Viele Menschen stellen sich unter dem Begriff „Meditation" etwas Exotisches und ihnen Fremdes vor, das einerseits kaum zu begreifen und andererseits schwierig auszuführen ist. Aufgrund dieser Vorstellung entsteht in Ihnen eine innere Ausweichhaltung, die in der Regel darauf zurückzuführen ist, daß der Begriff der Meditation von vielen Vorstellungen und Assoziationen geprägt wird aber weniger von tatsächlichen Informationen.

Das führt zu der Frage: Was ist eigentlich Meditation ?

Kravette[67] sagt dazu aus: „Jeder kann meditieren. Auch Du. Es ist keine Geheimwissenschaft, kein mystisch, esoterischer Vorgang, auch wenn Du in diesem Sinne davon gehört hast." Weiter spricht er davon, daß zur Meditation weder große Disziplin noch große Anstrengung gehören. Alles, was erforderlich sei, wäre ein wenig Verbindlichkeit, ein wenig Praxis, ein wenig Entwicklungsfähigkeit, um etwas dazu zulernen. Dann könne man dies alles zur Entwicklung des Selbst und zum persönlichen Wachstum nutzen. Meditation sei leichter, als über eine Wiese zu gehen, als den Wagen durch den Verkehr zu lenken, als ein Butterbrot in zwei Hälften zu schneiden.

Meditation ist zunächsteinmal die Kultivierung der eigenen Gelassenheit. In unserer heutigen Zeit sind die Menschen es gewohnt, permanent aktiv zu handeln. Es gibt immer etwas zu tun. Und wenn sie nichts zu „tun“ haben, dann werden sie wiederum aktiv, indem Sie fernsehen, basteln, sich mit Freunden unterhalten u.s.w. Auch dies ist ein Tun. Meditation „hat etwas zu tun“ mit der Kunst des Nicht-Tun.

Versuchen Sie einmal folgendes kleine Experiment: In der Frühstücks- oder Mittagspause suchen Sie sich einen ruhigen Platz, setzen sich und tun nichts. Nehmen sie Ihre Umgebung lediglich passiv wahr. Fühlen Sie, wie sich Ihr Körper sich anfühlt. Nehmen Sie Ihre Emotionen zur Kenntnis. Sie werden feststellen, daß dies garnicht so einfach „durchzuführen“ ist. Vielleicht ertappen Sie sich dabei, wie sie mit einem Bein wippen oder mit den Fingern spielen. Beobachten Sie, wie viele Gedanken auftauchen und wie Sie diese „beschäftigen.

Meditation muß nicht aus einer komplizierten Übung bestehen, die nur von Experten durchgeführt werden kann. Meditation ist schlicht das sich einlassen (insbesondere auf sich selbst) im Hier und Jetzt. Wenn Sie spazieren gehen, dann erlauben Sie sich auch, voll und ganz beim Spazierengehen zu sein. Wenn Sie hingegen gerade eine Blume betrachten, dann seien Sie mit Ihrer Aufmerksamkeit voll und ganz bei der Blume und vergessen Sie den Ärger mit Ihrem Chef von gestern, den Streit mit Ihrer Frau heute morgen und auch die Bratkartoffeln von heute Mittag.

Diese Beispiele sollten verdeutlichen helfen, daß Meditation ein „sich einlassen“, auf das was gerade ist und ein „in den Hintergrund treten lassen“ dessen, was gerade nicht ist, bedeutet.

Es gibt zahlreiche Techniken, die diesen Prozeß fördern helfen. Auf der einen Seite stehen die physiologisch orientierten Techniken wie Atemtechniken, Körperübungen, Arbeitsmeditation, Tanzmeditation, Laufmeditation.

Heute ist das Jogging als Freizeitsport sehr verbreitet. Es soll hier als Beispiel für die Laufmeditation dienen. Damit kann der Einsatz dieser Technik zur Meditationsförderung gut verdeutlicht werden.

Jeder Langstreckenläufer weiß aus eigener Erfahrung, daß nach ca. 30 bis 45 Minuten intensiven Laufens ein bewußtseinserweiternder Effekt eintritt, der sich zumeist in einem anscheinend grundlosen Lächeln des Läufers äußert. Das Laufen geschieht ab diesem Punkt wie von selbst. *Kravette*[68] selbst beschreibt in seinen Ausführungen zur Laufmeditation: „Laufe mit Leichtigkeit.“ Meditatives Laufen beginne irgendwo bei der 40 Minuten-Marke. Dies geschehe unabhängig davon, welche Geschwindigkeit der Läufer gewählt habe. Ein langsamer ständiger Takt, ein Wolfstrott oder ein schwungvolles Ausschreiten führe gleichermaßen zum selben Ort, wenn die Meditation in der Absicht des Läufers liege. „Wenn Du leicht läufst, kannst Du, wenn Du dort ankommst, länger verweilen. Gehe nach innen. Wenn der meditative Wechsel auftritt, dann konzentriere Dich auf Deinem Atem, Deinem Rhythmus, Deine Anstrengung, Deinen Schweiß, Deinen Puls und Deinen Herzschlag (...).“

Die Laufmeditation ist einfach und für jeden praktizierbar; sie dokumentiert anschaulich das Prinzip, daß die Meditation für Jedermann zugänglich ist, und nicht nur von Spezialisten und besonders Begabten angewandt werden kann. Sie ist nichts „Abgehobenes, das nur Leute begreifen, die 10 cm über den Boden schweben.“ Die Laufmeditation zeigt jedoch auch exemplarisch auf, daß diese Methode eher auf den bodenständigen und sportlich-dynamischen Menschen unserer heutigen Industriegesellschaft zugeschnitten ist, für den es hingegen vielleicht unmöglich ist, – um an dieser Stelle eine andere Meditationsmethode anzuführen –lediglich einfach einmal eine halbe Stunde still zu sitzen.

Gerade die körperorienierten Formen der Meditation sind für den heutigen Menschen förderlicher, weil er dazu neigt, den Kontakt zu seinem Körper leicht zu verlieren. Langes Sitzen am Arbeitsplatz, in der Freizeit, längere Fahrten mit Verkehrsmitteln tragen ihren Teil dazu bei.

Für eine stille Meditation ist es hingegen wichtig, einen ruhigen, ungestörten Platz aufzusuchen. In der Regel setzt man sich auf ein sogenanntes Meditationsbänkchen oder macht es sich auf dem Boden mit Hilfe eines Kissens bequem. Außerdem ist es sinnvoll, alle beengende Kleidung abzulegen und für eine angenehme Raumtemperatur zu sorgen.

Eine Variante der Atemmeditation beinhaltet hauptsächlich die bewußte Wahrnehmung des Atems. Der Atmungsprozeß, der aus dem Einatmungs- und Ausatmungsvorgang besteht, läßt sich gut mit Ebbe und Flut vergleichen. Dabei soll sich die Konzentration auf diesen Fluß lenken. Wer es schon einmal ausprobiert hat, wird die Erfahrung gemacht haben, daß dies einfacher zu beschreiben als durchzuführen ist. Denn immer wieder wird die Konzentration von Gedanken, Geräuschen und Körperempfindungen abgelenkt. Am leichtesten ist dieser Vorgang durchführbar, wenn sich die Konzentration nach und nach auf den Atemprozeß einstimmt. Eine aufrechte Körperhaltung, geschlossene Augen und das Ablegen der Hände auf die Oberschenkel haben sich dabei als außerordentlich konzentrationsfördernd erwiesen. Außerdem ist es wichtig zu beachten, daß das Atemmuster selbst nicht verändert wird. Es wird dabei lediglich beobachtet und nicht eingegriffen. Die einzige Veränderung, die mit Hilfe der Atemmeditation angestrebt wird, ist eine Veränderung des Bewußtseins mit der Zielsetzung, das Atmen immer fundierter wahrzunehmen.

Durch diese Technik wird insbesondere die Fähigkeit der Konzentration auf *einen* Vorgang geübt. Im beruflichen Alltag entsteht die Streßbelastung hauptsächlich dadurch, daß sich vielfältige Einflüsse addieren und nach mehreren Wochen oder Monaten stressender Faktoren auch ein bewußtes sich entspannen wollen nicht mehr möglich ist. Oft kommt es vor, daß Arbeitnehmer, die sich mit betrieblichen Problemen auseinandersetzen, bis in den späten Abend hinein davon begleitet werden. Bei sehr starken beruflichen Belastungen werden sie sogar davon nachts wach. Und am Morgen ist das Problem schon vor dem Aufstehen wieder gegenwärtig. Solche Situationen hat jeder von uns sicher schon erlebt. Unsere Gedanken kreisen um diese belastende Situation und können sich nicht mehr von der nach und nach aufgebauten Streßproblematik lösen. Sie hält uns fest wie der Krake aus Jules Verne's „20000 Meilen unter dem Meer." In der Folge treten oft körperliche Störungen wie Kopfschmerzen, Appetitlosigkeit, Magenbeschwerden und Rückenschmerzen auf.

Die Atemmeditation setzt genau an dieser Stelle an. Sie hält den Meditierenden dazu an, sich auf ausschließlich eine Sache zu konzentrieren: auf den Atem. Es können aber auch anderen Inhalte Konzentrationsgegenstand dieser Meditationsmethode sein: das Plätschern eines Gebirgsbaches, das Singen der Vögel, eine Kerze.

Durch die regelmäßige Meditation über Wochen und Monate hinweg entwickelt sich für den Meditierenden eine neue Fähigkeit. Ihm fällt es zunehmend leichter, sich von der Fixierung auf die Alltagsbelastungen zu lösen. So kann mit Hilfe dieser einfachen, nebenwirkungsfreien Technik eine bewußte Distanzierung von Stressoren des Berufslebens trainiert werden.

Der Erfolg für die Streßbewältigung hängt in erster Linie davon ab, ob man eine für sich passende Meditationsmethode findet.

Grundsätzlich sollte man sich der Frage stellen, ob eine eher aktive oder eher passive Meditation dem Wesen mehr entspricht. Ein weiterer Gesichtspunkt ist eine gemäßigte Erwartungshaltung. Wenn sich der Streß über längere Zeiträume aufgebaut hat, wird er sich auch nicht von Heute auf Morgen abbauen lassen. Regelmäßige Übung und Freude bei der Meditation sind eher Garant für den Erfolg.

Als mögliche Wirkungen der Meditation sind körperliche und geistige Entspannung, ein deutlicher Abbau von Streßanfälligkeit und eine allgemeine Verbesserung der körperlichen und psychischen Leistungsfähigkeit zu verzeichnen. Ebenso führt die verbesserte Selbstwahrnehmung und Aufmerksamkeit sowie Steigerungen im bewußten Umgehen mit Konflikten zu einer generellen Verbesserung in den zwischenmenschlichen Beziehungen.

6. Neurolinguistisches Programmieren (NLP)

Neurolinguistisches Programmieren (NLP) kann streng gesehen nicht ausschließlich als Psychotherapie bezeichnet werden, obwohl seine Anfänge sich auf erfolgreiche Psychotherapien zurückführen lassen. Es wird heutzutage in der freien Wirtschaft zur Optimierung von Erkenntnis- und Kommunikationsprozessen eingesetzt und auch im therapeutischen Bereich zur Integration der verschiedenen Persönlichkeitsfacetten sowie zur ganzheitlichen Persönlichkeitsentwicklung. Sowohl in der freien Wirtschaft als auch im therapeutischen Bereich kann NLP darüberhinaus für Krisenmanagement gezielt genutzt werden.

Mit der Zeit haben sich eine Reihe von Auffassungen gebildet, die NLP unterschiedlich definieren, so daß mittlerweile sogar ein Orientierungshandbuch erschienen ist, das über die verschiedenen Ausprägungen informiert und darüberhinaus im Sinne eines „who is who" in der NLP-Landschaft fungiert.

Richard Bandler, Informatiker und *John Grinder*, Sprachwissenschaftler, untersuchten in den siebziger Jahren diverse erfolgreiche Therapietechniken und führende Therapeuten der jeweiligen Fachrichtungen, wie *Fritz Perls* (Gestalttherapie), *Milton H. Erickson* (Hypnosetherapie), *Virginia Satir* (Familientherapie) Sinn dieser Untersuchungen war es, herauszufinden, warum und wie Therapeuten in ihrer jeweiligen Therapieform ihre Erfolge herbeiführten. Zielsetzung war es, strukturell und inhaltlich wesentliche Gemeinsamkeiten zu ermitteln. Die Begründung einer neuen therapeutischen Richtung war nicht beabsichtigt. Diese kristallisierte sich jedoch im Laufe der theoretischen und praktischen Forschungsarbeit heraus.

NLP erkennt die grundsätzliche Verantwortung eines jeden Menschen für sein Leben an und sieht ihn daher als Urheber dessen, was ihm widerfährt, im Positiven wie im Negativen. Demzufolge können Veränderungen zum Besseren sehr wohl herbeigeführt werden, wenn die dafür notwendigen Voraussetzungen beachtet werden. Hierbei wird davon ausgegangen, daß die Vorstellungen und Kognitionen eines jeden Menschen, die vielfach für die Ausprägung der Lebensumstände verantwortlich sind, relativ leicht beeinflußt werden können. Diese Konditionierungen und ihre Manifestationen im Leben werden im Zuge der Arbeit bewußt gemacht, wobei Entspannungsverfahren, suggestive Prozesse und Trancen eingesetzt werden, um das Unterbewußtsein zu erschließen. Die Arbeitsmethoden des NLP beinhalten sprachlich vermittelte pragmatische Ansätze, die über den Zugang zum Unterbewußtsein sogar neurologische Abläufe beeinflussen können. Positive wie negative Prägungen werden identifiziert und fungieren als Orientierungsmerkmale für die weitere angestrebte Dynamisierung der Arbeit. Ziel ist es, Konditionierungen zu neutralisieren, um auf diese Weise negative Kognitionen aufzulösen und umzuprogrammieren. Die Bereitschaft, alte Denk-, Fühl- und Verhaltensmuster aufzugeben, wird schrittweise entwickelt und gefördert, denn sie ist für den Erfolg dieser Prozesse wesentlich. Diese Muster werden nicht ignoriert, sondern als Stufen auf dem Weg persönlicher Entwicklung validiert. Durch integrative Arbeit können so persönliche und berufliche Ziele neu definiert und frische Energien mobilisiert werden.

Für das neurolinguistische Programmieren und auch für die anderen dargestellten therapeutischen Verfahren gilt, daß diese für sich genommen lediglich Techniken sind, die von bewußten und kompetenten Trainern sinnvoll und verantwortungsbewußt eingesetzt werden sollten. Persönlichkeitsveränderung mit der Zielsetzung, mehr Geld zu verdienen, mehr Ehrgeiz, Durchsetzungsvermögen und Einfluß zu erlangen, kann in dieser Ausschließlichkeit kein sinnvolles Ziel sein. Vielmehr sollten die ganzheitlichen Zusammenhänge persönlicher und sozialer Kompetenz nicht aus dem Blickwinkel verloren werden. Selbstverwirklichung, Entfaltung der Talente und anderer Potentiale, gute Zusammenarbeit im Team, Spaß bei der Arbeit u.a.m. können solche Sinnzusammenhänge bedeuten. Auf diese Weise geben die beschriebenen Verfahren Hilfestellung und leisten bei der Bearbeitung von Problemen und Überwindung von Krisen einen willkommenen Beitrag zur Steigerung der persönlichen und beruflichen Lebensqualität sowie zur Verbesserung der Unternehmenskultur. Dieser Art von Verbesserung der Lebensqualität mit einer ganzheitlichen humanistischen Orientierung gehört zweifelsfrei die Zukunft.

7. Technikgestützte Streßabbauverfahren

Ergänzend zu den bereits dargestellten Techniken existieren seit einigen Jahren Hilfsmittel, mit denen ein technik- und elektronikgestützter Streßabbau erfolgen kann. Diese Geräte können unter den Begriffen „Mind Machines", „Brain Machines" oder humorvoll ausgedrückt „Gehirnschrittmacher" eingeordnet werden. Derartige technikgestützte Verfahren wirken auf ihre jeweils spezifische Weise auf das „System Mensch" ein, und zwar auf verschiedenen Ebenen wie Gehirn, Muskeln, Körper und Psyche. Bei der Auswahl der Methode ist der subjektive individuelle Faktor zu beachten, nicht jeder kann aus allen angebotenen Verfahren den optimalen Nutzen für sich erreichen. Auch hier gibt es eher dynamische, die Aktivität des Menschen einbeziehende und stille passive Ansätze. Zum besseren Verständnis werden die verschiedenen Verfahren und Techniken detailliert im folgenden dargestellt.

Audiovisuelle Stimulation

Dem grundsätzlichen Verständnis dieser Verfahren dient das Gehirnwellenmodell. Durch den Austausch elektrochemischer Impulse zwischen den Nervenzellen unter Einbeziehung des zentralen Nervensystems werden sehr schwache elektromagnetische Felder erzeugt. Diese schwingen mit Frequenzen zwischen 1 und 30 Hertz. Mit Hilfe der Elektroenzephalografie können die beschriebenen Impulse gemessen und dargestellt werden. Über die Technik des Biofeedback kann sogar eine Beeinflussung der Gehirnwellen und auch der Physiologie des Organismus erreicht werden. Im einzelnen können die Gehirnwellenmuster je nach Frequenz in folgende Kategorien eingeteilt werden:

Deltazustand (1–3 Hertz)

Er tritt in der Regel im Tiefschlaf auf und kann im Wachzustand nur selten festgestellt (gemessen) werden. Darüber hinaus werden diese Frequenzbereiche in der Hypnose sowie in Trancezuständen festgestellt.

Thetazustand (4–8 Hertz)

Er ist in der Regel sowohl in Schlafphasen als auch bei Personen mit ausgeprägten Meditationserfahrungen zu beobachten. Intuitive Konfliktbewältigungen und visionäre Problemlösungen sind charakteristisch für den Thetazustand.

Alphazustand (8–12 Hertz)

Diese Frequenz kann durch Entspannungsverfahren wie z.B. das autogene Training und unter dem Einfluß von Audiokassetten-Programmen erreicht werden. In diesen Fällen wird sie von der Person über ein ausgesprochen angenehmes Körpergefühl wahrgenommen. Zudem fördert sie hochaktive Lernprozesse und den Vorgang des bewußten Einschlafens.

Betazustand (12–30 Hertz)

Der Betazustand ist bezeichnend für unseren Wachzustand. Insbesondere sind die Bewußtseinszustände Konzentration, angestrengtes logisches Denken, Streß, Unruhe, Irritation u.v.a.m. Ausdruck dieser Frequenz. Hier empfiehlt sich mit der Zielsetzung zu intervenieren, die Gehirnwellenaktivitäten in Richtung Deltazustand zu reduzieren.

Über die audiovisuelle Stimulation versucht man nun, sich dieses Modell nutzbar zu machen und durch Verabreichung von Impulsen in bestimmten Frequenzmustern eine Beeinflussung Richtung Delta und zurück zu bewirken. Bereits Meditationsexperten alter Kulturvölker wie die der Tibeter haben unter Einsatz von rhythmischen Mitteln wie Rasseln, anderen Musikinstrumenten und Spiegeln, die von Assistenten des Meditierenden bedient werden, eine Vertiefung der Meditation zu erreichen gesucht. Schamanen hingegen reisten auf den Tönen ihrer Trommeln in die „Unterwelt", um Heilung und Hilfe für sich und Stammesangehörige zu suchen und zu finden. Veränderte Bewußtseinszustände wie Trance und Ekstase bedeuten auch hier veränderte Gehirnwellenmuster.

Im Zeitalter der Elektronik ist man auf derartige Hilfsmittel indes nicht mehr angewiesen. Heute bemüht man sich über in der Frequenz genau aufeinander abgestimmte Licht- und Tonimpulse, die über Leuchtdiodenbrille und Kopfhörer verabreicht werden, eine erwünschte positive Beeinflussung der Gehirnwellenaktivität zu erreichen. Obwohl sich die Erforschung dieses Gebietes erst im Anfangsstadium befindet, gibt es bereits durchaus wirksame Geräte, die sich steigender Beliebheit besonders im Bereich des Managementtraining erfreuen. Schädliche Nebenwirkungen derartiger Geräte sind bis heute nicht bekanntgeworden. Prophylaktisch wird jedoch psychisch Kranken und unter medikamentöser Behandlung stehenden Person von einer Anwendung abgeraten. Auch Schwangeren wird zur Vorsicht geraten, solange hier keine ausreichenden Untersuchungsergebnisse anerkannt wissenschaftlich renommierter Einrichtungen vorliegen. Vorliegende Erfahrungen zeigen, daß durch diese Geräte sehr wohl Entspannungszustände herbeigeführt werden können. Die Beeinflussungen von Puls- und Atemfrequenz sowie Muskeltonus werden neben den beschriebenen Veränderungen der Gehirnwellenfrequenz gemessen. Subjektiv wird von wohliger Entspannung, angenehmer Schläfrigkeit sowie fundierter Erholung und Erquickung berichtet. Je nach Programmierung (manche Geräte verfügen über mehr als 30 verschiedene Programme von unterschiedlicher Dauer) können auch belebende und aktivierende sowie kreativitätsfördernde Wirkungen generiert werden. Eine Kombination mit bestimmten Audiokassetten-Programmen, wie Suggestionen zur Förderung von Kreativität, Belastbarkeit, Stärkung des Immunsystems, auch Nichtrauchertraining sind technisch möglich und in vielen Fällen auch fachlich angeraten.

Biofeedback

Biofeedback stellt Körperfunktionen wie Pulsfrequenz, Hautwiderstand, Atemfrequenz, Gehirnwellenmuster, Muskeltonus, Hauttemperatur, Blutdruck u. a. m. unter Zuhilfenahme elektronischer Geräte auf einem Monitor bzw. akustisch dar. Dafür werden eine Zahl von Meßelektroden an verschiedenen Körperteilen angebracht.

Diese Methode ermöglicht es, daß Veränderungen im Individuum wie z. B. Vertiefung der Entspannung oder Erhöhung der Pulsfrequenz unmittelbar wahrnehmbar gemacht werden. Dem Trainierenden leistet das Biofeedback insofern wertvolle Hilfestellung, als er direkt mitverfolgen kann, welche Gedanken, Gefühle und Körperzustände sich wie auf die dargestellten Parameter auswirken. Erst dadurch kann er lernen, durch welche Verhaltensmuster ein Streßabbau am ehesten erreicht wird. Dieses Verhalten kann dann präzise trainiert und der Erfolg dem Trainierenden konkret veranschaulicht werden. Auf diesem Wege können sowohl unbewußte, positive oder negative Verhaltensmuster bewußt gemacht als auch objektiv nachvollziehbar abgebaut bzw. gefördert werden.

Über das Streßmanagement hinaus bietet sich eine sinnvolle Anwendung im medizinischen Bereich wie in der Kopfschmerztherapie, Therapie bei Lähmungserscheinungen an.

Fehlende Nebenwirkungen sind hier ein eindeutiger Vorteil gegenüber der konventionellen medikamentösen Behandlung.

Elektrostimulation

Über die Ohrläppchen werden elektrische Reize in einem Impulsspektrum von ca. 0,2 bis 30000 Hertz im Mikroampèrebereich mit Hilfe von Elektroden verabreicht. Die Elektrostimulation bewirkt dabei eine tiefe Entspannung mit körperlicher und geistiger Ausgeglichenheit. Vor allem wird sie inzwischen in der Suchttherapie eingesetzt[69]. Darüber hinaus findet sie heute im Rahmen der sportlichen Leistungsoptimierung ihre Anwendung.

Audiokassetten

Spezielle Kassettenprogramme ergänzen die beschriebenen Methoden. Im Rahmen einer akustischen Stimulation werden über Kopfhörer Musik, Stimme und bestimmte Frequenzen verabreicht, die auch hier unter Berücksichtigung des Gehirnwellenmodells gezielt eingesetzt werden. Die Stimmungsbeeinflussung durch Musik hat sich bereits im therapeutischen Bereich etabliert, wo sie durch andere Methoden unterstützt und eingesetzt wird.

Schallwellen (Töne) werden zur Induzierung von Bewußtseinszuständen kombiniert und beeinflussen so unsere Gehirnaktivität. Durch die Verwendung von harmonisch eingeblendeter Sprache können so gezielt Themenbereiche bearbeitet werden, die für den Einzelnen von Bedeutung sind. Beispielhaft können hier angeführt werden: Entspannung, Aktivierung, Streßabbau, Körperbewußtheit, Stärkung des Immunsystems durch Suggestionen, Förderung der Selbstheilungskräfte, Steigerung der Kreativität und Konzentration, „Energie Tanken", Entwicklung von Problemlösungsstrategien, Lebensplanung, Traumarbeit, Lerninhalte u.v.a.m.. Diese Themenpalette aus den unterschiedlichen Lebensbereichen dokumentiert anschaulich, wie eine Vielzahl von Kassettenprogrammen entstehen konnte und wieviel Raum für „Themen-Programme" vorhanden ist, so daß ein Ende dieser Entwicklung nicht abzusehen ist. Vor der Auswahl von Audiokassetten sollte jedoch eine kritische Prüfung der Programme sowie der fachlichen Kompetenz der Produzenten erfolgen. Gerade in diesem sensiblen Bereich muß sorgfältig ausgesucht werden, womit das Unterbewußtsein programmiert wird. Im Zweifelsfall ist die Konsultation von Fachleuten zu empfehlen.

Eine besondere Variante dieser Cassettenverfahren ist die sogenannte „Hemisphärensynchronisation" (Abstimmung beider Gehirnhälften) nach Robert Monroe. Dem Gehirn werden über Stereokopfhörer zwei leicht unterschiedliche Frequenzen verabreicht, z.B. über das rechte Ohr 400 Hertz und über das linke Ohr 410 Hertz. Das Gehirn schwingt sich nun interessanterweise auf die Differenz, also 10 Hertz ein, was dem Alphazustand entspricht. Dieses Prinzip wurde von Monroe „Frequency Following Response" genannt. Hierbei besteht die Möglichkeit, verschiedene (Differenz-)Frequenzen zu erzeugen und so verschiedene Bewußtseinszustände herbeizuführen, die wiederum für therapeutische oder Entspannungszwecke genutzt werden können.

In dem vom amerikanischen Psychotherapeuten Dr. Lloyd Glaubermann entwickelten „Hypno-Periphal Processing" werden ausgereifte Hypnosetechniken mit hochentwickelter Audio-Technologie kombiniert. Simultan werden jedem einzelnen Ohr zwei unterschiedliche Geschichten erzählt, die aufeinander abgestimmt sind. Auf diese Weise wird eine „sanfte Überladung" des Gehirns herbeigeführt, wobei ein tiefer Bewußtseinszustand entsteht, der nunmehr für die entsprechenden hypnotischen positiven Suggestionen einen idealen Empfänger bildet. So wird die Wirksamkeit der verabreichten Botschaften deutlich gesteigert.

Der Markt der Audioprogramme ist stark angewachsen, viele

neue Angebote entstehen, wie z.B. „Ultra Meditation", „Harmonic Brainware Synergy" u.a.m. Eine systematische Erforschung dieses Gebietes steht zur Zeit noch aus.

Entspannungstanks

Die Enspannungstanks, die auch unter den Namen Psychotank, „Sensory Isolation Tank" und „Pyramid Pool" bekannt wurden, sind in den fünfziger Jahren vom amerikanischen Wissenschaftler *John C. Lilly* im Auftrag der US-Regierung entwickelt worden, um Isolationszustände zu erforschen. Diese Art von Anti-Streß-Gerät ist grob beschrieben ein Tank von 2,50 m Länge, 1,50 m Breite und 1,50 m Höhe. Vom Autor wurde ein Gerät in Pyramidenform entwickelt. In seinem Inneren befindet sich stark mit Salz angereichertes Wasser (meistens Magnesiumsulfat, MGSO4 7H20, auch bekannt als Bittersalz). Der Benutzer schwimmt wie ein Korken oder schwebt wie im Toten Meer an der Oberfläche. Die Flüssigkeit ist mittels Sensorsteuerung auf ca. 34,5° C aufgeheizt, also fast auf Körpertemperatur erwärmt. Der Benutzer empfindet dieses weder als warm noch als kalt. Das Innere ist schall- und lichtisoliert. Für die Frischluftzufuhr sorgt ein geräuschlos arbeitendes Ventilationssystem, in das ein Negativ-Ionen-Generator integriert werden kann, um die Luftqualität zu optimieren.

So wird eine Umgebung geschaffen, in der keine oder nur sehr wenige sensorische Reize auf den Trainierenden einströmen: kein Licht, keine Geräusche, kein Temperaturempfinden. Darüberhinaus ist das Schwerkraftempfinden durch den Schwebezustand fast völlig ausgeschaltet. Alles, was der Trainierende nun wahrnimmt, ist er selbst, in seiner ureigensten Form. In diesem „Elektronenmikroskop der Seele", wie der Tank eindrucksvoll genannt wurde, kann nun eine Vielzahl von Themen bzw. Problemen bearbeitet werden: Tiefenentspannung bei Streßproblemen und Belastungen des Alltags, Problemlösung bei seelischen Konflikten, Lebensplanung, Schmerzerleichterung, Selbstbeobachtung, Selbsterkenntnis, Traumarbeit, Meditation, Mutterleibserfahrung, Beschleunigung von therapeutischen Prozessen u.a.m. Allein schon die Erfahrung in einer solchen Umgebung für die Dauer einer Sitzung, die sich zwischen 60 und 120 Minuten erstreckt, bedeutet in aller Regel einen deutlichen Streßabbau. Insbesondere stark belastete Berufstätige, die im Alltag Zeitdruck, Dichtestreß, Leistungsdruck u.s.w. permanent ausgesetzt sind, können hier beachtliche Erfolge erzielen und in relativ kurzer Zeit eine Streßreduzierung erzielen. *NASA*-Forschungen zufolge hat die Schwerelosigkeit wie sie bei Weltraumflügen auf Astronauten einwirkt, eine bewußtseinsbeeinflussende Wirkung, welche in abgeschwächter Form auch bei den „Psychonauten", den Tankbenutzern auftreten.

Die Nutzung der Entspannungstanks ist hinsichtlich des Hygienefaktors nicht unproblematisch. Dadurch, daß eine Salzfüllung mehrere Hundert Mark teuer ist, muß das Wasser aus ökonomischen Gründen mehrfach genutzt werden.

Bei privatem Gebrauch bereitet das sicherlich wenig Probleme, jedoch sollte bei gewerblicher Nutzung die Desinfektion des mehrfach verwendeten Wasser sorgfältig berücksichtigt werden.

Die professionellen Tankhersteller können hierbei in der Regel qualifizierte Hilfestellung leisten. Ebenso sinnvoll ist die Konsultation eines Gesundheitsamtes, das sich bereits mit der Problematik auseinandergesetzt hat.

Neben der Nutzung als Instrument zur Streßreduktion wird der Tank auch gern von Hochleistungssportlern genutzt, z.B. speziell zur Visualisierung des optimalen Bewegungsablaufes im Stabhochsprung und auch im Fußballsport, sowie zur Reduzierung der Anspannung vor Spielen und mentales Programmieren zur Höchstleistung und Konzentration. Zahlreiche Führungskräfte der Wirtschaft lernen gerne von Hochleistungssportlern, da auch sie in ihrem Fachgebiet Höchstleistungen erzielen müssen. So ist es nicht verwunderlich, daß der Tank von Ihnen vor wichtigen Sitzungen, Geschäftsreisen und zur Entwicklung von Problemlösungsstrategien genutzt wird. Denn gerade sie stehen oft unter starker Anspannung, starkem Kreativitäts- und Innovationsdruck. Die (Umwelt)-Isolationswirkung des Tanks kann bei gezieltem Einsatz das „biologisch psycho-physische System Mensch" in erstaunlich kurzer Zeit regenerieren und so entscheidende Kreativitätsschübe bewirken.

VIII. Therapie

1. Der Therapeut und therapeutische Ziele

Nicht das, was real geschieht hat seelische Folgen, sondern das, was Menschen aus dem realen Geschehen machen, d.h., wie das Geschehen erlebt wird. Seelische Störungen können vom Therapeuten erst dann versucht werden zu heilen, wenn es ihm gelingt, das innere Bild, das sich ein Klient von der Realität macht, zu erfassen und zu verstehen.

Der Therapeut hat nur ein Ziel, nämlich Menschen, die zu ihm mit Problemen und Schmerzen kommen, zu helfen, in ihrem Leben etwas zu ändern. Er kann verschiedene Techniken benutzen, aber die Art, wie er seinen Körper, seine Stimme, seine Augen, seine Hände sowie Worte gebraucht und wie er mit Worten umgeht, ist sein wichtigstes Werkzeug.

Alles, was ein Therapeut tut, fühlt, sieht, seine subjektive Erfahrung, wird vom Klienten bewußt oder unbewußt aufgenommen, d.h., seine Augen, Ohren und Körper „spüren" den Therapeuten. Deshalb sind nicht so sehr die Techniken, die ein Therapeut benützt, ausschlaggebend, sondern sein Einfühlungsvermögen in den anderen, seine eigene Fähigkeit, Gefühle zuzulassen und die Fähigkeit, die eigene innere und äußere Realität nicht zu verzerren.

Das eben Gesagte begründet die Wichtigkeit, daß ein Therapeut an sich selbst Arbeit geleistet hat. In anderen Worten, er verlangt vom Klienten nichts, zu dem er selbst nicht imstande ist und projiziert seine eigenen Konflikte nicht auf den Hilfesuchenden.

Menschen haben ihre Lebenseinstellungen und Meinungen größtenteils aus vergangenen Erfahrungen und reagieren dementsprechend auf gewisse Situationen. Die Situationen ändern sich aber im Laufe der Zeit und so sollten sich auch unsere Reaktionsmuster ändern. Das aber fällt Menschen schwer. Wir bilden uns ein, daß es eben nur diese Art von Verhalten für uns gibt und verwenden dieselben Reaktionsmuster und Verhalten, auch wenn sie in Wirklichkeit nicht mehr angepaßt sind.

In jeder Krise, sei es eine psychische oder somatische Störung, gibt es immer Momente, wo bestehende Arten und Weisen des Lebens und Erlebens aufgegeben werden müssen. Die Bewältigung solcher Krisen erfolgt durch die Integration von neuen, das Verhalten verändernder Einsichten in die zuvor bestehende Persönlichkeit. Die Lebenseinstellung zu ändern, ist eine überaus wichtige Entscheidung, denn sie führt zu seelischem Wachstum sowie Reifung der Persönlichkeit.

Einen Veränderungsprozeß in die Wege leiten heißt, die innere und äußere Wirklichkeit kennenlernen, sich mit dem eigenen Körper in Kontakt bringen. Die Harmonisierung mit der Umwelt ist dann eine automatische Folgeerscheinung.

Die Grundlage heutigen psychotherapeutischen Handelns ist das multifaktorielle bio-psycho-soziale Störungsmodell, das in pathogenetischer Hinsicht keine Unterscheidung zwischen somatischen und psychischen Störungen macht und beide grundsätzlich auf die gleichen potentiellen Entstehungsbedingungen zurückführt. Alle Erkrankungen und Störungen basieren auf einer Interaktion zwischen biologischen und psychosozialen Verursachungsfaktoren und auf der Tatsache, daß jede Störung oder Erkrankung immer auch eine emotionale Störung bedeutet.

In diesem Zusammenhang versteht man unter psychosozial in erster Linie die Interaktion eines Individuums mit seiner Umwelt. Die Einflüsse der Umwelt wirken als extern-praktische Probleme (im Gegensatz zu intern-emotionalen Problemen) begrenzend oder einschränkend auf die Erlebens- und Verhaltensmöglichkeiten des Menschen ein. Dies geschieht allerdings nicht direkt, sondern über den steuernden Einfluß bestimmter Bewertungen, Einstellungen und Lebensphilosophien, die ein Individuum im Laufe seiner Entwicklung in der transaktionalen Auseinandersetzung mit seiner Umwelt geformt hat.

Die verschiedenen psychologischen Richtungen haben in der Vergangenheit unter dem Blickwinkel prädisponierender (z.B. der Persönlichkeitsfaktor Eysencks), auslösender und aufrechterhaltender Vorausbedingungen ihre ureigensten Theorien zur Entstehung von psychischen Störungen erstellt.

Die „Menschenbilder“ der verschiedenen Therapiekonzepte mögen viele Unterschiede aufweisen und dennoch betrachten sie alle die Klienten als hilfsbedürftige Menschen, die an einem Punkt ihres Lebens stehen, an dem sie nicht mehr in der Lage sind, ihre Schwierigkeiten alleine zu bewältigen. Dies bedeutet, daß jede Therapieschule den Menschen als veränderbar betrachtet und gibt damit dem Klienten die Möglichkeit, sich selbst als veränderbar zu erleben.

Auch in der Festlegung des Therapiezieles haben die verschiedenen Ansätze mehrere Gemeinsamkeiten. Obwohl sehr wenige Therapieschulen Emotionen als Ziel therapeutischer Veränderungen in den Mittelpunkt rücken (was angesichts der emotionalen Schwierigkeiten, derentwegen Klienten eine psychotherapeutische Behandlung suchen, erstaunlich ist), beteiligen sich alle Behandlungstechniken an folgenden therapeutischen Vorgehensweisen, die eine Veränderung von problematischen Emotionen, eine Veränderung der Intensität, der Qualität oder des Erlebens und Wahrnehmens von Emotionen hervorrufen können:

- eine Bewußtmachung emotionaler Erfahrungen und der damit einhergehenden kognitiven Inhalte
- das befreiende Neuerleben belastender Situationen
- die Umstrukturierung vorhandener Erfahrungen
- die Möglichkeit des Ausprobierens neuer Erlebnis- und Verhaltensweisen in der Therapiesituation.

Die Aktivierung bewußten Erlebens jederlei Emotionen ist allen Therapien gemeinsam und äußerst wichtig. Diesen Vorgang könnte man bei *Rogers* wohl Selbstexploration und bei *Maslow* Selbstverwirklichung nennen.

Ohne das Eingehen auf das eigene Erleben mit verbalen, aber auch nonverbalen, körperlich expressiven oder auch künstlerischen Mitteln wird es nicht zu einer Interaktion zwischen Therapeut und Klient und des Klienten mit sich selbst und damit zu einer Veränderung von Emotionen kommen können.

In Begriffen, die den Konstruktivismus (vgl. *Watzlawick*) entlehnt sind, geht es in der Behandlung psychischer Probleme darum, mit dem Klienten gemeinsam ein Rekonstrukionssystem für gemachte Erfahrungen und ein Konstruktionssystem für neue Erfahrungen zu erarbeiten.

In keiner Therapie darf es um die Kontrolle oder Unterdrükkung von Gefühlen gehen. Im Gegenteil, das Gewahrwerden, das Ausleben und das Lernen des „Wie damit umgehen" der eigenen Emotionalität oder ihrer eventuellen Einschränkung (durch bewußte Kontrollmaßnahmen), sind entscheidende und wichtige Bestandteile für das Erleben angemessener, auf die Dauer nicht belastender Gefühle.

Die Bewußtmachung von Emotionen entspricht dem Wahrnehmen, dem erkennenden Differenzieren und auch dem Akzeptieren von jeweils aktuellen oder überdauernden Gefühlszuständen. Es geht immer auch darum, dem Klienten bestimmte kognitive Inhalte bewußt zu machen, die mit der jeweils behandelten Störung in einem bestimmten Zusammenhang stehen.

Die Erfahrung des Wahrnehmens von Emotionen läßt sich am ehesten vermitteln und für den Klienten verständlich machen, wenn die therapeutische Arbeit den Körper des Klienten miteinbezieht und im Hier und Jetzt stattfindet; also weniger mit Gefühlen aus der Vergangenheit oder der Zukunft, sondern möglichst an aktuell auftretenden aktivierbaren Emotionen gearbeitet wird.

Zur Verbesserung der Wahrnehmungsfähigkeit der eigenen Gefühle ist vor allem erforderlich, daß Klienten lernen, Gefühle zuzulassen, aber nicht nur die positiven, sondern auch die negativen. Gelingt es dem Therapeuten bereits am Anfang der Therapie, den Klienten davon zu überzeugen, daß auch gestörte, belastende Emotionen „normal" sind, dann besteht eine größere Möglichkeit, daß sich der Klient in der Therapie „gehen läßt". Diese Erklärung seitens des Therapeuten trägt auch dazu bei, daß der Klient unangemessene Emotionen zuerst einmal akzeptieren lernt und sie nicht als seinen Feind betrachtet, den es um jeden Preis und schnellstens zu beseitigen gilt.

Therapien, die zur Evokation von Gefühlen beitragen sollen, aber nur in der kognitiven Modalität angewendet werden, greifen zu kurz. Bei starken Gefühlen (z. B. Schuldgefühle) ist es sinnvoller, auch körperliche Erregungsprozesse („Was fühlen sie in ihrem Körper?" „Wo fühlen sie dieses Gefühl in ihrem Körper?") als auch motorische Vorgänge („Was würden sie am liebsten tun?") miteinzubeziehen. Diese Technik dient zur Vergrößerung der Bewältigungsfähigkeit beim Klienten.

Als Form des Zulassens von Gefühlen muß die kathartische Technik der Abreakation oder des Wiedererlebens von Emotionen (*Freud*) erwähnt werden. Freud kam es weniger auf das Hervorrufen von Emotionen an, als vielmehr auf die Aufhebung der Verdrängung, also auf die Notwendigkeit, Gefühle bewußt zu machen, um sie zu verstehen und sie zu analysieren.

Neuere kathartische Therapieansätze verstehen die Katharsis als ein Vollenden (ganz oder teilweise) einer vorher verhinderten oder unterbrochenen Abfolge des Selbst-Ausdrucks. Dabei wird das kathartische Wiedererleben als ein zweistufiger Vorgang betrachtet. Die Erregungsphase, in der die vorher blockierte Handlung wieder hervorgerufen wird und die Vollendungsphase, in der zuweilen sehr heftige Ausdruckserscheinungen wie Lachen, Tränen oder Wut entstehen.

Zur Katharsis werden folgende therapeutische Anregungen gegeben:

- Therapeuten sollten alles unterlassen, was die Vollendungsphase unterdrückt oder blockiert.
- Klienten sollte nicht gestattet werden, die Vollendungsphase ihrer blockierten emotionalen Handlungen zu umgehen oder sie abzukürzen.
- Katharsis sollte als therapeutisches Experiment des Ausdrükkens von Gefühlen in der Therapiestunde genutzt werden und dann in das Alltagsleben des Klienten umgesetzt werden.
- Katharsis sollte Klienten helfen, ihre Gefühle besser zu erkennen und verstehen zu lernen.

Die Konfrontation des Klienten mit den eigenen Gefühlen ist ein wichtiges Verfahren, das die meisten Therapieschulen gemeinsam haben. In der Psychoanalyse wird der Klient mit den Übertragungsgefühlen konfrontiert, in der klassischen Verhaltenstherapie mit angstauslösenden Situationen oder Objekten, in der Gestalttherapie mit seinem eigenen Erleben, in der Gesprächstherapie mit der Verbalisierung seines Erlebens, in der kognitiven Therapie mit seinen eigenen Wahrnehmungen oder Wirklichkeitskonstruktionen und seinen grundlegenden Lebenseinstellungen und in den körperbezogenen Therapien mit seinen Körpergefühlen.

Konfrontation sollte also immer darauf zielen, den Klienten mit seinen Emotionen in Kontakt zu bringen, sich ihnen zu stellen und sie, so unangenehm oder beschämend sie auch sein mögen, zunächst akzeptieren zu lernen. Die dabei entstehende Angst ist eine wichtige Erfahrung für den Klienten.

Ohne die selbst wahrgenommene Fähigkeit, die eigenen Gefühle, auch die belastenden und beschämenden, wieder besser ausnehmen zu können, werden Klienten nur schwerlich zu einer synergetischen Integration ihrer Emotionen kommen können. Durch die Konfrontation wird der Klient in die Lage versetzt, seine eigenen emotionalen Reaktionsmuster zu erkennen, zu kommunizieren und zu akzeptieren. Sie trägt auch dazu bei, die Einsicht des Klienten in das Zusammenwirken von Gedanken, Gefühlen und Handlungen zu fördern. Diese Einsicht bewirkt eine Differenzierungsfähigkeit und der Klient ist damit besser in der Lage, neue Erfahrungen durch Assimilation zu verarbeiten und seine Erlebensfähigkeit zu erweitern.

Bezüglich der therapeutischen Beziehung zeigt sich, daß das Bemühen, den Klienten und seine Problemwelt zu verstehen, sich in sie hineinzufühlen, eine für alle Schulen gültige therapeutische Grundhaltung ist. Aus dieser Haltung heraus kann der Therapeut als Modell fungieren. Er kann dem Klienten gleichsam zeigen (nur in indirekter Art und Weise), daß er auch anders als es ihm jetzt möglich ist, mit seinen Schwierigkeiten umgehen könne.

Dies erfordert allerdings, daß der Therapeut das modellhafte Verhalten auch selbst zur Verfügung hat und selbst, wenigstens in weiten Teilen, mögliche eigene emotionale Probleme wahrgenommen, bearbeitet und überwunden hat.

Zur Zeit existieren über 250 verschiedene Therapieformen. Ein Therapeut spezialisiert sich normalerweise auf nicht mehr als drei davon und zwar auf diejenigen, die dem Charakter des Therapeuten am meisten entsprechen. Durch die doch sehr vielen Gemeinsamkeiten der verschiedenen Richtungen, wird ein guter Therapeut mit den von ihm verwendeten Therapien immer Mittel und Wege finden, dem Klienten zu helfen.

Zu den Voraussetzungen für eine positive Abwicklung des Therapieverlaufs gehört auch, daß ein verantwortungsbewußter Therapeut immer so handelt, wie er fühlt, d.h., er wird eine Entscheidung darüber treffen, ob eine Zusammenarbeit mit einem Klienten möglich ist oder nicht und einen negativen Entschluß seinem Klienten vor Anfang der Therapie auf diskrete Weise mitteilen. Ist ein Therapeut schon anfangs nicht offen zu seinem Klienten, wie könnte er es nacher sein? Therapeut und Klient sollten eine Dyade bilden, denn das mutuelle „Sich-mögen“ fördert natürlicherweise das Sich-Öffnen des Klienten. Allzuoft ist es nicht die schlechte Abstimmung zwischen Therapietyp und Klient, die den Verlauf einer Therapie behindert, sondern die schlechte Beziehung zwischen Therapeut und Klient.

2. Beschreibung wichtiger therapeutischer Richtungen als Orientierungshilfe

In der Frage der Verursachung menschlichen Fühlens, Denkens und Verhaltens gibt es keine Übereinstimmung zwischen den unterschiedlichen Schulen. Einem linearen, unikausalen Determinismus der Psychoanalyse oder der klassischen Verhaltenstherapie stehen kontext- oder feldabhängige Konzeptionen der Verursachung menschlichen Verhaltens in der Gestalt-Therapie oder der Gesprächspsychotherapie gegenüber.

Ein gemeinsamer Nenner läßt sich aber dennoch finden: Die Verursachung des Verhaltens wird von allen Therapieschulen als äußerst komplexes Problem gesehen, das nur mit sehr genauen und feinfühligen Analysemethoden untersucht werden kann; mit Methoden, die der Komplexität des Menschen Rechnung tragen.

Auch die Frage nach dem Wesen des Menschen beantworten die Therapierichtungen auf unterschiedlichste Weise. Der Mensch mag prinzipiell gut sein oder fehlerhaft und fehlbar, mag Wachstumspotentiale in sich tragen oder die Folgen einer fehlgeleiteten frühkindlichen Sozialisation, immer aber gilt eines für den Menschen, der mit Psychotherapie in Kontakt kommt: Er hat Probleme, die er allein, mit seinen Mitteln, nicht mehr lösen kann. Der Mensch ist hilfsbedürftig. Dies ist sicherlich eine für alle Therapieformen durchgängige Sichtweise. Der Mensch wird aber auch als lernfähig und veränderbar angesehen, sonst wäre Therapie sinnlos.

Man kann davon ausgehen, daß jede Therapieform eine Analyse des Bewertungssystems des Klienten beinhaltet. Veränderung gewisser Lebenseinstellungen, Verhaltensweisen, etc. kommt erst dann zustande, wenn der Klient Einsicht in die Notwendigkeit erlangt, seine Bewertungen der inneren und äußeren Realität zu verändern.

Damit Klienten mit hoher Wahrscheinlichkeit Bewertungsmodelle übernehmen, wird zu folgenden psychoanalytisch hergeleiteten Interventionen geraten:

- Therapeuten sollten mehr Zeit darauf verwenden, die einander widersprechenden Gefühle und Kognitionen ihrer Klienten aufzudecken und damit deren subjektiver, kognitiver und affektiver Realität näherzukommen.

- „Irrationalität" in den Bewertungen des Klienten sollte zunächst respektiert und nicht sofort als zu lösendes Problem gesehen werden. Solche Bewertungsmuster liefern ein besseres Verständnis für die Lebenserfahrungen eines Klienten als ihr sofortiges Infragestellen.
- Therapeuten sollten sich im klaren darüber sein, daß Bewertungen wahrscheinlich unbewußt sind, aus der Kindheit herrühren und zu Manifestationen des Widerstands führen.

Von *Bandura*[70] wird die Möglichkeit zur Veränderung von Bewertungsvorgängen wie folgt beschrieben:

„Einerseits werden Veränderungsprozesse immer häufiger kognitiv erklärt. Andererseits sind es auf Leistungen beruhende Behandlungstechniken, die sich als die wirksamsten erweisen, um psychische Veränderungen herbeizuführen. Unabhängig von der jeweiligen Methode erreichen Behandlungen, die ein tatsächliches Tun des Klienten enthalten, durchgängig bessere Ergebnisse als solche, in denen Ängste aufgrund kognitiver Repräsentation von Bedrohung beseitigt werden."

Nicht nur das tatsächliche Tun, sondern auch das Fühlen durch den Körper sind jene Geschehnisse, die Menschen sich selber fühlen lassen, sie mit sich selber in Kontakt bringen.

Um die Ganzheit des Menschen zu berücksichtigen, sollte jeder Therapeut zumindest eine körperbezogene Therapieformen anwenden, denn durch die Wirkung des Körpers auf die Psyche erhöht die Lust am Selbstausdruck den Energiespiegel des menschlichen Organismus. Die vermehrte Energie steigert die Motilität, die Gefühlserfahrungen und die Spontanität. Dies zu erreichen, ist mit diversen körperbezogenen Therapien möglich, z.B. durch die Gestalt-Therapie, Psychodrama, Katharsis, Bioenergetik, Autogenes Training, Musik- und Tanztherapie, Kunst-Therapie.

Psychoanalyse

Den psychoanalytisch-tiefenpsychologischen Therapieverfahren, so unterschiedlich sie sich aus dem Stammbaum der Psychoanalyse Freuds entwickelt haben, ist die einheitliche Konzeption der Entstehung und Aufrechterhaltung psychischer Störungen aus Konflikten von Trieben und Triebunterdrückung gemeinsam.

Allerdings wurde in den verschiedenen neo-psychoanalytischen Richtungen sowie in der Individualpsychologie Adlers und der analytischen Therapie Jungs die von Freud getroffene Festlegung der Triebe (auf Libido und Todestrieb) und der Mechanismus der Triebunterdrückung (Verdrängung und andere Abwehrmechanismen) durch andere Konzepte ersetzt.

Die klassische Psychoanalyse im Sinne *Freuds* geht davon aus, daß der Mensch in allen wesentlichen Punkten abhängig ist von seinen vorwiegend sexuell konzipierten Triebimpulsen einerseits und andererseits von den in seiner frühkindlichen psychosozialen Entwicklung erworbenen Geboten (des-Über-Ichs), deren oft unbewußte Konflikte das Ich zu verarbeiten hat. Kennzeichen des psychoanalytischen Ansatzes ist die grundlegende Abhängigkeit des Menschen von den – letztlich destruktiven – Triebimpulsen und von traumatisierenden, verdrängten frühkindlichen Erfahrungen.

Von Bedeutung sind bei den Neurosen der Oedipus-Komplex und der Kastrationskomplex (Angst vor Strafe für unerlaubte sexuelle Wünsche und Handlungen). Bei der psychoanalytischen Behandlung der Neurosen werden aus der Traumdeutung und den freien Einfällen, die der Klient bei ruhiger Selbstbesinnung äußert (freie Assoziation), die krankheitsbildenden Ursachen rekonstruiert und ihm gegen seinen oft sehr starken Widerstand bewußt gemacht.

Die Aufdeckungsarbeit bereitet dem Klienten Angst. Er fürchtet z.B. den Verlust eines liebgewordenen relativen Gleichgewichts. Es ist die Aufgabe des Analytikers, diesen Widerstand zu erkennen und zu deuten. Die Theorie ist, daß die Symptome der Störung ein Kompromiß in der Erfüllung des Wunsches sind.

Die Bewußtmachung unbewußten Materials geschieht oft unter Einbeziehung starker Gefühle, insbesondere in der Übertragung. Dort projiziert der Klient seine neurotische Haltung, speziell seine kindlichen Gefühle gegenüber den Eltern, auf den Therapeuten. In der Auflösung dieser künstlich hergestellten Übertragungsneurose soll der Klient sich die wiedererlebten Gefühle und Verhaltensmuster seiner Kindheit mit Hilfe des Analytikers bewußt machen. Er soll sie durcharbeiten, durch alle Abwehrmechanismen hindurch auflösen und neue, realitätsangemessene Haltungen erlernen.

Das Ziel der Psychoanalyse ist in erster Linie eine Aufhebung der Abhängigkeit des Klienten von seiner Sozialisation und den damit verbundenen Konflikten zwischen den Triebansprüchen des

Es, den normativen Ansprüchen des Über-Ichs und dem Ich. Die Stärkung des geschwächten Ichs (ein Konflikt ist an sich noch nicht krankheitsauslösend, erst wenn das Ich sich als nicht stark genug erweist und auf Abwehrmechanismen zurückgreift, um den Konflikt zu lösen, kann es zu psychischen Störungen kommen), seine Reorganisation und der Einbau des Es in das Ich, soll in Anlehnung an die reale Außenwelt geschehen. Es soll also auch das Sich-Zurechtfinden des Klienten in seinem alltäglichen Leben verbessert werden. Dabei wird nicht versucht, den Klienten von seinen Problemen zu „befreien", sondern er soll in den Stand versetzt werden, mit den Leiden seines Alltags fertig zu werden.

Üblicherweise geschieht die Psychoanalyse so, daß der Analytiker hinter dem auf einer Couch liegenden Klienten sitzt, zuhört, nur selten mit Äußerungen eingreift und vor dem Hintergrund der empirischen Kenntnisse seines eigenen Unbewußten, die er in der eigenen Lehranalyse erfahren hat, zu verstehen versucht.

Analytische Psychotherapie

Therapie in der analytischen Psychologie (*Carl Gustav Jung*) heißt primär, stagnierende Individuation in Gang zu setzen, Selbstentfremdung aufzuheben. Der geschickte Therapeut wird bei jedem Klienten einen anderen Weg einschlagen. Immer aber geht es ihm darum, daß sich der Klient mit seinem Unbewußten bewußt auseinandersetzt. Individuation bedeutet den lebenslangen Prozeß der Persönlichkeitseinung.

Der „Schatten" ist die erste Station für den Klienten, der ins Unbewußte hinabsteigend, sich auf die Reise seiner Individuation begibt. Er gehört zum „persönlichen" Unbewußten und besteht aus verdrängten Trieben und Triebanteilen. Wenn diese durch Analyse aus der Verdrängung emportauchen, sollen sie in der Psychoanalyse realisiert, unterdrückt oder sublimiert werden. In der analytischen Therapie jedoch ist Realisation und „Annahme des Schattens" wichtig.

Dringt der Individuationsprozeß weiter ins Unbewußte vor, so gelangt er über die Grenzgestalten von „Anima" und „Animus", welche die gegengeschlechtlichen Tendenzen in Frau und Mann repräsentieren, ins „kollektive" Unbewußte, das die „Archetypen" in unübersehbar großer Zahl enthält. Als überpersönliche Bilder und Wesenheiten sind sie denen, die sie tragen, erst einmal verborgen. Nur in Grenzsituationen brechen sie in den Bewußtseinsraum ein.

Die letzte Instanz des Individuationsprozesses ist das „Selbst", das, dem Bewußtsein unendlich fern, dem umfassenden Kosmos unmittelbar verbunden, als Zentrum des ganzen psychischen Systems ebenso die bewußten wie die unbewußten Schichten – bis hin zu den archetypischen Gegebenheiten – potentiell, keineswegs reell, dirigiert. Je mehr aber der Individuationsprozess voranschreitet, um so mehr wird diese Selbstinstanz im Menschen wirksam, wodurch schließlich die individuelle Geschlossenheit und Ganzheit zustande kommt.

In der Therapie werden die Träume des Klienten gedeutet, es wird aktiv imaginiert und auch Malen und Zeichnen wird verlangt. Träume sind multifunktional. „Amplifizierend" (erweiternd) berücksichtigen Therapeut und Klient bei der Deutung persönliches Material des Träumers sowie mythologische Themen. Ein Traum wird immer nur vor dem Hintergrund der träumenden Person gedeutet.

Die Libido ist in der analytischen Therapie nicht sexueller Natur, sondern eine psychische Energie, die zielgerichtet eingesetzt werden kann. Beim gesunden Menschen ist die Libido progressiv, d.h., sie paßt sich den ständig wechselnden Umweltbedingungen an. Im Fall einer Neurose wird die Libido regressiv. Progression und Regression sind Formen der Energieumsetzung entweder nach außen (Umwelt) oder innen (archetypische Urbilder). Regression ist ein therapeutisches Teilziel und meint eine Bewegung aufs Unbewußte zu – eine zunehmende Introversion. Ihr folgt die Progression, ein Auftauchen ins Bewußte, eine Zunahme der Extraversion. Als Energietransformator wirkt das Symbol.

„Imago" ist ein weiterer wichtiger Begriff dieser Therapie und bezeichnet ein starres Erfahrungsschema im Individuum; z.B. die Art, wie der Vater in der frühen Kindheit verzerrt oder mehr oder minder richtig wahrgenommen wird, verfestigt sich zu einem „Vaterimago". Durch diese Brille werden im späteren Leben andere Männer – und jetzt fast immer verzerrt – wahrgenommen.

Die „Archetypen" sind Imagines anderer, aber verwandter Art. Es sind universelle Symbole, die sich in allen Mythen finden. Sie sind Ballungszentren der psychischen Energie. Personifiziert können sie in Träumen, Visionen, Tagträumen und künstlerischen Schöpfungen auftreten.

Im Fall einer Neurose sucht der Therapeut nicht danach, wie er sie erledigen kann, sondern er bringt in Erfahrung, was sie meint, was sie lehrt und was ihr Sinn und Zweck ist. Die Neurose wird als ein krankes System der sozialen Beziehungen aufgefaßt; die therapeutische Klärung der Schwierigkeiten soll zu neuem Verhalten führen.

Individualpsychologische Therapie

In dieser Therapie ist der Klient nach seinem „Lebensplan" zu verstehen. Dieser besteht nach *Alfred Adler* aus dem Bestreben, soziale Anerkennung zu erreichen und vor allem Minderwertigkeitskomplexe auszugleichen, die dem Menschen von früher Kindheit an (durch seine Hilflosigkeit, Entmutigungen, körperliche Mängel, sog. Organminderwertigkeit, soziale oder wirtschaftliche Benachteiligung, tatsächliche oder vermeintliche Geringschätzung und dgl.) eigen sind.

Diese Minderwertigkeitskomplexe versucht das Geltungs- und Machtstreben des Menschen durch Erfolge zu überwinden, zu kompensieren. Hierbei kann es auch zur Überkompensation kommen und in diesem Prozeß entwickeln sich die Charaktermerkmale und auch die neurotischen Erscheinungen; wenn der Lebensplan fehlerhaft ist, die Kompensation nicht gelingt und die Entwicklung des Gemeinschaftsgefühls gestört ist.

„Geltung", „Macht" und „Sicherheit" sind die Triebziele der psychischen Entwicklung des Klienten. Das Verhalten des Klienten wird hinsichtlich zweier gegensätzlicher Triebe betrachtet: dem „Gemeinschaftsgefühl" und dem „Überlegenheitsstreben". Der Wille zur Macht beruht auf einer neurotisch-kompensatorischen Fehlhaltung, die der Mensch benutzt, um einer inneren Unsicherheit ein Ende zu bereiten. Neurose und Psychose sind Produkte einer fehlgeleiteten Suche nach Überlegenheit. Die Neurose wird auch als Reaktion eines sich überforderten Ichs angesehen, welcher in der Therapie durch Erhöhung des Persönlichkeitsgefühls entgegengewirkt wird.

In der Therapie wird bedingungsloser Abbau des Machtstrebens und die Entfaltung des Gemeinschaftsgefühls verlangt. Ihre Lösung ist der Mitmensch, die mitmenschliche Stellungnahme zu den immanenten Forderungen der menschlichen Gesellschaft.

Das primäre Therapieziel ist die menschliche Tendenz der „Selbstvervollkommnung".

Adler sah den Menschen als Gemeinschaftswesen mit angeborener Güte und Großherzigkeit. In seinem Alterswerk[71] schrieb er 1933:

„Der Mensch ist von Natur aus nicht böse. Was auch ein Mensch an Verfehlungen begangen haben mag, verführt durch seine irrtümliche Meinung vom Leben, es braucht ihn nicht zu bedrücken, er kann sich ändern. Die Vergangenheit ist tot. Er ist frei, glücklich zu sein und andere zu erfreuen."

Verhaltenstherapie

In der klassischen Verhaltenstherapie fungiert der Therapeut als Experte für Verhaltensmodifikation. Aktiv und direkt verhilft er dem Klienten dazu, neue Lernerfahrungen zu machen. Die Beeinflussung belastender Emotionen wird in der Verhaltenstherapie durch die verschiedensten Techniken versucht. Grob lassen sich zwei Ansätze unterscheiden: solche, die der „Aneignung" bestimmter Verhaltensweisen dienen (z.B. der Aufbau von sozial kompetenten Verhaltensweisen und damit einhergehenden positiven Emotionen) und andere, die der „Beseitigung" von Verhaltensweisen dienen sollen (beispielsweise der Abbau von Ängsten, Zwängen oder anderer unerwünschter Verhaltens- und Erlebnisweisen).

Für beide Zugangsweisen liegen verschiedene Arten von Techniken vor: – systematische Desensibilisierung (Gegenkonditionierung, Therapie durch reziproke Hemmung), – operante Konditionierungstherapien, – Imitationstherapie (Modellernen, Beobachtungslernen), – negative Übung, – Selbstbehauptungstraining (assertive training), – Überflutungstherapie (flooding), Übersättigungstherapie –Aversionstherapie.

Die Anwendungsbereiche der Verhaltenstherapie sind Angstzustände, hysterische Störungen, psychomotorische Störungen, Zwangsvorstellungen und -handlungen, Sprachstörungen, sexuelle Störungen, Alkoholismus und Drogen-Addiktion, Depressionen, Enuresis und Enkopresis, Delinquenz.

Die von *J. Wolpe* entwickelte systematische Desensibilisierungstechnik beruht auf dem Prinzip der reziproken Hemmung als Form einer autonomen Gegenkonditionierung, bei der in der Gegenwart von angstauslösenden Vorstellungen von Reizen eine mit der Angst nicht vereinbarte Entspannungsreaktion hervorgerufen werden soll. Der Klient nähert sich graduell an das angstauslösende Objekt oder die erregende Situation an (durch die Imagination von Situationen anhand von vorher aufgestellten Angsthierarchien oder invivo-Annäherung). Gleichzeitig soll der Klient in einem Zustand tiefer Entspannung bleiben, um damit die Koppelung von Angstreiz und Angstreaktion aufzuheben.

Für soziale Ängste wurde von Wolpe eine Abwandlung der systematischen Desensibilisierung entwickelt, bei der der Klient lernt, ermutigt durch den Therapeuten, die bisher gehemmten Gefühle und Verhaltensweisen – die mit sozialer Kompetenz in Verbindung stehen – zu äußern. Dies ist besonders wirksam bei sozialen Konflikten im beruflichen Bereich und wirkt kreativitäts- und produktionsfördernd.

Bei der systematischen Desenssibilisierung geht es um das Bemühen, Überempfindlichkeit abzubauen. In der Aversionstherapie geht es darum, Widerwillen gegen eine liebe Gewohnheit zu wecken; wie etwa bei der Behandlung eines Rauchers oder Alkoholikers. Durch Vorstellungen sollen negative Assoziationen zur Zigarette (zum Glas) gelernt werden (negative Reize können zusammen mit Glas oder Zigarette geboten werden). Bei der systematischen Desensibilisierung wie auch beim Selbstsicherheitstraining kann es auch darum gehen, Fehlkonzeptionen des Klienten zu ermitteln und durch Belehrung und Ermutigung zu korrigieren.

Therapieziele der Verhaltenstherapie sind Veränderung der Persönlichkeitsstruktur und des Lebensstils; Einsicht in die eigene Problematik; Akzeptieren der Situation; differenziertes Empfinden; realistischere Selbstwahrnehmung und realistischere Wahrnehmung der Umwelt; angepaßtes Verhalten ausbauen; Vertrauen in das eigene Verhaltensrepertoire (Kompetenz – Vertrauen).

Klientenzentrierte Gesprächstherapie

Die nichtdirektive Therapie von *Carl Rogers* fragt nach dem Sinn des Lebens und der Existenz des Menschen und soll zu persönlichem Wachstum, zur Unabhängigkeit führen. Nach diesem Ansatz hat der Mensch nur ein fundamentales Bedürfnis, nämlich seine Fähigkeiten zu entwickeln (zu aktualisieren) und nach Selbstverwirklichung, Selbstverantwortung und Wachstum zu streben.

Anlehnend an Rogers' Persönlichkeitsmodell einer „fully functioning personality" (Übereinstimmung von Ideal- und Selbstbild; Selbstaktualisierung), versucht der Therapeut in der Gesprächstherapie im Klienten Potenzen freizusetzen, die zu einer reiferen emotionalen Anpassung führen sollen. Erhöhte Selbstexploration als Vorbedingung für die angezielten Veränderungen in der Therapie wird im wesentlichen als Funktion der drei therapeutischen Basisvariablen „Empathie" (einfühlendes Verstehen), „unbedingte positive Wertschätzung" (oder emotionale Zuwendung) und „Echtheit" (Selbskongruenz) betrachtet.

Der Therapeut ist für die Beziehung in der Therapie verantwortlich und obwohl er nicht direktiv sein soll, wirkt sein Therapieverhalten doch faktisch steuernd auf den Klienten ein. Die drei therapeutischen Grundhaltungen führen zu einer angstfreien Atmosphäre, in der der Klient alle seine Gefühle frei erleben und ohne Vermeidungshaltung von sich selbst und seinem Erleben Besitz nehmen kann. Damit werden belastende Emotionen auf ein annehmbares Maß reduziert. In der klientzentrierten Gesprächstherapie geht es also sowohl um den Abbau defizitärer als auch um den Abbau überschießender Emotionen.

Gesprächstherapieziele sind: Änderung des Selbstkonzepts; mehr Übereinstimmung zwischen Real-Selbst und Ideal-Selbst; Selbstakzeptanz, mehr Selbststeuerung und die daraus resultierende realistischere Selbst- und Umweltwahrnehmung.

Gestalttherapie

Die grundsätzliche Prämisse seines Ansatzes hat *Fritz Perls* von der Gestaltpsychologie übernommen: Menschen sind ihrer Natur nach in Strukturen oder Ganzheiten organisiert und können nur als solche, d.h., als „Gestalten" und nicht als Summe der Elemente ihrer physiologischen Reaktionen, Wahrnehmungen, Verhaltensweisen und Gefühle verstanden werden.

Der Klient wird in diesem Ansatz als fähig zu Wachstum und „organismischer Selbstregulation" betrachtet. Diese Fähigkeit zeigt sich darin, daß die jeweils dringendsten Bedürfnisse des Organismus bewußt werden, und daß der Organismus ein Gleichgewicht seiner körperlichen und geistigen Bedürfnisse durch homöostatische Prozesse der Bedürfnisbefriedigung kontinuierlich aufrechtzuerhalten versucht. Dabei wird das jeweils vorherrschende

Bedürfnis – in gestaltpsychologischen Begriffen – als „Figur“ verstanden, während andere Bedürfnisse „Grund“ sind.

Hat ein Individuum die ihm angeborene Fähigkeit verloren, seiner Bedürfnisse gewahr zu werden oder mit der Umwelt in einen zur Befriedigung bewußter Bedürfnisse angemessenen Kontakt zu treten, bleiben diese Bedürfnisse oder die zur Bedürfnisbefriedigung erforderlichen homöostatischen Lebensprozeße „unerledigt“. Blockierung und unerledigte Situationen werden als Grundstein zur Neurose betrachtet.

Nach *Perls* folgen auch Emotionen dem Gesetz der „guten Gestalt“ und tendieren dazu, aus dem Gefühlskontinuum heraus zu größerer Intensität aufzusteigen, dabei Handlungen in Gang zu setzen und Bewußtsein zu erzeugen. Dabei überträgt sich die Erregung (nach *Perls* Ausgangspunkt für alle Emotionen) auf die motorischen Organe und das Organismus/Umwelt-Feld verändert sich. Mit dem Ingangsetzen dieser Prozesse schließt sich die Gestalt der Emotion und sie „erledigt“ sich.

Die Emotionen, die ein gesundes Individuum zum Abschluß zu bringen in der Lage ist, sind Freude, Zorn, Trauer, Furcht und Orgasmus.

Bei den meisten Menschen ist die Fähigkeit zur „Explosion“, d.h. zum Ausleben der Grundemotionen jedoch nicht ausgebildet. Sie wird durch frühkindliche Sozialisation unterdrückt oder durch Projektion (die Tendenz, die Umwelt für Probleme verantwortlich zu machen, die eigentlich im Selbst begründet liegen) oder Retroflexion (die Tendenz, sich selbst das zuzufügen, was man eigentlich anderen antun will) verschüttet. Damit bleiben emotionale Erfahrungen unerledigt, schließen sich nicht zur guten Gestalt und hindern das Individuum daran, sich den anderen unerledigten Situationen seines Lebens zuzuwenden. Die Folge sind neurotische Blockierungen der Bedürfnisse des Individuums, selbstschädigende Verhaltensweisen und im schlimmsten Fall Verlust seiner Identität.

In der Gestalttherapie vollzieht sich die gesamte Behandlung im Hier und Jetzt. Zentrales Thema ist dabei immer, mit dem Klienten zu einem affektiven Durchleben, Durcharbeiten und abschließenden kognitiven Integrieren der den Klienten bedrängenden unabgeschlossenen Situationen seines Lebens zu gelangen.

Das Prinzip des Hier und Jetzt besagt, daß es in der Therapie immer darum geht, Situationen im aktuellen Erleben des Klienten zu bearbeiten. Auch wenn es sich um vergangene Erlebnisse handelt, wird durch den Therapeuten immer der Bezug zur Gegenwart hergestellt (z.B. durch die Frage „Was fühlst du jetzt?"). Dabei können dann auch blockierte Emotionen ausgelebt und durchgearbeitet werden und andererseits starke negative Emotionen auf ein ertragbares Maß an Intensität zurückgeführt werden.

Wichtige Hilfsmittel sind erlebensaktivierende Methoden wie der „leere Stuhl", „Rollenspiel" (im Gestalt-Dialog) oder „Körperarbeit". Der Therapeut läßt sich bei seinem Vorgehen, indem er den Klienten dem Wechselspiel von Unterstützung und Frustration aussetzt, von fünf Fragen leiten. „Was tust du? Was fühlst du? Was möchtest du? Was vermeidest du? Was erwartest du?" Diese Fragen werden natürlich nicht immer in dieser Form gestellt, sie sind vielmehr die Gliederungspunkte, nach denen der Therapeut im Gespräch mit dem Klienten vorgeht und diesem hilft, sein eigenes Erleben in der Therapiesituation bewußter zu erfahren.

Eine weitere Grundtechnik besteht auch darin, dem Klienten Dinge zu erklären, ihm aber die Möglichkeit bereitzustellen, sich selbst zu verstehen und zu entdecken. Die Behandlung zielt auch darauf ab, daß der Klient (wieder) Verantwortung für sich selbst übernimmt. Dazu ist erforderlich, daß er sich dauerhaft im Hier und Jetzt vorhandenen Bedürfnissen und der dabei bedeutsamen Umwelteinflüsse bewußt ist. Dies fördert ein ganzheitliches Spüren und Empfinden aller körperlichen und psychischen Vorgänge.

Die Ziele der Gestalttherapie formuliert *Claudio Naranjo*[72] wie folgt:

- Im Jetzt leben.
- Im Hier leben.
- Erfahrungen sammeln, statt sich etwas vorzustellen.
- Empfinden, statt sich etwas denken.
- Gefühle ausdrücken, statt andere Menschen zu manipulieren, zu werten oder sich zu rechtfertigen.
- Schmerz und unangenehmen Gefühlen ebenso nachgeben wie Freude.
- Weder ein „sollte" noch ein „müßte" akzeptieren.
- Verantwortung für seine Gedanken, Gefühle und Handlungen übernehmen.
- Sich so akzeptieren, wie man ist.

Psychodrama

Das von *Jakob L. Moreno* entwickelte Psychodrama ist eine diagnostische und therapeutische Methode, die verdrängte psychische Inhalte bewußt machen soll und der Abreaktion von Emotionen dient.

Der Klient dramatisiert dabei seine inneren Konflikte; andere Personen spielen die Rolle ihm wichtiger Personen. Therapeutische Eingriffe sind die „psychodramatischen Schocks", die der Klient bewältigen soll.

Mit Hilfe verschiedener Techniken wie Rollenspiel, Doppeln, leerer Stuhl, Spiegeln usw. werden die Konflikte des einzelnen oder der Gesellschaft (Soziodrama) nicht allein verbal abgehandelt, sondern mit verteilten Rollen (Vater, Mutter, etc.) schauspielerisch in Szene gesetzt.

Einmal Erlebtes oder in die Zukunft hinein Gedachtes, konflikthafte Phantasien oder Träume sollen möglichst spontan und konkret dargestellt werden (acting out). Dies dient zum Konflikterlebnis und dessen Verarbeitung. Nicht nur der Hauptdarsteller (Protagonist), auch die Mitspieler (Hilfs-Ich) und die Gruppe kommen über diese Methode zur Selbst- und Du-Erfahrung. Spontanität und Kreativität werden gefördert, auch der emotionale Entlastungseffekt (Katharsis) kann zur Heilung beitragen.

Encounter Gruppen

Die Encounter-Bewegung geht auf humanistische Therapeuten wie *C. Rogers* und *H. Schutz* in den sechziger Jahren zurück. Encounter-Gruppen (engl. „begegnen") können als Versuch aufgefaßt werden, ein Sozialisierungsdefizit unserer Gesellschaft zu kompensieren, das in mangelhafter Fähigkeit zur Selbstbesinnung und Wahrnehmung sozialer Beziehungen zum Ausdruck kommt.

Im sozialen Mikrokosmos einer Gruppe unter emotional günstigen Randbedingungen sollen die Teilnehmer Möglichkeiten zur Selbstentfaltung finden. Es wird dabei auf Erfahrungen aus verschiedenen Therapieformen zurückgegriffen (Gesprächstherapie, Psychodrama, Gestaltthherapie, Bioenergetik, etc.).

Derartige Gruppen werden sowohl für Klienten wie auch im präventiven Bereich als psychohygienische Maßnahmen durchgeführt. Die Encounter-Gruppe arbeitet im Hier und Jetzt und soll dem Einzelnen die Möglichkeit geben, seine positiven Entwicklungstendenzen auszubauen. Dabei stehen soziale und emotionale Ausdrucksmöglichkeiten im Vordergrund.

Durch entsprechende Übungen wird häufig der kognitiv-verbale Ausdruck zeitweilig zurückgestellt, um die dort wirksamen Schematisierungen und Abwehrmechanismen zu unterlaufen. In einer spielerisch verfremdeten Darstellung können unter Umständen nicht akzeptierte Bedürfnisse und Konflikte deutlich werden, die nachträglich verbal-kognitiv aufgearbeitet werden.

Die Gruppe fördert eine Haltung der Offenheit und des Konstruktiv-Miteinander-Umgehens. Sie hilft dem Einzelnen, Potentiale in ihm freizusetzen, die zu einem Wachstumsprozeß führen, zur Selbstaktualisierung und einer reiferen emotionalen Anpassung.

Hypnose

Das Phänomen der Hypnose gehört zu den ältesten Kulturerfahrungen des Menschen. Bereits bei den Sumerern, Indern und Ägyptern war Hypnose eine Technik, mit der Heilung und positive Veränderungen im Leben Einzelner und Gruppen angestrebt und herbeigeführt wurden.

Auch im alten Griechenland wurde sie in der Form des Tempelschlafes praktiziert. Während des Schlafes flüsterte der Priester seinen Schutzbefohlenen wohltuende und heilsame Suggestionen ins Ohr.

Die moderne Hypnosetherapie wurde maßgeblich von dem amerikanischen Hypnosetherapeuten *Milton H. Erickson* geprägt.[73]

Hinsichtlich der Tiefe der Arbeit bzw. Intensität der Hypnose wird zwischen hypnoidem Zustand, leichter, mittlerer und tiefer Hypnose unterschieden, wobei die Übergänge fließend sind. Der soziale Kontakt wird auf den Therapeuten eingeschränkt, damit die verabreichten Suggestionen optimal wirken können. Die Hypnotisierbarkeit der Klienten hängt nicht nur von der Qualifikation und der Kompetenz des Psychologen ab, sondern in besonderem Maße von der Einstellung des Klienten zur Hypnose. Eine offene, relativ erwartungsfreie Haltung fördert den Erfolg.

Hypnose ist ein schlafähnlicher Ruhezustand, der bei Gesunden immer, bei Nervösen etwas schwieriger durch Heterosuggestion hergestellt werden kann. In tiefer Hypnose entwickelt sich ein traumhafter, nachtwandlerischer Zustand, der Somnambulhypnose genannt wird. Hypnosen in leichten und mittleren Grades stellen behagliche Ruhezustände dar, in denen die Außenwelt wenig beachtet wird, ja oft verschwindet. Wie beim Traum kann in diesem Zustand die Kritik teilweise verringert werden und Erlebnisse in der Hypnose sind deshalb besonders wirksam.

Die reine Hypnose ohne zusätzliche gezielte Beeinflussung von außen ist ein wohltuender, erholender und beruhigender Zustand innerer Sammlung. Wie auch bei anderen entspannten Zuständen, ergeben sich in der Hypnose spezifische physiologische Effekte (z. B. verändert sich das EEG, der elektrische Hautwiderstand verringert sich etc.).

Hypnose kann erfolgreich bei störenden Gemütsbewegungen oder Verhaltensweisen angewandt werden sowie auch bei gewissen Schmerzzuständen als Anästhesie. Da die reine Hypnose aber weder die Ursache psychischer noch somatischer Symptome klärt oder heilt, ist sie mit Vorsicht anzuwenden. Eine Hypno-Analyse bzw. Hypnosetherapie ist in diesem Fall angezeigt. Kontraindiziert ist sie bei Psychosen und Zwangsneurosen.

Wie bei allen anderen Entspannungsmethoden darf man den Menschen auch bei der Hypnose nicht in Teile – in Körper, Psyche und Seele – zerlegen, sondern sollte verstehen lernen, daß Hypnose wie Nachtschlaf, Ermüdung, Sprechen, usw. eine Funktion des *ganzen* Menschen bedeutet. Der Mensch fühlt in ruhiger Hypnose eine deutliche Veränderung seines seelisch-körperlichen Zustandes. Die Entspannung wirkt sich körperlich in einem Gefühl der Ruhe, Schwere und Wärme aus. Das Schweregefühl entsteht, wenn die Muskeln sich entspannen, die sonst Körper durch Verspannung halten; das Wärmegefühl, wenn die Blutgefäße sich erweitern und mehr Blut durchlassen.

Das Wesentliche an der Hypnose ist wie bei autogenem Training oder beim Schlaf eine ruhebringende Entspannung des ganzen Organismus, besonders aber die der Muskeln und der Blutgefäße durch entsprechende Beeinflussung über die Konzentration. So wird durch geistige Schulung dieser Art das gesamte Verhalten des Organismus beeinflußt. Die Seele wirkt auf den Körper und der Körper auf die Seele.

Kunst-Therapie

In den letzten Jahren kann das Erwachen eines neuen Verlangens nach Kunst bemerkt werden, vielleicht als Reaktion auf das heutige Leben, das uns durch seine technischen Errungenschaften passiv sein läßt. Wir sind zu Zuschauern und Zuhörern geworden. Viele Menschen empfinden die Technik als lähmend, den gewerbsmäßigen Illusionismus als zerstörend. Die Medien sagen uns, was wir kennenlernen und erleben, was und wie wir denken, was und wie wir empfinden sollen. Der Überfluß an Dingen macht uns auf die Dauer müde und gelangweilt. So wie Kinder, die zuviel Spielzeug haben, überkommt uns die Langeweile, weil unsere eigene Phantasie nicht in Kraft treten kann. Die Vielfalt droht uns zu ersticken.

Das schöpferische Element wird meist schon bei der Erziehung vernachlässigt, denn der Schwerpunkt wird auf den Intellekt verlagert. Man wird zu Leistung und Präzision erzogen, um so schnell wie möglich Karriere zu machen. So kommt unsere eigene Phantasie nicht zum Ausdruck, es fehlt uns das Suchen und Finden, das Tüfteln und Tasten, das Entdecken und Erobern, das Entwickeln und Durchsetzen. Wir fühlen uns oft blockiert und wissen manchmal nicht mehr, was wir von uns selbst halten sollen, wir kennen uns selbst nicht und haben so auch wenig Zugang und Verständnis für andere. Freiheit, Kreativität, Spontanität, Individualismus und Humanität bleiben oft auf der Strecke.

Schöpferische Tätigkeit ist ein Sich-Öffnen, ein In-Sich-Hineinhören und ein Sich-Selbst-Erleben. Bilder als eine Form bildhaften Denkens öffnen Tore zu Phantasieinhalten und verlorenen Gefühlen, zum Staunen und zum Sich-Wundern über Vorgänge in der eigenen Innenwelt und gestatten – anhand von Form- und Farbstrukturen – eine besondere Art seelischen Wachstums. Ein nicht kritisiertes, spontanes „Sich-Ausmalen“ erzeugt Beglükkung, der man nicht genug Wichtigkeit beimessen kann.

Es wäre ein großes Mißverständnis, wenn man Kunst-Therapie als etwas schulmäßiges abwerten würde, da es dabei endlich einmal um das Nicht-Funktionieren-Müssen geht, darum, daß man sich nicht nach Erwartungen und Normen anderer zu richten hat, denn nicht das Ergebnis ist das eigentliche Kunstwerk, sondern das, was es im Menschen bewirkt.

Das schöpferische Tun läßt uns die eigene Kraft und Phantasie erleben und führt zu einem verstärkten Selbstwertgefühl – wir wachsen an der eigenen Kraft. Im schöpferischen Arbeiten haben wir die Möglichkeit, uns gefahrlos gehen zu lassen, unserer Phantasie freien Lauf zu lassen.

Schöpferisches Tun sind Gefühlsäußerungen, die vielleicht verdrängt und vergessen waren. Das Ausleben dieser Gefühle hat auf diese Art schon eine befreiende Wirkung. Man äußert seine Gefühle und lebt Stimmungen aus, man kompensiert so die oft anstrengende Arbeit und Lebensart, die phantasielose Umgebung, Eile, Lärm, eben alles, was zu Distress und letztlich zu Krankheit führt.

Anmerkungen

1. *Müller-Limmroth, W., S. 114.*
2. *Bernstein* and *Rozen*, S. 141.
3. *Arnot, R. B.*, S. 228.
4. *Stroebel*, S. 46.
5. *Winter, R. E.*, S. 21.
6. ebda., S. 22.
7. vgl. Einleitung.
8. *Gill*, S. 35.
9. *Arnot, R. B.*, S. 229.
10. *Winter, R. E.*, S. 10.
11. *Gill*, S. 18.
12. ebda., S. 10.
13. ebda., S. 11.
14. ebda., 11.
15. *Gerken, G.*
16. *Arnot, R. B.*, S. 240.
17. ebda., S. 241.
18. *Bernstein* and *Rozen*, S. 141.
19. *Dethlefsen, T.*, S. 217.
20. *Hanson*, S. 203.
21. *Winter, R. E.*, S. 13.
22. *Hanson*, S. 25.
23. *Bernstein* and *Rozen*, S. 142.
24. *Gill*, S. 66.
25. *Winter, R. E.*, S. 183f.
26. ebda., S. 188.
27. *Arnot, R. B.*, S. 235.
28. *Stroebel*, S. 30.
29. *Gill*, S. 62.
30. *Winter, R. E.*, S. 209.
31. *Bernstein* and *Rozen*, S. 144.
32. *Selye, H.*, Streß – mein Leben.
33. ebda.
34. *Lazarus, A.*
35. *Perls, F.*
36. *Eysenck, H. J.*
37. *Jung, C. G.*, Seelenprobleme der Gegenwart.
38. *Lowen, A.*
39. *Hesse, H.*

40. *Maltz, M.*
41. *Montagu, A.*
42. *Reich, W.*, Menschen im Staat.
43. *Fromm, E.*
44. *Hacker, F.*
45. *Crandall, J. E.* S. 164–174.
46. ebda., S. 171.
47. *Adler, A.*
48. *Frankl, V. E.*
49. *Maslow, A.*, Psychologie des Seins.
50. *Jones, E.*
51. *Spitz, R. A.*
52. *Gerken, G.*, S. 38 f., 443 ff.
53. *Reich, W.*, Die Entdeckung des Orgons, Die Funktion des Orgasmus.
54. *Jampolsky, G.*
55. *Yates, J. E.*
56. *Glasser, W.*
57. *Holmes, Th., Stephenson, T.*
58. *Selye, H.*, Stress. Bewältigung und Lebensgewinn.
59. *Pascarella, P.*
60. zitiert aus *Gerken, G.*
61. *Greenberg*, S. 192.
62. mit freundlicher Genehmigung der *Shunyada GmbH* Gesellschaft für Führungskräfte-Training, Bad Tölz.
63. *Brenner, Helmut.*
64. *Sivananda Yoga Zentrum.*
65. Zitate siehe ebda.
66. *Crisand/Lyon.*
67. *Kravette, S.*
68 vgl. ebda.
69. *Patterson, M.*
70. *Bandura, A.*
71. *Adler, A.*
72. *Naranjo, C.*
73. *Haley, J.*

Literaturverzeichnis

Adler, A.: Der Sinn des Lebens, Frankfurt 1990.

Arnot, R. B.: The Complete Manual of Fitness and Well-Being, New York 1984.

Assagioli, R.: Die Schulung des Willens. Methoden der Psychotherapie und der Selbsttherapie, Paderborn 1982.

Bandura, A.: Sozial-kognitive Lerntheorie, Stuttgart 1979.

Battegay, R.: Aggression, ein Mittel der Kommunikation?, Bern 1979.

Berger, L., Pieper, W.: Brain Tech. Mind Machines und Bewußtsein. Eine Einführung, Löhrbach 1989.

Berkman, L. F., Syme, S.: Social Networks, Host Resistance, and Morality: A nine-year follow-up of Alameda County Residents, in: American Journal of Epidemiology (1979), S. 109, 186–204.

Bernstein, A. J., Rozen S. C.: Dinosaur Brains: Dealing with All Those Impossible People at Work, New York 1989.

Bettelheim, B.: Themen meines Lebens, Stuttgart 1990.

Birkenbihl, V. F.: Freude durch Stress, München 1989.

Brenner, H.: Autogenes Training, in: Schwertfeger, B., Koch, K., Der Therapieführer, München 1989, S. 185–190.

Bräutigam, W., Christian, P.: Psychosomatische Medizin, Stuttgart 1986.

Crandall, J. E.: Social Interest as a Moderator of Life Stress, in: Journal of Personality and Social Psychology (1984), Vol. 47, Nr. 1, S. 164–174.

Crisand, E., Lyon, U.: Anti-Streß-Training, Heidelberg 1991.

Dethlefsen, T.: Krankheit als Weg, München 1983.

Eysenck, H. J., Eysenck, M. W.: Persönlichkeit und Individualität, München 1987.

Frankl, V. E.: Der Mensch vor der Frage nach dem Sinn, München 1989.

Freud, S.: Totem und Tabu, Frankfurt 1990.

Freud, S.: Hemmung, Symptom und Angst, Frankfurt 1989.

Fromm, E.: Haben oder Sein. Die seelischen Grundlagen einer neuen Gesellschaft, München 1980.

Ganellen, R., Blaney, P.: Hardiness and Social Support as Moderators of the Effects of Life, in: Journal of Personality and Social Psychology (1984), Vol. 47, Nr. 1, S. 156–163.

Gerken, G.: Management by Love, Düsseldorf 1990.

Gill, J. L.: Personalized Stress Management: A Manual for Everyday Life and Work, San Jose 1983.

Glasser, W.: Reality Therapy, New York 1965.

Greenberg, H., Ph. D.: Coping with Job Stress, Englewood Cliffs, New Jersey 1980.

Grinder, J., Bandler R.: Therapie in Trance, Stuttgart 1984.
Hacker, F.: Aggression. Die Brutalisierung der modernen Welt, Düsseldorf 1985.
Haley, J.: Die Psychotherapie Milton H. Ericksons, München 1979.
Hanson, P. G.: Stress for Success: How to Make Stress on the Job Work for You, New York 1989.
Herrigel, E.: Zen in der Kunst des Bogenschießens, München 1983.
Hesse, H.: Ausgewählte Briefe, Frankfurt 1974.
Holler, J.: Das neue Gehirn. Handbuch zum Gebrauch von Gehirn und Nervensystem, Südergellersen 1989.
Holmes, T., Stephenson, T.: How change can make us ill, Stress, Chicago 1974.
Hutchinson, M.: Megabrain, Basel 1990.
Jampolsky, G.: Love is letting go of Fear, Millbrae, California 1979.
Jones, E.: Das Leben und Werk von Sigmund Freud, Bern 1982.
Jung, C. G.: Grundwerk, Freiburg 1984
Kravette, S.: Meditation, das unbegrenzte Abenteuer, München 1983.
Lazarus, A.: Innenbilder. Imagination in der Therapie und als Selbsthilfe, München 1980.
Lilly, J. C.: Das Zentrum des Zyklons, Frankfurt 1976.
Lilly, J. C.: Der Scientist, Basel 1984.
Lilly, J. C.: Das tiefe Selbst, Basel 1988.
Linneweh, K.: Bevor es mich zerreißt, Düsseldorf 1991.
Lowen, A.: Körperausdruck und Persönlichkeit. Grundlagen und Praxis der Bioenergetik, München 1988.
Mahoney, M. J.: Kognitive Verhaltenstherapie. Neue Entwicklungen und Integrationsschritte, München 1979.
Maltz, M.: Erfolg kommt nicht von ungefähr. Psychokybernetik, Düsseldorf 1970.
Maslow, A.: Psychologie des Seins. Ein Entwurf, Frankfurt 1978.
Maslow, A.: Motivation und Persönlichkeit, Hamburg 1981.
Mees-Christeller, E.: Kunsttherapie in der Praxis, Stuttgart 1988.
Montagu, A.: Körperkontakt. Die Bedeutung der Haut für die Entwicklung des Menschen, Stuttgart 1988.
Müller-Limmroth, W.: Arbeit und Streß in Maß und Zahl. Erkennen, vorbeugen und bewältigen, Stuttgart 1988.
Naranjo, C., Ornstein, R. E.: Psychologie der Meditation, Frankfurt 1988.
Pascarella, P.: The New Achievers: Creating a Modern Work Ethic, New York 1984.
Patterson, M.: Der sanfte Entzug, Stuttgart 1988.
Perls, F.: Grundlagen der Gestalt-Therapie, München 1989.
Rauchfleisch, U.: Dissozial. Entwicklung, Struktur und Psychodynamik dissozialer Persönlichkeiten, Göttingen 1981.
Reich, W.: Menschen im Staat. Die emotionale Pest der Menschheit, Frankfurt 1982.

Reich, W.: Die Entdeckung des Orgons. Die Funktion des Orgasmus, Köln 1969.

Reich, W.: Die Entstehung des Orgons. Der Krebs, Frankfurt 1976.

Reich, W.: Charakteranalyse, Frankfurt am Main 1981.

Reis, H., Kernis, M., Spiegel, N., Nezlek, J.: On Specificity in the Impact of Social Participation on Physical and Psychological Stress, in: Journal of Personality and Social Psychology, 1985, Vol. 48, Nr. 2, S. 456–471.

Rogers, C. R.: Der neue Mensch, Stuttgart 1987.

Sartre, J. P.: Bewußtsein und Selbsterkenntnis, Frankfurt 1973.

Schützenberger, A.: Einführung in das Rollenspiel. Anwendungen in Sozialarbeit, Wirtschaft, Erziehung und Psychotherapie, Stuttgart 1976.

Seeman, M., Seeman, T., Sayles, M.: Social Networks and Health Status: A Longitudinal Analysis, in: Social Psychology Quarterly 1985, Vol. 48, Nr. 3, S. 237–248.

Selye, H.: Stress without Distress, New York 1974.

Selye, H.: Stress – mein Leben. Erinnerungen eines Forschers, Frankfurt 1984.

Selye, H.: Stress. Bewältigung und Lebensgewinn, München 1988.

Sivananda Yoga Zentrum (Hrsg.): Yoga für alle Lebensstufen, München 1985.

Spitz, R. A.: Vom Säugling zum Kleinkind. Naturgeschichte der Mutter-Kind-Beziehungen im ersten Lebensjahr, Stuttgart 1989.

Stroebel, C. F.: QR: The Quieting Reflex, New York 1982.

Topping, W. W.: Stress Release, Freiburg 1986.

Watzlawick, P.: Anleitung zum Unglücklichsein, München 1989.

Watzlawick, P.: Wie wirklich ist die Wirklichkeit? Wahn – Täuschung – Verstehen, München 1990.

Watzlawick, P.: Die Möglichkeit des Andersseins. Zur Technik der therapeutischen Kommunikation, Bern 1986.

Winter, R. E. (Hrsg.): Executive Health Examiners. Coping with Executive Stress, New York 1983.

Yates, J. E.: Managing Stress, New York 1979.